Josef Neubauer · *Kein Spielball der Götter*

Unter Mitarbeit von Stephan Zelenka

JOSEF NEUBAUER

KEIN SPIELBALL DER GÖTTER

Meine Geschichte der Zentralsparkasse

BÖHLAU VERLAG WIEN · KÖLN · WEIMAR

Die Deutsche Bibliothek – CIP-Einheitsaufnahme

Neubauer, Josef:
Kein Spielball der Götter : Meine Geschichte der Zentralsparkasse /
Josef Neubauer. – Wien ; Köln ; Weimar : Böhlau, 1994
  ISBN 3-205-98267-3

ISBN 3-205-98267-3

Das Werk ist urheberrechtlich geschützt. Die dadurch begründeten Rechte, insbesondere die der
Übersetzung, des Nachdruckes, der Entnahme von Abbildungen, der Funksendung, der Wiedergabe auf
photomechanischem oder ähnlichem Wege und der Speicherung in Datenverarbeitungsanlagen, bleiben,
auch bei nur auszugsweiser Verwertung, vorbehalten.

© 1994 by Böhlau Verlag Ges.m.b.H. und Co. KG., Wien · Köln · Weimar

Satz: Zehetner Ges. m. b. H., A-2105 Oberrohrbach

Druck: Plöchl, A-4240 Freistadt

INHALT

Vorwort 7

A. DIE GEBURT EINER GROSSBANK 9

1. Voraussetzungen und Strategien 10
    1.1. Mein Eintritt in die Zentralsparkasse 10
    1.2. Die geschäftliche Lage der Z bei meinem Eintritt ... 13
    1.3. Die Z wird national und international ein Begriff
           im Sparkassenwesen 17

2. Sicherung des Grundbestandes 23
    2.1. Rechtliche Voraussetzungen 23
    2.2. Die Rückgewinnung des Sparers 23
    2.3. Das Sparbuch – ein hoffentlich noch gehörter Lobgesang ... 25
    2.4. Neue Formen der Spererziehung 27
    2.5. Jugendsparen und Sparförderung bei Erwachsenen ... 28
    2.6. Die Sparkasse und die Familie 32
    2.7. Lichtpunkte der Sparerziehung. Fakten zur Entwicklung
           unserer Arbeit extrahiert aus den Geschäftsberichten der Anstalt
           von 1955 bis 1968 35

3. Zahlungsverkehr und Bankbetrieb 43
    3.1. Spargiro: Begriff, Herkunft und Bedeutung 43
    3.2. Und so begann für mich das Berufsleben 44
    3.3. Die Jahre 1938 bis 1945 46
    3.4. Der Wiederaufbau der Girozentrale 50
    3.5. Die Popularisierung des Spargiroverkehrs 52
    3.6. Die Entwicklung des Auslandsgeschäftes 53
    3.7. Die Einführung der EDV 56

4. Das neue Gebäude und die ersten Wolken am Himmel 66

B. DIE GEFAHR DER FAHRT 75

1. Die Probleme des Aktivgeschäftes 76
    1.1. Das Abenteuer Moosbrunn 79

2. Das Darlehensgeschäft 84
   2.1. Voraussetzungen für die Wohnbaufinanzierung 84
        2.1.1. Die Qualität der Spareinlagen 84
        2.1.2. Die Frage der Laufzeiten 85
        2.1.3. Der Zinsfuß 86
   2.2. Das Wohnbaugeschäft 88
        2.2.1. Andere Bemühungen um das Wohnbaugeschäft 92
   2.3. Der Kommunalkredit 92
   2.4. Inanspruchnahme der hypothekarischen Deckung im Darlehensgeschäft 95

3. Das Kontokorrentkreditgeschäft 100

4. Die Beteiligungen 106
   4.1. Genehmigungsfähige Beteiligungen 107
        4.1.1. Die Girozentrale 107
        4.1.2. Der Sparkassenverlag 111
   4.2. Nicht aufsichtsbehördlich genehmigte Beteiligungen 112
        4.2.1. Die EKAZENT Realitätengesellschaft m. b. H. 112
        4.2.2. Ein Stück Altstadt wird vor der Spitzhacke gerettet 116
        4.2.3. Der Turmbau zu Babel oder Wie Wien zu seinem Donauturm kam 119

5. Der kommerzielle Realkredit 124
   5.1. Grundrente und Realkredit 124

6. Hotelfinanzierungen 128
   6.1. Hotel Axamer Lizum 128
   6.2. Palace Hotel Bad Hofgastein 130

7. Management und Personal 132

8. Die Kulturdividenden 139

9. Apropos „Kronen Zeitung" 146

10. Summa summarum 151

DER ERFOLG 156

DANKSAGUNG 157

Kurzbiographie 159

Literarische Tätigkeit 160

VORWORT

Was kann ein von bankwirtschaftlichen Problemen handelndes Buch, die sich in den Jahren 1955 bis 1970 zugetragen haben, für das heutige Publikum interessant machen? Ist die vorliegende Abhandlung politisch, nationalökonomisch, spezifisch bankwirtschaftlich oder schlechthin historisch? Kann die Erzählung eines Zeitzeugen von den Verhältnissen nach dem Abschluß des Staatsvertrages bis zur Konsolidierung der österreichischen Wirtschaft heute noch von Interesse sein?

Wenn man die Verhältnisse betrachtet, wie sie sich heute im Osten zeigen, so ist man geneigt, von einem Wunder zu sprechen, mit welcher Konsequenz die österreichische Bevölkerung an den Wiederaufbau ihrer Heimat gegangen ist. Schmerzliche Einschnitte und große Aktionen der Aufklärung breitester Massen über die Zusammenhänge in wirtschaftlicher Hinsicht waren die Voraussetzung für diese Entwicklung.

Dieses Buch ist ein Beitrag zur Geschichte der oben zitierten Jahre, erzählt von einem Zeitzeugen, der aber nicht nur Betrachter war, sondern an der Entwicklung tatkräftig mitgearbeitet hat. Das ist – wie ich meine – von einigem Interesse für die Generation, die heute entweder das Berufsleben beginnt oder an Schalthebeln steht, die die weitere Geschichte unserer Heimat beeinflussen werden. Wohlgelungene Maßnahmen, aber oft auch Irrtümer haben diesen Weg begleitet, und das ist Grund genug, um ihn zu dokumentieren.

Wir standen nach Beendigung des furchtbaren Zweiten Weltkrieges vor einem Trümmerhaufen, sowohl in ideeller Hinsicht, was Währung und Demokratie betraf, als auch in materieller Hinsicht, was das Aussehen und die Bewohnbarkeit unserer Städte anlangte.

Das waren die Probleme, die vor uns lagen, das war der Schutt, den wir wegräumen mußten. Österreich lebte etliche Jahre unter einer Diktatur, die keine Form demokratischen Zusammenlebens ermöglichte. Maßnahmen zur Verbesserung des Lebens des einzelnen gingen angesichts der Tatsache, daß wir in einen der blutigsten Kriege der Geschichte hineingezogen wurden, im massenpsychologischen Wahn unter.

Die Veranlassung, dieses Buch zu schreiben, stammt aus Sparkassenkreisen. Zur Geschichte des österreichischen Sparkassenwesens in dieser Zeit ist kaum etwas veröffentlicht worden. Die Archive – soferne überhaupt vorhanden – sind noch geschlossen. So war für mich eine Menge sicherlich interessanten Materials einfach nicht verfügbar. Ich habe das meiste, was hier niedergeschrieben worden ist, aus meinem eigenen Gedächtnis gewonnen. Mir standen an gedrucktem Material nur die Geschäftsberichte der Zentralsparkasse in den Jahren von 1945 bis 1970 zur Verfügung. Zum Glück habe ich ein gutes Gedächtnis. Dort, wo es zum Teil nicht mehr lückenlos verfügbar war oder sich die Ereignisse damals nicht so eingeprägt haben, wie es notwendig gewesen wäre, habe ich mich an Freunde und Mitarbeiter aus der damaligen Zeit gewendet. Ich danke diesen Kollegen auf das herzlichste, daß sie mir durch Interviews, die ich mit ihnen geführt habe, manches aufgehellt haben, was bei mir schon dem Vergessen anheim gefallen war. Diese Kollegen sind am Ende dieses Buches in einer Dankadresse angeführt.

Daß ich mich nach einigem Zögern doch dazu entschlossen habe, dieses Buch zu schreiben, wurde durch einen Denkanstoß im Rahmen meiner Lesung anläßlich des 56. Weltkongresses des internationalen P.E.N.-Clubs im Jahre 1991 ausgelöst. Ich wurde damals mit der Bemerkung vorgestellt, daß ich nicht nur Schriftsteller sei, sondern auch einmal ein Banker war. Ich erwiderte, daß diese Mitteilung für das Publikum nicht so wichtig wäre, denn sie würde mein Bild als Autor verändern. Mein Vorredner korrigierte meine Ansicht; es wäre gut, wenn Schriftsteller sich mehr mit der Wirklichkeit beschäftigen würden, die vielen Menschen oft ziemlich fremd sei. Diese Forderung nach einer Symbiose von Dichtung und Wirklichkeit habe ich mir zu Herzen genommen und versucht, im vorliegenden Buch in die Tat umzusetzen.

Wenn meine Ansichten über das Gewerbe heute nicht mehr die Ansichten der gegenwärtig am Ruder befindlichen Generation sind, so bitte ich, dies zu tolerieren. Ich sehe die Dinge von heute mit den Augen von gestern. Aber immerhin habe ich auch heute noch so viel Urteilsvermögen, daß mir eine Bewertung gegenwärtiger Entwicklungen zusteht. Sollte ich mich irgendwo in einem großen Irrtum befinden, so bitte ich darum, mich darin zu korrigieren. Ich würde gerne über derartige Fragen mit meinen Kritikern auch korrespondieren.

Was schließlich den Titel dieses Buches anlangt, so sei damit angedeutet, daß ich mich nie einem von oben aufgezwungenen Wunsche gebeugt habe, wenn ich nicht selbst ungeteilter Meinung war . . .

Wien, im Dezember 1993 *Josef Neubauer*

A. DIE GEBURT EINER GROSSBANK

1. Voraussetzungen und Strategien

1.1. Mein Eintritt in die Zentralsparkasse

Ich weiß nicht, ob mein Eintritt in die Zentralsparkasse etwas mit Zufall oder Fügung, Geistesblitz oder Ahnung zu tun hatte. Je älter ich werde, desto schwerer lassen sich derartige Dinge feststellen, was auch für andere Ereignisse meines Lebens zutrifft. Glücklicherweise kann man nicht alles im Leben vorausberechnen. Wie langweilig wäre das! Dennoch gibt es so etwas wie die Furcht vor dem Ungewissen, vor dem Höheren, die unbewußt die Schritte lenkt. Keiner weiß, ob einem im Straßenverkehr bei der nächsten Kurve nicht irgendein Narr auf der eigenen Spur entgegenkommen wird. Und doch rät der Verstand, auf die Bremse zu steigen, noch bevor die Gefahr bewußt wird. Oder man sagt sich bei einer anderen Gelegenheit: Das hast du gut gemacht, obwohl der Anteil an gehabtem Erfolg manchmal sehr gering ist. Wieso eigentlich? Diese Frage bleibt nicht selten unbeantwortet.

So war es auch bei meinem Eintritt in die Zentralsparkasse, für mich beispielhaft dafür, wie das Schicksal meine Wege bestimmt hat.

Im Februar 1955, als der damalige Leiter der Zentralsparkasse der Gemeinde Wien, Rudolf Dechant, unvermutet starb, war ich Angestellter des Hauptverbandes der österreichischen Sparkassen. Ich nahm die Stelle eines Dritten Direktors ein und war für Betriebswirtschaft und Werbung zuständig, das dritte Rad am Wagen dieses Fachverbandes, das anzutreiben als nicht besonders wichtig erachtete wurde. Juristerei bedeutete mehr als Betriebswirtschaft. Neben diesem als Verein konstituierten Hauptverband gab es den Prüfungsverband, eine Einrichtung, die noch den Status einer Körperschaft öffentlichen Rechts hatte. Er war die zweite Säule der Verbandstätigkeit neben den beiden Verbandsanwälten, die den Hauptverband nach außen repräsentierten.

Zwei Jahre zuvor war ich aus der Girozentrale der österreichischen Sparkassen ausgeschieden, in die ich im April 1938 eingetreten war. Meine Situation in diesem Unternehmen war für mich unerträglich geworden. Mein Engagement für eine moderne Sparkassenpolitik, meine offen ausgesprochene Kritik an der Führung des Hauses und schließlich meine Popularität bei meinen Sparkassenkollegen machten es unmöglich, vor den Augen der damaligen Geschäftsführung Gnade zu finden. Wir schieden erleichtert voneinander. Das Kapitel Girozentrale sollte mich später allerdings als Vertreter der größten Aktionärin dieser Bank noch ausreichend beschäftigen.

Der Zufall sollte also sein Gespinst flechten: In den Apriltagen des Jahres 1955 lud die Erste Österreichische Spar-Casse zu einem Empfang. Alles, was Rang und Namen in der Geldwirtschaft hatte, war gekommen, so auch die Spitze der

Sparkassenorganisation, und mit ihr auch ich als einer der Vertreter des Verbandes. Es war ein rauschendes Fest für die – der Bilanzsumme nach – zweitgrößte Wiener Sparkasse.

Die Zentralsparkasse hatte zu diesem Zeitpunkt noch immer keinen Leiter. Ich saß in einer recht angenehmen und ausgelassenen Stimmung mit einigen Kollegen in einer gemütlichen Ecke, als ein namhafter steirischer Funktionär des Sparkassenverbandes, Landesrat Oberzaucher, auf uns zukam, sich zu uns setzte und die Direktionslosigkeit der größten Sparkasse Österreichs bedauerte. Dechant war eine gewichtige Person im Sparkassensektor gewesen, ein gebildeter Herr, dessen Sarkasmus sein Image bei den Sparkassen allerdings trübte und der nicht selten als der böse Sozi verteufelt wurde.

„Wißt ihr niemanden, den man vorschlagen könnte?" war die Frage Oberzauchers. Aus einer Festtagslaune heraus sagte ich dem steirischen Freund, daß ich mich gerne bewerben würde. Ich hatte aber nie im Ernst daran gedacht, Nachfolger Dechants zu werden. Mein einziger Wunsch war, einmal in den Vorstand der Girozentrale aufzurücken, um dort meine geschäftspolitischen Ideen zu verwirklichen. Ich bezweifelte aber, ob mir das gelingen würde. Das Gelächter um mich herum ließ uns zur Realität zurückkehren. Der Cognac, auf den Oberzaucher mich später einlud, schmeckte hervorragend. Am nächsten Tag hatte ich den Vorwitz des lustigen Abends bereits vergessen.

Vierzehn Tage später kam Oberzaucher zu mir. Die Girozentrale als Hausherr hatte mich inzwischen auf den Dachboden verbannt, in ein Büro, das zwar mit lichtdurchlässigen Dachziegeln versehen war, aber keine Fenster hatte. Doch selbst das hinderte die Sparkassenleiter nicht, mich aufzusuchen. Oberzaucher machte mir Vorwürfe, weil ich mein Gesuch zur Bestellung als Leitender Direktor der Zentralsparkasse noch nicht abgegeben hatte. „Meinen Sie das im Ernst?" fragte ich ihn. „Natürlich, und Sie haben auch gute Chancen."

Einige Tage später gab ich mein Gesuch, dessen lakonische Kürze verwunderte, bei Stadtrat Resch ab, und fuhr als Vortragender zu einem achttägigen Girokurs nach Waizenkirchen in Oberösterreich. Gegen Ende des Kurses rief mich der für die Girowerbung zuständige Mann der Zentralsparkasse, Simon, an und teilte mir meine Ernennung zum Leitenden Direktor durch den Gemeinderat der Stadt Wien mit.

Ich mußte im Anschluß an den Girokurs als Delegierter Österreichs einer Werbetagung des Internationalen Instituts für das Sparwesen in London beiwohnen. Mein realer Eintritt verzögerte sich so um acht Tage und fand am Samstag, dem 14. Mai 1955, einen Tag vor der Unterzeichnung des Staatsvertrages, statt.

Nun ging im Sektor der Spektakel los! Briefe flogen hin und her: Es verstoße gegen die guten Sitten, wenn ein relativ kleiner Angestellter plötzlich Leitender Direktor werden könnte. Mit welchem Recht ich nach London gefahren wäre, da ich doch nicht mehr Angestellter des Verbandes sei. Der gut brauchbare Girofachmann entpuppe sich plötzlich als Sozi, der nur als Laufbursche von Stadtrat Resch gebraucht werde. Daß ich diese Briefe zu Gesicht bekam und zum

Teil auch noch besitze, zeigte mir, daß ich Freunde hatte, die sich darüber amüsierten. Selbst der Versuch, mich mit falschen Anschuldigungen in meinem Privatleben zu treffen, wurde unternommen. Er hatte zwar keine Wirkung, war für mich aber irgendwie verständlich. Man fürchtete meine Rache, aber an so etwas dachte ich damals und auch später nicht. An dem Faktum meiner Bestellung war nun einmal nicht zu rütteln. In den Kreisen der Gemeindefunktionäre gab es einige, die einem anderen Kandidaten den Vorzug gegeben hatten. Aber Stadtrat Resch, für den ich ein unbeschriebenes Blatt war, setzte mich durch. Ihm hatte das empfehlende Wort seiner Parteifreunde in den Bundesländern genügt, insbesondere jenes des damaligen Salzburger Bürgermeisters Alfred Bäck. Von den anderen Bewerbern ist vor allem Dr. Karl Mantler zu nennen, der ein freundschaftliches Verhältnis zum späteren Vizebürgermeister Felix Slavik hatte. Mantler war ohne besonderes Glück bei der BAWAG tätig gewesen und wechselte dann zur Autokreditstelle der Gemeinde Wien. Später wurde er mein Mitarbeiter: ein erstklassiger Revisor – aber kein Manager. Slavik hatte allerdings – wie sich später zeigte – andere Pläne mit ihm.

Am Samstag, dem 14. Mai 1955, wurde ich in der Wipplingerstraße dem gesamten Vorständekorps der Anstalt vorgestellt. Resch hielt eine kleine Ansprache, in der er betonte, daß er in meiner Jugend – ich war damals 44 Jahre alt – kein Hindernis sehe. Ich dankte Resch und der Gemeinde Wien für die ehrenvolle Bestellung und fuhr mit meiner Familie zu meinen Eltern; meine Mutter hatte am Sonntag Geburtstag.

Der Betrieb der Hauptanstalt der Zentralsparkasse war damals in zwei Stockwerken des Alten Rathauses in der Wipplingerstraße untergebracht. Unser Kundenraum mit den Kassen befand sich im heutigen Festsaal. Ein Schutzgitter trennte „Parteienraum" und Arbeitsstätten. Neben dem Alten Rathaus hatte das „Dorotheum" begonnen, an Stelle einer Bombenruine ein neues Wohn- und Bürohaus zu errichten. Die Zentralsparkasse sollte dort als Mieter das Erdgeschoß und den ersten und zweiten Stock beziehen. Der Plan sah vor, in dem Neubau in erster Linie administrative Abteilungen unterzubringen.

Ich bezog mein Büro im Alten Rathaus. Es war hübsch eingerichtet und mit einem Bild von Bürgermeister Seitz geschmückt. Im Nebenzimmer arbeitete Frau Zettl, damals noch Schweda, die Sekretärin Dechants, die ich in ihrer bewährten Funktion übernahm und die meine Mitarbeiterin bis zu meinem Ausscheiden blieb.

Schon am ersten Tag legte mir der Leiter des Kreditressorts einige Kredite zur Bewilligung vor. Größere Kredite waren nicht darunter, und es sollte sich bald herausstellen, daß es solche nicht gab. Ich entschied nach den Unterlagen. Ansonsten verlief der Tag ruhig in Gesprächen mit meinen unmittelbaren Mitarbeitern.

1.2. Die geschäftliche Lage der Zentralsparkasse bei meinem Eintritt

Nach meiner Bestellung zum Leitenden Direktor und bevor ich konkret den Dienst begann – unmittelbar vor meiner Reise nach London also – studierte ich den Bericht, den die Prüfungsstelle des Österreichischen Sparkassen- und Giroverbandes über das abgelaufene Geschäftsjahr der Zentralsparkasse verfaßt hatte. Der Bericht war durchaus positiv. Ich betrachtete ihn aber nicht formal, etwa in Hinblick auf die Einhaltung der Satzung, sondern funktionell. Dabei sah ich folgendes: Bei den Einlagen war der Anteil der Depositen der öffentlichen Hand relativ hoch. Ich wußte, daß Dechant dieses heiße Geld bei der Girozentrale zu einem Sonderzinssatz veranlagt hatte, was immer wieder zu einer Kritik der Sparkassen Anlaß gab. Auch die Erste Österreichische Spar-Casse hatte einen derartigen Bonus, der bis zu 2% betrug. Hätte die Girozentrale aus irgendeinem Anlaß diesen Bonus gestrichen, hätte die Rentabilität der Anstalt einen fühlbaren Einbruch erlitten. Deshalb auch – so mein Verdacht – die großzügige Haltung der Wiener Sparkassen zur Geschäftspolitik Otto Benedikts, des damaligen Generaldirektors der Girozentrale. Allein aus dieser Überlegung ergaben sich zwei Aufgaben der zukünftigen Geschäftspolitik. Erstens die massive Ankurbelung des Einlagengeschäftes, um den Anteil des heißen Geldes am gesamten Einlagenpotential zu senken, und zweitens die Schaffung eines breitgestreuten Kreditgeschäftes, um das Verwaltungskapital direkt ins Verdienen zu bringen. Über die Methoden zur Erreichung dieses Zieles und deren Erfolg berichte ich noch ausführlich.

Viele Momente standen meinen ersten strategischen Überlegungen im Wege oder begünstigten sie. Schon der Firmenname und die Tatsache, als Kasse der Gemeinde zu gelten, hatte seine Tücken aber auch seine Vorteile. Insbesondere Kommerzkunden und ausländische Banken bekamen mit dieser Bezeichnung ein falsches Bild, soferne sie nicht die Zusammenhänge kannten. Die Firmenbezeichnung war irreführend. Das Wörtchen „der" Gemeinde Wien, ließ auf ein Eigentumsverhältnis schließen. Die Gemeinde Wien war aber bloß Haftungsträger. Einen Eigentümer der Anstalt gab es wie bei allen anderen Sparkassen nicht. Sie war gemeinnützig. Angesichts dieses Titels betrachteten manche Kunden die Anstalt als einen Teil der Gemeindeverwaltung und nicht als Kreditinstitut. Wie man aus diesem Dilemma herauskam, wird eine spätere Darstellung zeigen. Der Vorteil für die große Masse der Sparer war, daß sie sich unter der Obhut einer so mächtigen Gebietskörperschaft wie es die Gemeinde Wien ist, wohl und behütet fühlen konnten und um die Sicherheit ihrer Einlagen nicht bangen mußten.

Und dann die Satzung der Anstalt! Sie unterschied sich in wesentlichen Punkten von der Satzung der übrigen österreichischen Sparkassen. Sie war ein Unikum in jeder Hinsicht. Man konnte mit ihrer Hilfe die Sparkasse vielleicht in den Anfangsstadien führen, aber im Zuge der rasanten Entwicklung ab den späten fünfziger Jahren war das geradezu unmöglich. Wenn man dennoch die Fiktion von einer brauchbaren Satzung aufrechterhielt, so geschah das sicherlich zu Lasten des sogenannten Leitenden Direktors.

Man hatte mir zwar auch den Titel eines Generaldirektors verliehen, aber de jure hatte ich das kleinste, de facto hingegen das größte Pouvoir aller österreichischen Leiter einer Geldanstalt. Die Geschäfte der Sparkasse führte ein Verwaltungsausschuß. Dieser bestand aus sechs Mitgliedern, die paritätisch vier zu zwei der Sozialistischen Partei bzw. der Volkspartei angehörten oder nahestanden. Der Vorsitzende des Verwaltungsausschusses war der Bürgermeister, der sich auf Dauer vertreten lassen konnte. Dieser Verwaltungsausschuß war das Organ, das alle wesentlichen Geschäfte des Hauses, insbesondere die Kredite und Darlehen, zu beschließen hatte. Daneben gab es den Leitenden Direktor, der auch einen Stellvertreter hatte und in seiner Funktion die Beschlüsse des Verwaltungsausschusses auszuführen hatte, ohne diesem Gremium anzugehören. Er war mit einem Wort bloß eine Art Kanzleidirektor, ohne jede Vollmacht zum Abschluß von Kredit- oder anderen verpflichtenden Geschäften. Ein Kontrollorgan, etwa in Form eines Aufsichtsrates, gab es nicht. Die Sparkasse wurde lediglich post festum vom Kontrollamt der Gemeinde Wien sowie durch den Hauptverband geprüft, der kraft Gesetzes die Prüfung aller Sparkassen vornahm. Es ist klar, daß mit einer derartigen Struktur ein modernes Kreditinstitut nicht zu führen war. Der Verwaltungsausschuß trat höchstens alle 14 Tage zusammen, meistens aber in wesentlich längeren Abständen. Schnelle Entscheidungen geschäftspolitischer Art waren unmöglich. Diese Situation wurde überbrückt, indem der Verwaltungsausschuß mir gewisse Vollmachten erteilte, beispielsweise die Genehmigung von Krediten in bestimmter Höhe gegen nachträgliche Vorlage. Das war natürlich keine glückliche Lösung. Hatte der Direktor einen Kredit genehmigt, so war eine Stornierung durch den Verwaltungsausschuß ausgeschlossen. Diese Konstruktion war völlig unzureichend. Fraktionsmäßige Vorbesprechungen beim jeweiligen Finanzreferenten des Stadtsenates unter Teilnahme des Direktors waren kein Ersatz für einen Aufsichtsrat oder einen Verwaltungsrat, wie es ihn bei den „regulativmäßigen Sparkassen" gab, sondern höchstens eine Form der Rückendeckung für den Leitenden Direktor.

Wenn die Kreditaufsicht so lange eine derart unbrauchbare Satzung duldete, war das eine typisch österreichische Erscheinung des Weiterwurstelns in der Hoffnung, daß alle Mitwirkenden korrekt spielten. Und zum Glück taten sie es auch.

Ich bemühte mich während meiner gesamten Dienstzeit um eine Lösung der Satzungsfrage, konnte aber erst gegen deren Ende eine erfolgversprechende Diskussion mit den zuständigen Politikern in Gang bringen. Vielleicht hätte ich meiner „Bevollmächtigung" von vornherein mit eindringlicherer Kritik begegnen sollen. Aber ich verfuhr mit ihr wie mit der Satzung: Ich wußte um ihre Untauglichkeit für das moderne Geschäft und legte sie ad acta.

Wenn die Geschäftstätigkeit der Sparkasse in den sechziger Jahren dennoch der einer Großbank entsprach, so nur, weil ich als Generaldirektor das gesamte Geschäft auf eigene Verantwortung führte. In meiner gesamten Praxis in der Zentralsparkasse hat der Verwaltungsausschuß keinen einzigen Kredit abgelehnt, was das Vertrauen in meine Tätigkeit bewies. Später habe ich zu meiner Unterstützung Direktor-Stellvertreter ernannt, die satzungsmäßig wiederum nicht verankert waren. Sie stellten kein Kollegialorgan vor, d. h. ich konnte mich nicht auf die Mitverantwortung meiner Mitarbeiter stützen, wie es beim Vorstand einer Aktiengesellschaft der Fall ist, sondern stand immer allein – wenn auch selten – im Regen.

So also stellte sich für mich die Problematik der Geschäftsführung in der ersten Zeit meiner Tätigkeit dar. Ich war weit davon entfernt, etwa meine Entscheidung zu bereuen. Im Gegenteil, ich fühlte mich vom ersten Tag an mit dem Institut verbunden. Es war ein gut fundiertes, entwicklungsfähiges Instrument, um den Sparkassen in Wien eine führende Rolle im Geldwesen zu verschaffen.

Die Zentralsparkasse hatte unter der Kriegseinwirkung schwer gelitten, insbesondere ein schreckliches Ereignis traf die Anstalt schwer. Ein Bombentreffer im Luftschutzkeller der Hauptanstalt kostete 48 Kollegen und Kolleginnen das Leben. Ein Überlebender dieses Unglücks erzählte mir, daß er stundenlang eingeklemmt war und dabei einer toten Kollegin immerzu ins Gesicht sehen mußte, ohne daß er den Kopf abwenden konnte. Aber auch sonst gab es eine Menge Schäden im gesamten Filialnetz.

Die Anstalt erholte sich aber nach dem Krieg dank der Einsatzbereitschaft aller Mitarbeiter und trotz der Schwierigkeiten nach der Abschöpfung der Einlagen im Zuge des Währungsschutzgesetzes von 1947. Die Spareinlagen stiegen von 1947 bis 1954 von 70,7 Mio. auf 648,4 Mio. Schilling. Die Anzahl der Spareinlagenkonten fiel allerdings, wenn man das Jahr 1946 als Grundlage nimmt, von 1,382.000 auf 560.000 zurück. Das war verständlich, denn sehr viele Kunden behoben das nach der Währungsreform verbliebene Geld. Auch die Spargiroumsätze begannen wieder zu steigen; waren es im Jahr 1947 ungefähr 122 Mio., so stiegen sie bis zum Jahr 1954 immerhin auf 785 Mio. Schilling. Auch das Realkreditgeschäft, das Urgeschäft der Zentralsparkasse, stieg vom Jahr 1947 von 48 Mio. auf rund 290 Mio. Schilling im Jahr 1954, wobei der Anteil der sogenannten Reparaturdarlehen nach den Kriegsschäden einen immer größeren Wert ausmachte. Während des Krieges mußte eine Reihe von Filialen geschlossen werden, aber der steigende Bedarf ließ das Filialnetz langsam wachsen, und im Jahr 1955 umfaßte es wieder insgesamt 33 Zweiganstalten. Die Personalsituation war prekär. Nach 1945 verlor die Anstalt 527 Angestellte durch Kündigung, Entlassung, freiwilligen Austritt, Pensionierung und dergleichen. Es mußten mehr als 150 Angestellte neu aufgenommen und eingeschult werden, um dem täglich steigenden Geschäftsbetrieb gerecht zu werden.

So stand die Anstalt bei meinem Eintritt schon in einem Trend der Erholung nach den schweren Zeiten des Krieges und der Währungsreform, so daß ich auf einer gesunden Basis mit sehr ambitionierten Mitarbeitern aufbauen konnte.

Einige von ihnen kannte ich bereits aus meiner Tätigkeit in den Spargirogremien.

Auch mit den sechs Mitgliedern des Verwaltungsausschusses hatte ich bald ein gutes Einvernehmen. Dr. Hermann Hintermayer, mein offizieller Stellvertreter, war leider kurz nach meiner Geschäftsübernahme erkrankt. Er erholte sich nicht mehr und starb viel zu früh. Er war ein sehr tüchtiger Jurist und hatte die Aufsichtsratssitzungen in der Girozentrale immer durch seine geistvollen Aperçus belebt. Sein Nachfolger Karl Sablik entwickelte sich zu einem guten Kollegen.

Direktor-Stellvertreter Rudolf Böshönig schließlich war ein alter Du-Freund aus den Zeiten der betriebswirtschaftlichen Arbeitsgemeinschaft und ein eleganter Sparkassenbeamter der alten Schule. Innerhalb der Angestelltenschaft gab es eine Gruppe von Kollegen, die im Jahre 1927 in die Anstalt eingetreten war, als in Wien durch die Bankenzusammenbrüche viele Mitarbeiter freigesetzt worden waren, und der auch Böshönig angehörte. Die sogenannten 27er versuchten manchmal, ein wenig Opposition zu machen. Aber Böshönig glättete intern diese Wogen sehr rasch. Zu offenen Aufständen kam es zunächst nicht.

Was die allgemeine Wirtschaftslage anlangt, so führte der Abschluß des Staatsvertrages zu einer starken Belebung und damit einer Überhitzung der Konjunktur. Das rief die Währungsschützer auf den Plan. Das neue Nationalbankgesetz gab der Notenbank die Möglichkeit, Einlagenteile in Form unverzinslicher Mindestreserven aus dem Geschäft zu ziehen und so die Kreditentwicklung zu bremsen. Außerdem wurde ein Kreditrestriktionsabkommen geschlossen, das die Kreditunternehmungen auf freiwilliger Basis bei sonst verfügter Pönalezahlung in der Vergabe von Krediten einengte. Diese Maßnahme war für alle jene Kreditunternehmungen ungünstig, die bisher mit der Kredithingabe zurückhaltend gewesen waren und dann den Konjunkturaufschwung nicht in ausreichendem Maße mitmachen konnten, so auch für die Zentralsparkasse.

Auch auf anderen Gebieten stand ich vielfach alleine da, insbesondere bei Schwierigkeiten in der Verbandspolitik. Die Zentralsparkasse war zwar der größte Beitragslieferant für den Hauptverband der österreichischen Sparkassen. Die Mehrheit der Stimmen im Hauptverband bildeten aber die bürgerlichen Vereinssparkassen, die hauptsächlich in den Landeshauptstädten ansässig waren. Ich sah mich dadurch immer wieder mit dem Problem konfrontiert, durch Absprachen der Vereinssparkassen in Verbandsfragen vor vollendete Tatsachen gestellt worden zu sein. Die Vereinssparkassen hatten einen eigenen Club, wo sie sich vor den Verbandssitzungen trafen. Ich vereinbarte deshalb mit dem damaligen Innenminister Hans Czettel den Versuch, einen Verband der Gemeindesparkassen zu gründen. Czettel berief zu diesem Zweck die Bürgermeister jener Gemeinden, in denen Gemeindesparkassen ihren Sitz hatten, zu einer Besprechung nach Wien, in deren Rahmen ich ein Referat zu unserem Problem halten konnte. Wir beschlossen die Ausarbeitung einer entsprechenden Vereinssatzung.

Mir war von vornherein klar, daß sich unser Vorhaben herumsprechen würde und wir mit einer Revolte im Sparkassenverband zu rechnen haben würden. Ich wurde auch prompt als Verräter und Spalter der Sparkassenorganisation beschimpft. Es kam zu heftigen Diskussionen, aber schließlich auch zu einem Kompromiß: Ich erreichte, daß der Sparkassenverband einen Vertreter des Städtebundes in seinen Vorstand aufnahm. Dadurch war die Möglichkeit gegeben, daß sich die Interessen der Gemeinden kundtaten. Ich habe immer sehr bedauert, daß die kommunalen Vereinigungen sich um das Sparkassenwesen relativ wenig kümmerten. Die Sparkassen wurden als Kreditunternehmungen lange Zeit nicht ernst genommen, alles Interesse galt den Banken. Diese waren zum Teil verstaatlicht, unterlagen der Aufsicht des Finanzministeriums und gehörten zum Interessenbereich des bürgerlichen Lagers. Die Bedeutung der Sparkassen wurde offensichtlich nicht hoch genug eingeschätzt, obwohl sie – gemessen am Einlagenvolumen – größer als die Banken und vor allem in der Kommunal- und Wohnbaufinanzierung weitaus führend waren. Das ist ein typisches Moment, das auf sozialistischer Seite immer wieder zum Durchbruch gekommen ist. Hinzu kam, daß Anliegen des Sparkassensektors eigentlich nie offene Ohren fanden. Ich habe mich oft bemüht, Möglichkeiten für eine bessere Interessenvertretung zu finden. Erst Innenminister Olah hat sich als Chef der Aufsichtsbehörde mehr um das Sparkassenwesen gekümmert und in seiner kurzen Amtszeit einiges für uns getan. Ich bemühte mich damals auch, den Wechsel der Sparkassenaufsicht vom Innen- zum Finanzministerium zu verhindern. Aber meine Bemühungen blieben ohne Erfolg. Macht- und ressortpolitische Argumente hatten mehr Gewicht als die Überlegung, welche Konsequenzen ein derartiger Wechsel haben würde.

1.3. Die Zentralsparkasse wird national und international ein Begriff im Sparkassenwesen

Trotz ihrer Größe und wirtschaftlichen Bedeutung war die Zentralsparkasse nur eine Gemeindesparkasse. Ihre Akzeptanz beschränkte sich auf den Raum Wien, ihre Geschäftsmöglichkeiten waren durch die veraltete Satzung sehr gehemmt. Lediglich im Rahmen der Kommunalfinanzierung war sie von Bedeutung, wenn eine Gemeinde ein größeres Darlehen brauchte, das sie am Platz nicht bekam. Gemeinden mit sozialistischer Mehrheit traten des öfteren mit Stadtrat Resch in Verbindung, der dann die nötigen Kontakte herstellte. Ansonsten war beispielsweise der Bekanntheitsgrad der Salzburger Sparkasse viel größer als jener der Zentralsparkasse. Das mag unter anderem auch seine Ursache darin gehabt haben, daß Wien im östlichen Teil der Republik dem Eisernen Vorhang näher lag und deshalb als unsicher galt. Erst der Abzug der Besatzungstruppen und das Wirksamwerden des Staatsvertrages milderten diese Vorbehalte. Viele erachteten die Zentralsparkasse dennoch als eine unter dem massiven Einfluß der Stadt

Wien stehende Kapitalkonzentration, die für eine moderne Sparkassenpolitik nicht zugänglich zu sein schien. Diese Ansicht war nicht zutreffend. Einzelne Sparkassen im Westen verfügten über eine weit konservativere Mentalität in bezug auf die modernen Geschäfte als die Anstalten in Wien. Die Zentralsparkasse ins rechte Licht zu setzen, das war eine der ersten Aufgaben, die ich mir setzte.

Als ich meine Tätigkeit aufnahm, erfuhr ich, daß in meinem Sekretariat ein junger Staatswissenschafter arbeitete. Meine Sekretärin berichtete mir von seinem Vorhaben, eine Festschrift für das 50jährige Jubiläum der Zentralsparkasse im Jahre 1957 zu verfassen. Sein Name war Dr. Rene Alfons Haiden. Ich rief ihn zu mir, um mich über die Fortschritte seiner Arbeit unterrichten zu lassen. Das bisher Geschriebene war gut und im Sinne einer landläufigen Festschrift verfaßt. Die Zusammenhänge waren leicht faßlich dargestellt und mit volkswirtschaftlichen Informationen versehen. Dennoch reichte ich ihm die Arbeit zurück. Es galt, etwas völlig anderes zu machen, etwas, das man nicht nach dem Durchblättern in den Kasten hinter dem Schreibtisch stellen würde. Haiden verstand mich, und er machte sich sofort ans Werk. Die Idee, seine volkswirtschaftlichen Untersuchungen so darzustellen, daß sie auch von der in dieser Disziplin unbeleckten Leserschaft verstanden werden konnten, faszinierte ihn.

Darüber hinaus beauftragte ich die Graphikerin Maria Biljan-Bilger und ihren Gatten Peter Perz mit der Gesamtgestaltung der Festschrift. Das Ergebnis war bunt, einleuchtend im wahrsten Sinne des Wortes und – nun begann die Sünde – modern!

In konservativen Kreisen erregte das Werk großes Aufsehen und den Ruf nach mehr Seriosität. Aufgabe eines Geschäftsberichtes könne nicht sein, ein modernes Kunstwerk zu bieten. Haiden und ich ließen uns jedoch nicht abhalten, diesen Weg auch bei zukünftigen Berichten zu beschreiten. Das Duo Bilger-Perz hatte ganze Arbeit geleistet.

Das Libretto für die Jubiläumsfeier verfaßte ich selbst. Wie die Reaktionen zeigten, war es dem Ansehen der Anstalt sehr nützlich. Als Ort wählte ich den Großen Musikvereinssaal – den goldenen Saal, der sich für die 50-Jahrfeier geradezu anbot. Nach Begrüßungsreden der Spitzen des Staates und der Gemeinde, zwischen Richard Strauß und Richard Wagner mit den Wiener Symphonikern, konnte ich den Festgästen mein geschäftspolitisches Programm entwickeln: Förderer und Hüter des Sparsinnes, Financier des Wohnbaus, der Gemeinden und der mittelständischen Wirtschaft, gemeinnützige Haltung in allen Bereichen. Ähnliches wurde in Wien vor so prominenten Zuhörern nie zuvor ausgesprochen. Stadtrat Resch, den die Dimension des Festaktes ursprünglich nicht begeistert hatte, äußerte sich sehr zufrieden über dessen Abwicklung und meine Darstellung der Sparkassenaufgabe. Es gelang mir damit, auch skeptische Naturen von der öffentlichen Aufgabe der Sparkassen zu überzeugen.

Im Anschluß an den Festakt wurde eine Broschüre ausgegeben, welche die Texte aller Reden enthielt. Wenige Monate später erschien schließlich ein Buch mit dem Titel „Die Geschäftspolitik der Sparkassen" im Sparkassenverlag, das jahrelang in den Kursen des Sparkassenverbandes als Arbeitsunterlage Verwendung fand. Es war das erste Mal, daß bei einer Veranstaltung und publizistisch die Aufgaben der Sparkassen zusammenfassend dargestellt wurden. Die öffentliche Hand, insbesondere die Gemeindevertretungen, erkannte dadurch die ungeheure Bedeutung dieses Sektors. Die Sparkassen wurden somit endgültig aus ihrer etwas vernachlässigten Stellung als Witwen- und Waisenkassen herausgehoben.

Im Laufe der folgenden Jahre wurde die Pressearbeit intensiviert. Die konservativen Zeitungen schrieben nicht unfreundlich über die Sparkassen und über die Zentralsparkasse im besonderen. Die sozialistischen Blätter hingegen sahen in der Förderung des Spargedankens keine Tätigkeit, die besonderes Lob verdient hätte. Ich erinnere mich noch an einen heftigen Disput mit dem Wirtschaftsredakteur der „Arbeiter Zeitung" über das Thema: „Hat Sparen Sinn?" Karl Ausch, der später mein Freund wurde und ein hervorragendes Buch mit dem Titel „Als die Banken fielen" geschrieben hat, war nicht leicht zu überzeugen. Beim Problem der Bildung von Kapital kommt es darauf an, wem das Geld gehört beziehungsweise wem man es leiht. Hier setzte ich an. Meine Argumente fielen auf fruchtbaren Boden, denn als er später Vorstandsmitglied in der Girozentrale wurde, gab auch er dem Sparen als Methode der Kapitalbildung den Vorzug vor Steuereinnahmen und der Notenpresse. Er war Sparkassenmann geworden.

Eine der wichtigsten Maßnahmen zur Hebung des Ansehens der Anstalt war der Aufbau einer gezielten Medienarbeit. Abgesehen von den Pressekonferenzen zu wichtigen Ereignissen, veranstaltete ich mit den Redakteuren der bedeutendsten Tageszeitungen und Wirtschaftsjournale Wirtschaftsgespräche außerhalb des Hauses. Dabei erörterte ich nicht nur Themen, die redaktionell verarbeitet wurden, sondern auch andere, die nur zur Information und nicht zur Veröffentlichung bestimmt waren: Interna, ein wenig Tratsch, Zukunftsperspektiven; Informationen also, die den Journalisten ein geschlossenes Bild über die Verhältnisse des Augenblicks gaben. Die Abmachung, diese Informationen nicht zu veröffentlichen, wurde immer eingehalten. Ich kann mich darüber hinaus nicht erinnern, daß es während meiner Dienstzeit als Generaldirektor unmotivierte Angriffe gegen mich oder die Zentralsparkasse gegeben hätte. Erst in der letzten Zeit meines Wirkens wurden warnende Stimmen vor meiner Person laut, die ich oft genug in den Wind schlug. Bei meiner Pressearbeit war für mich die politische Couleur der Zeitungen nicht relevant. Wirtschaft ist Wirtschaft, und Politik ist Politik. Wer der Meinung war, daß zwei mal zwei vier ist, war mein Mann.

Ein wichtiger Punkt meines Programms war das familienpolitische Konzept. Anläßlich des Internationalen Sparkassenkongresses in Stockholm (1960) referierte ich unter dem Titel „Die Sparkasse und die Familie". Meine Ausführungen über die konkreten Zusammenhänge zwischen Haushaltsberatung und Sparkassenarbeit wurden von den Zuhörern aus aller Welt mit großer Aufmerksamkeit aufgenommen. Die Zentralsparkasse hatte für ihre familienpolitische Arbeit den Verein „Gut haushalten" auf die Beine gestellt, der die ideellen und technischen Voraussetzungen lieferte und nun internationale Anerkennung fand. Bei einem Kongreß in Vevey in der Schweiz, der unter Teilnahme von Experten aus vielen Ländern stattfand, bekamen wir den Auftrag, unsere Arbeit im Rahmen des Internationalen Institutes des Sparwesens in Amsterdam fortzuführen. Österreich war durch diese und weitere Bestrebungen neben Schweden und Deutschland eine führende Sparkassennation geworden.

1963 stand mein Name auf der Rednerliste des Internationalen Sparkassenkongresses in Wien. Ich referierte über das Thema „Zusammenarbeit in der Integration – Annäherungschancen in der Struktur der Sparkassen" und berichtete über die Möglichkeiten und Mühen, welche sich den Sparkassen im Zuge der sich bereits am Horizont abzeichnenden europäischen Integrationsbestrebungen entwickelten. Gemeinsam mit meinem Co-Referenten aus Belgien empfahl ich eine Vereinheitlichung der Sparkassengesetzgebung und der Geschäftspolitik der Anstalten. Derartiges galt damals noch als Utopie, denn die Satzungen der einzelnen Anstalten wiesen gewaltige Unterschiede auf. Erst ein kleiner Teil der europäischen Sparkassen pflegte beispielsweise den Giroverkehr und andere Bankgeschäfte. Den Abschluß des Kongresses bildete ein großer Heurigenabend in der Wiener Stadthalle, der nicht nur der Zentralsparkasse, sondern auch der Stadt Wien große Anerkennung brachte.

Wir begnügten uns aber nicht mit Empfehlungen im Rahmen des Verbandes, sondern versuchten eine praktische Umsetzung unserer Öffentlichkeitsarbeit. So schuf die Zentralsparkasse einen internationalen, lose und willkürlich ausgewählten Club, dem die Leiter einiger europäischer Großsparkassen angehörten. Zunächst waren die Sparkassen der Städte Stockholm, Berlin (West), Rotterdam, München, Lyon, Triest, Laibach und Prag eingeladen worden. Dieser Kreis erweiterte sich dann allmählich. Weder der Eiserne Vorhang noch Sprachbarrieren schlossen eine Teilnahme aus. Die Themen lagen auf der Hand: Geschäftspolitische Probleme, die großen betriebswirtschaftlichen und legistischen Fragen, das Verhältnis zu den vorhandenen Zentralbanken und schließlich auch die Zusammenarbeit mit den kleineren Sparkassen. Wir leisteten praktische Arbeit, etwa die Entwicklung eines gemeinsamen Reiseschecks mit der Sparkasse Laibach. Der ersten Tagung in Wien folgten weitere, jeweils am Platz einer der teilnehmenden Sparkassen. Wir lernten bei diesen Zusammenkünften viel, gaben unsere Erfahrungen weiter und schufen uns auf diese Weise gute Freunde. Die Verbandsorganisation hatte naturgemäß keine besondere Freude daran.

Das Eingehen von Beteiligungen war ein besonderes Mittel, um die wirtschaftliche Bedeutung der Sparkasse zu erweitern. Damit begingen wir aber die ersten Satzungsverstöße, da die Anstalt hier sehr eingeschränkt war. Beteiligungen außer an sparkasseneigenen und diesem Zweck dienenden Gesellschaften (Girozentrale, Sparkassenverband und -verlag) waren durch die Satzung ausdrücklich verboten. Ausnahmegenehmigungen waren schon aus legistischen

Gründen nicht möglich. Und doch mußte die Zentralsparkasse, wollte sie ihre Geschäftsbeziehungen erweitern, auch diesen Weg beschreiten. Besonders bei langfristigen Finanzierungen im Immobiliengeschäft war dies der Fall. Ein Beispiel ist die Gründung der „EKAZENT". Zum reinen Finanzierungsinteresse gesellte sich hier die qualitative Anhebung der Infrastruktur der Stadt. Die Jahrzehnte später als Heilmittel gepredigte Privatisierung wurde dabei von Haus aus betrieben: Die Errichtung von Einkaufszentren sollte nicht der öffentlichen Hand allein überlassen werden. Daß mit einem solchen Vorhaben auch der Kundenkreis der Anstalt vergrößert werden konnte und deshalb zusätzliche Geldströme über ihre Kassen flossen, war der Nutzeffekt dieser Überlegung.

Die Einführung der EDV in der Zentralsparkasse als erstem Institut am Platz wurde anfangs belächelt, aber bald nachvollzogen. Wir waren der Konkurrenz jedoch stets um eine Nasenlänge voraus. Besonders eindrucksvoll war der Übergang zum sogenannten Online-System, bei dem das gesamte Buchungswerk vernetzt wurde und man in jeder Filiale ohne Rückfrage vom Sparkassenbuch abheben konnte. Sein Initiator, Dr. Karl Vak, überreichte mir bei der offiziellen Einführung in der Filiale Landstraße das erste on-line behandelte Sparkassenbuch mit einer Einlage von 1 Schilling als Andenken. Die EDV galt damals als Triumph der Technik, heute ist sie Selbstverständlichkeit geworden.

Der Höhepunkt der äußeren Entwicklung war zweifellos der Bau des neuen Hauptgebäudes. Wir waren die erste Großbank, die solches seit Jahrzehnten h gewagt hatte (zuletzt die Creditanstalt im Jahre 1911). Ein Stahlgerüstbau von architektonischem Ebenmaß, mit edlem Material verkleidetes Metall, in der Innenausstattung wie ein getäfelter Luxusdampfer mit jederzeit verstellbaren Wänden und voll von Kunstwerken war entstanden. Kundennah und angenehm für die Mitarbeiter, bildete es ein auch international beachtetes Bauwerk.

Schließlich legte ich noch auf eine breite kulturelle Tätigkeit der Anstalt Wert. Schon 1957 wurde der Wiener Kunstfonds gegründet, um die Förderungstätigkeit für junge Künstler zu kanalisieren. Dem Bezug des neuen Hauses folgten große Ausstellungen. Zur Förderung der Wissenschaft rief man 1959 den Dr.-Adolf-Schärf-Fonds ins Leben. Einige viel beachtete Publikationen entstanden, die vom Wirken der Zentralsparkasse auf kulturellem Gebiete zeugen. Heute kann die mit der Länderbank zur Bank Austria fusionierte Zentralsparkasse auf die größte private Kunstsammlung Österreichs blicken.

Das alles wäre aber nicht geschehen, wenn ich nicht tüchtige Mitarbeiter um mich geschart hätte. Junge, aber auch ältere Kollegen waren bald vom Geist dieses Strebens nach Anerkennung der Anstalt und nach Erreichung der geschäftspolitischen Ziele erfüllt. Sie setzten sich für meine oft als närrisch empfundenen Vorhaben ein und ernteten mit mir das Ergebnis. Der Verwaltungsausschuß ging diesen Weg mit. Die Bilanzen waren gut, die Satzungsverstöße betrachtete man als notwendiges Übel. Störversuche von der konservativen Seite verebbten bald, weil sie von den Organen nicht mitvollzogen wurden. Gemessen am Kundendienst entwickelten wir uns zu einer Universalbank und wurden in

Europa bekannt und angesehen. Unsere Kundschaft reichte bald vom kleinen Handwerker bis zum internationalen Industriekonzern.

Ich hatte also nicht nur den Giroverkehr, sondern auch das Management gelernt, und war weit davon entfernt, ein Spielball der Götter zu sein ...

2. Sicherung des Grundbestandes

2.1. Rechtliche Voraussetzungen

Die Förderung des Spargedankens ist ein öffentlicher Auftrag und sicherlich der wichtigste Schritt zur Sicherung des Grundbestandes der Sparkassen. Einerseits ist diese Tätigkeit nicht nur ein kommerzielles Anliegen, sondern eine staatspolitische Notwendigkeit, um eine maßlose Verschuldung der breiten Öffentlichkeit durch unkontrollierten Konsum zu verhindern. Andererseits dient sie der Schaffung von Geldkapital, das vordringlich in die öffentliche Wirtschaft, den Wohnbau und die Finanzierung des Mittelstandes fließt.

Die Sparkassen standen bis Anfang der sechziger Jahre unter der Aufsicht des Innenministeriums, das auch die Aufsichtsbehörde der Gemeinden war. Lediglich bei Kreditfragen mußte das Einvernehmen mit dem Finanzministerium hergestellt werden. Für die Gemeindesparkassen fungierten die jeweiligen Gemeinden als Haftungsträger, so auch für die Zentralsparkasse. Dadurch daß in der Zeit der konservativen Alleinregierung die Sparkassen der Kontrolle des Finanzministeriums unterworfen wurden, das gleichzeitig Eigentümer der verstaatlichten Banken war, glaubte man das Problem von Außenseitern beseitigt zu haben.

Die Sparkassen hatten die Pflege der Sparsamkeit immer als einen öffentlichen Auftrag empfunden; der Aufwand an Kosten, Mühe und Begeisterung dafür hatte aber kaum mit Geschäftssinn zu tun, ansonsten hätten die Banken diese Aufgabe ebenfalls wahrgenommen. Offensichtlich sollten die mit dem öffentlichen Auftrag verbundenen Steuererleichterungen beseitigt werden, und man strebte danach, die Sonderstellung der Sparkassen schrittweise zurückzunehmen. Da gegen diesen Schritt erheblicher Widerstand der Sparkassen erwartet wurde, versprach man seitens der neuen Aufsichtsbehörde in einer neuen Mustersatzung den weitgehenden Verzicht auf die Beschränkung der Geschäftstätigkeit der Sparkassen. Der Lockruf ging von einem rein fiskalisch denkenden, sozialistischen Finanzminister aus. Und die Sparkassen ließen sich überreden.

2.2. Die Rückgewinnung des Sparers

Angesichts einer erheblichen Inflation war der Jubel über die Befreiung nach dem Krieg sehr rasch der Ernüchterung gewichen. Währungsreform und Geldabschöpfung machten das Sparen zum Thema der öffentlichen Diskussion. Ende 1947 versuchte Walter Davy, ein sympathischer amerikanischer Journalist vom Sender Rot-Weiß-Rot, dieses Thema für eine Reportage zu verwenden. In einem vom Sender ausgestrahlten Diskussionsabend vor Publikum sollte die heikle Frage „Hat Sparen Sinn?" erörtert werden. Die Veranstaltung fand im Saal der Gewerkschaft im ehemaligen Porr-Haus am Schwarzenbergplatz statt. Ich war, als Abgesandter des Sparkassenverbandes, einer der beiden Gesprächspartner, der andere war Herr Ungert, seines Zeichens Geschäftsführer der Österreichischen Werbegesellschaft. Er bildete eine Art Gegenpol und spiegelte die damals allgemein vertretene Ansicht, Sparen und Kaufen seien reine Gegensätze.

Davy leitete sehr geschickt ein. Amerika hatte den Krieg gewonnen und war um das Schicksal einer Inflation beinahe herumgekommen. Die arge Schwächung des Dollars verschwieg er. Durch seine sympathische Ausstrahlung hatte Davy große Teile des Publikums für sich, und nur aus den hinteren Reihen erklang leises Murren. Anschließend sprach Ungert von der Wirtschaftsentwicklung und davon, daß steigender Konsum die Produktion fördere. Er sprach sich nicht gegen das Sparen aus, meinte aber, daß es nur maßvoll betrieben werden sollte.

Nun war die Reihe an mir. Mir war klar, daß ich von vornherein auf schwierigem Posten stand. Alles erfordere einen Neuanfang, so auch das Sparen, begann ich meine Ausführungen, denn eine Vorwärtsentwicklung ohne Kapitalbildung sei nicht möglich. Schon die Worte Kapital und Neuanfang lösten bei einem Teil der Zuhörerschaft Zwischenrufe aus. Ich versuchte, Verständnis für die Publikumsreaktionen zu zeigen und wies auf die Notwendigkeit des Kapitals für den Wohnungsbau hin . . . Die Zwischenrufe wurden ärger, sie wurden beleidigend. Gauner! Betrüger! flog mir plötzlich aus dem Publikum entgegen. In der hinteren Zone des Saales stieg eine Frau auf den Sessel, und jetzt wurden alle Register des Unmutes gegen das Sparen und mich gezogen: Ob man mit dem Spargeld eine neue Rüstungsindustrie aufziehen wolle? Ob die VOEST das Kapital brauche, um Panzerplatten für die Amerikaner zu produzieren? Ob man neuerlich so dumm sein solle, dafür Spareinlagen zu machen, um dann wieder durch die Finger zu schauen? Tosender Beifall unter den Gästen . . .

Ich hatte damals kaum Erfahrung mit öffentlichen Debatten und fühlte mich wehrlos. Da stand in der vorderen Reihe ein älterer Herr mit grauen Haaren auf und bat um das Wort. Es wurde ruhig im Saal. Mit fester Stimme fragte er die Menge, ob man vor einigen Jahren den „totalen Krieg" nicht auch in Wien gewollt habe. Man solle sich vorher bei der Nase nehmen und nicht jetzt, da die Rechnung präsentiert werde, jammern. Er äußerte sein Mißfallen und forderte die Anwesenden auf, mir vorerst zuzuhören, da ich offensichtlich kein Abgesandter der Kriegsindustrie und der Banken sei. Im übrigen habe er bis dato nicht gehört, daß die Sparkassen in der Vergangenheit Panzerplatten finanziert hätten. Es trat Ruhe ein, und ich konnte mein Referat fortsetzen, jedoch nicht, ohne auf gewisse Argumente meiner Zwischenrufer einzugehen.

Die Veranstaltung ging mit interessanten Debatten friedlich zu Ende. Davy war zufrieden, sie war ganz nach seinem Geschmack gewesen. Ich hätte allen Grund gehabt, mich davon anstecken zu lassen, aber dennoch blieb ein bitterer Eindruck in mir zurück.

Das Währungsschutzgesetz des Jahres 1947 war nicht gerade ein Meisterwerk der Sparpsychologie. Das sogenannte K & K-Gesetz (Es hatte mit der Monarchie nichts zu tun; seine nicht öffentliche Bezeichnung stammte von den Initialen der beiden verantwortlichen Minister Krauland (Minister für Vermögenssicherung) und Korb (Minister für Ernährung)) prellte die Sparer auch nach 1945 nochmals um Teile ihres ersparten Geldes. Für die Streichung von 60% der Einlagen bei den Sparbüchern aus der Kriegszeit brachte die Bevölkerung noch Verständnis auf. Im Gegenzug erließ man das nur für die sowjetische Besatzungszone geltende Schillinggesetz 1945. Auf diese Weise wurde fest zu Hause liegendes Geld mit dem Versprechen, es unangetastet zu lassen, in die Kassen der Geldinstitute gelockt. Dennoch sperrte man im Sinne des Währungsschutzgesetzes 1947 auch davon 60%, lediglich 40% davon waren frei verfügbar. Für die restlichen 40% der im Jahr 1945 gesperrten Konten erhielt der Sparer 3%ige Staatspapiere ohne Information über deren Verwendung. Die derart im Unwissen Gelassenen drängten gleichzeitig auf den freien Markt. Die Folge war ein Kursverfall bis auf ca. 35%. Die öffentliche Hand, die ihr Geld ohnehin zum Nennwert bekam, konnte damit bequem die Vermögenssteuer (einschließlich der Vermögenssteuer-Rückstände) und die Sühneabgabe der Nationalsozialisten empfangen. Das Schicksal der Bürger war ihr egal. Mit einem nochmaligen Verlust von 60% und weil die Kakanier die Fachleute nicht um Rat und Mithilfe gebeten, sondern das Gesetz hinter verschlossenen Türen zusammengebastelt hatten, blieb der Schaden wiederum dem Sparer. – Wir standen vor einem Scherbenhaufen der Spartätigkeit und mußten völlig neu beginnen.

2.3. Das Sparbuch – ein hoffentlich noch gehörter Lobgesang

Das Sparbuch, der treue Gefährte der Familie: In einer versperrten Tischlade verwahrt, vom Vater oder von der Mutter voll Respekt entnommen, um dem kleinen Kapital eine Einlage hinzuzufügen, oder mit ernster Miene wieder zurückgelegt, wenn es um eine geringe Summe erleichtert worden war. Freudenbringer, wenn ein Sparziel angestrebt und erreicht wurde, Polster gegen plötzlich auftretende Notstände. Aber immer in jedem ordentlichen Haushalt vorhanden, da Schulden noch etwas waren, von dem man sich fernhielt. Garant dafür, daß Fleiß und Sparsamkeit zu einem erträglichen Leben führen. Gewißheit, daß ein sicheres Sparguthaben Mann und Frau zusammenhält und nicht trennt. Das Sparbuch blieb lange Zeit das wirtschaftliche Gebetbuch der Familie, auch wenn Vater Staat es zweimal mit brutaler Hand zerrissen hat. Einmal tat es ein sparsamer Greis, als er seine Völker in den Krieg befahl, ein zweites Mal war einem Diktator nichts heilig, als er seinem Volk pathetisch von Ehre und einem glorreichen Sieg predigte.

Nach dem Krieg war der österreichische Sparer ein drittes Mal der Verlierer, aber selbst den Siegern ging es nicht viel besser. Was waren das Pfund oder der

Dollar einmal für Währungen gewesen? Kriegerdenkmäler hätten nicht nur auf die Hauptplätze der Gemeinden gehört, sondern Denkmäler auch vor die Tore der Notenbanken, die damals willfährig unfaßbare Mengen an Banknoten druckten, in denen die Spargroschen erstickten: „Hier ruhen Millionen Hoffnungen braver arbeitsamer Menschen!"

Und heute? Heute hat den „Sparefroh" der „Pumpefroh" abgelöst. Nach der mühevollen und langwierigen Wiedererweckung des Sparsinnes, entdeckten die Geldinstitute die Spareinlagen als Reservoir für gute Geschäfte. Gemeinsam mit der Werbung schürte man blindlings die Gier der Menschen nach Wohlstand und erzog sie zu übermäßigem Konsumverhalten. Und als Anna, die guterzogene Braut, zu ihrem künftigen Mann sagte: „Das alles können wir uns doch nicht leisten", gab es nur eine Antwort: „Anna, den Kredit hamma!"

Diesmal ist es nicht die Vernichtung der Spareinlagen durch den Krieg und seine Folgen, sondern einem Krebsgeschwür gleich die langsame Vernichtung der Familien. Die Last der Schulden bringt statt des erhofften Glücks Zank und Streit und . . . wir wissen, wohin das führt! An unsere Kinder denkt kaum jemand. Sie werden langsam zu Waisenkindern, mit denen niemand spricht, bestenfalls fungieren sie noch als steuerliche Abzugsposten.

Man hat die Sparkassen im vorigen Jahrhundert ins Leben gerufen, um den an der Armutsgrenze lebenden Menschen das Sparen zu lehren, damit sie nicht bei der ersten Katastrophe, die über ihr Leben hereinbrach, als Bettler vor der Türe standen. Das alles scheint natürlich längst vergangen zu sein. Aber verschließen wir heute nicht die Augen vor der Realität? Der Staat, der selbst das Sparen so auf seine Fahnen schreibt und dafür tausende Menschen auf die Straße setzt, müßte doch an einem vernünftigen Wirtschaften der privaten Haushalte interessiert sein. Oder ist dem Staat die Ankurbelung der Umsätze und des Konsums wichtiger als die Bildung von Kapital? Jeder weiß, daß die Verschuldung der Menschen steigt. Es wäre absurd, ihnen die Hoffnung einzureden, sie könnten durch Sparen ihre Lage verbessern. Voraussetzung des Sparwillens ist immer die Sparfähigkeit. Ist diese nicht vorhanden, so erscheint jedes Argument zur Vorsorge durch das Sparen sinnlos.

Ich weiß kein Rezept für die Zukunft. Ich kann nur zeigen, wie ich in der Zentralsparkasse die Sparfähigkeit wieder anregen konnte, als ich die Fanfare „Sparer, komm wieder zu uns!" geblasen habe.

Ich bin der Überzeugung, daß das Sparbuch der wichtigste Reservetopf ist. Daß daneben auch der Personalkredit laufen kann oder muß, sei unbestritten. Aber es ist notwendig, beides zu harmonisieren!

Man sollte auch endlich damit aufhören, den Sparer von seinem Sparbuch zur Aktie zu locken. Der Sparer ist ein Anleger und kein Spekulant. Die Wirtschaft benötigt Risikokapital, aber sie sollte Kapitalbesitzer finden, die sich das Risiko auch leisten können. Ich habe diese Meinung schon öffentlich vertreten, als man die Volksaktie anpries. Auch die Gründung von Aktienfonds zur Verteilung des Risikos konnte weltweite Katastrophen nicht verhindern. Heute scheint einzig das Kapitalsparbuch ein Ausweg zu sein, um dem Sparer einen besseren Ertrag zu verschaffen. Aber auch dabei stellt sich die Frage, ob diese Kapitalspareinlagen immer mit mündelsicheren Papieren unterlegt sind.

2.4. Neue Formen der Sparerziehung

In meiner Arbeit über die Geschäftspolitik der Sparkassen habe ich drei wichtige Faktoren der Sparleistung unterschieden: Den Sparwillen, die Sparfähigkeit und die Spargelegenheit. Der Sparwille ist ein sensibler psychologischer Vorgang. Er muß schon von Kindheit an erzogen werden und kann durch Wirtschaftskatastrophen oder unglückliche persönliche Ereignisse gestört, aber auch vernichtet werden. Ihn wieder aufzubauen, ist ein schwieriges Unterfangen. Die Sparfähigkeit hängt natürlich mit dem Einkommen zusammen und ist in der Regel von den Sparkassen nicht beeinflußbar. Hier spielt die Lohn- und Sozialpolitik eine wesentliche Rolle. Barometer hierfür sind die von der Gewerkschaft ausgehandelten Kollektivverträge und die staatliche Sozialpolitik.

Sparerziehung kann erst bei der Verwendung des Einkommens ansetzen. Mit der Erstellung von Familienbudgets als Grundlage einer Einkommens- und Ausgabenplanung im Haushalt betrat die Zentralsparkasse als erste Anstalt Neuland. Von der Beratung über die Verwendung des Familieneinkommens durch die Ehepartner bis zur Führung eines Haushaltsbuches war es ein langer Weg. Das Bewußtsein dafür mußte erst geweckt, große Widerstände gebrochen und Vorurteile ausgeräumt werden. Viele Eheleute, die zum Verein „Gut haushalten" gekommen sind, haben aber rasch begriffen, was es heißt, eine Familienbuchhaltung zu führen, das Einkommen zu planen und die Ausgaben zu steuern.

Es bestand aber auch die Notwendigkeit, Ideen zur Erweiterung der Spargelegenheit zu entwickeln und dem Sparer das Einlegen seines Geldes zu erleichtern. Im Vordergrund stand dabei die Filialfrage. Die steigende Bevölkerungszahl erforderte ein größeres Zweigstellennetz. Hier stießen wir auf erhebliche Schwierigkeiten in Form einer restriktiven Politik des Finanzministeriums, das neue Filialen genehmigen mußte, und äußerst zäher Verhandlungen innerhalb der Sektion Geld- und Kreditwesen der Bundeskammer der gewerblichen Wirtschaft, durch die das Ministerium die Ansuchen zum Ausstreiten an die Verbände der Kreditunternehmungen weiterreichte. Hier wurde oft lästiger Kuhhandel betrieben. Als Kammerfunktionär forderte ich eine großzügigere Haltung gegenüber den Sparkassen, weil wir unser Kapital mühevoll in kleinsten Sparbeträgen aufbringen mußten, während die Banken am Kleingeschäft nicht unmittelbar interessiert waren. Ein Teil unseres Geldes erreichte die Banken ohnehin als Zwischenbankeinlagen, meist im Umweg über die Girozentrale. Das war nur einer von vielen Streitpunkten, die mit einer Fülle an Argumenten ausgehandelt werden mußten.

Die Leistungen zur Förderung des Sparwillens und der Sparfähigkeit können im Rahmen dieser Schrift nicht in ihrer gesamten Bandbreite dargestellt werden. Ich konzentriere mich deshalb im folgenden auf zwei Sektoren. Meine Ausführungen dazu stützen sich auf die Aussagen zweier Mitarbeiter, die in diesem Zusammenhang wesentliche Arbeit geleistet haben. Es handelt sich um den ehemaligen Werbechef des Hauses, Prof. Karl Damisch, und um die damalige Vorsitzende des Vereines „Gut haushalten", Frau Dr. Margaret Hacker.

2.5. Jugendsparen und Sparförderung bei Erwachsenen

Den vielfältigen und aufwendigen Leistungen der Zentralsparkasse auf dem Gebiet der Sparerziehung kam eine Pionierrolle zu, die auf das engste mit dem Namen Karl Damisch verbunden war.

Damisch war seinerzeit in der Girozentrale als Lehrling beschäftigt. Schon damals zeigte er große Ambitionen und brachte der Girozentrale auf Grund seines Werbetalents eine Reihe von Kunden. Mit jungen Jahren zum Kriegsdienst eingezogen, gelangte er in sowjetische Gefangenschaft und mußte dort schwere Unbilden ertragen. Wieder heimgekehrt, wurde er Werbeleiter bei der Österreichischen Bausparkasse und Mitarbeiter in der Österreichischen Sparkassenverlagsgesellschaft m. b. H. Sein Werbetalent und sein Fleiß bewogen mich, ihn im Dezember 1955 in die Werbeabteilung der Zentralsparkasse zu berufen.

Direktor Damisch beschäftigte sich unter anderem mit allen Formen des Jugendsparens und den vielen Veranstaltungen der Zentralsparkasse in diesem Zusammenhang, aber auch mit der Organisation der Sparerziehung der Erwachsenen.

Die Werbeabteilung der Zentralsparkasse litt anfänglich noch unter argen Raumnöten. Sie war in einem kleinen Raum, Ecke Wipplingerstraße gegenüber dem Alten Rathaus untergebracht: ein Bretterverschlag, der mit der Scheckabteilung geteilt werden mußte, von Beamten beherrscht, die sogar am Schreibtisch ihr Mittagsschläfchen hielten ...

Das Betätigungsfeld, das Damisch in der Werbeabteilung vorfand, war groß, weil es offensichtlich war, daß etwas für den Spargedanken getan werden mußte: Die Leute, die nach dem Krieg und der Währungsreform den Glauben an das Sparen verloren hatten, mußten wieder zum Sparen hingeführt werden.

Am Beginn der Arbeit stand die Überlegung, daß die Kinder wahrscheinlich vernünftiger sind als die Erwachsenen und nicht an die Vergangenheit denken, sondern an die Zukunft. Somit ergab sich als erster Schritt der Aufbau des Jugendsparens.

Gemeinsam mit dem Österreichischen Buchklub der Jugend, der eine sehr gute Verbindung zur Zentralsparkasse hatte, führten wir das „Buchsparen" ein. Den Kindern wurde ein kurzfristiges Sparziel gesetzt, um sich ein gutes Buch kaufen zu können. Später wurden Jugendspartage und die Jugendsparwoche eingeführt und auch das Familiensparen geschaffen, ein Vorläufer des Prämiensparens.

Im Zusammenhang mit der Jugendsparerziehung erlangte die Figur des „Sparefroh" eine zentrale Bedeutung. Die Idee des Sparefroh kam zwar aus Deutschland zu uns, die Gestaltung der damals von der Jugend mit Begeisterung aufgenommenen Figur erfolgte aber in Wien. Da die Schulneulinge den Sparefroh als Ansteckfigur immer zum Weltspartag erhielten, besaß ihn praktisch jedes Kind. Als Sprachrohr fungierte die Zeitschrift „Der Sparefroh". Wissenschaftliche Umfragen ergaben, daß 96% aller Kinder den Sparefroh kannten und ihn davon mehr als 90% der Zentralsparkasse zuordneten.

Als wir nach einigen Jahren sahen, daß der Sparefroh so populär war, kam uns der Gedanke, ihn auch zu einer alljährlichen Auszeichnung zu machen: zum „Goldenen Sparefroh". Sie sollte Leistungen von Erwachsenen, aber auch von Kindern und Jugendlichen, denen die schöpferische Komponente des Sparens zugrundelagen, hervorheben. Einer der ersten, der den „Goldenen Sparefroh" erhielt, war der heutige Bürgermeister der Bundeshauptstadt Wien, Dr. Helmut Zilk, der zu diesem Zeitpunkt noch Lehrer und Mitglied des Pädagogischen Beirates der Zentralsparkasse war.

Im Zusammenhang mit der Sparwerbung für Jugendliche gab es zahlreiche Veranstaltungen von seiten der Zentralsparkasse.

Den Anfang bildete eine Veranstaltung im Rahmen des Buchsparens. An einem Sonntag im Laufe des Schuljahres fand im damals noch existierenden Forum-Kino eine Veranstaltung für rund 1.000 Kinder mit Walter Niesner statt, bei der auch Bücher verlost wurden. Später wurde gemeinsam mit dem Österreichischen Rundfunk eine Reihe von Jugendveranstaltungen organisiert. Es waren weit über 150 in der Wiener Stadthalle, bei denen auch auf gute Sitten und Kleidung geachtet wurde, etwas, was man sich heute wohl kaum mehr vorstellen kann. Die Veranstaltungen boten ein buntes Programm: eine Opernsängerin bekam genauso ihren Applaus wie eine Band, die Rockmusik spielte. Im AEZ, dem Allgemeinen Einkaufs-Zentrum, gab es mehr als 250 Sendungen unter dem Titel „Wien hat immer Saison", später im Festsaal der Zentralsparkasse unter dem Titel „Österreicher über Österreich" nochmals über 200 Sendungen. Hinzu kamen noch die vielen Großveranstaltungen in der Stadthalle – vom Sportfest mit Eishockey und Hallenfußball, Musik und Künstlern bis zu den großen Jubiläumsveranstaltungen.

Umfragen ergaben, daß die Jugendsparerziehung sich auch auf das Sparbewußtsein der Erwachsenen auswirkte. In diesem Zusammenhang möchte ich eine kleine Anekdote weitergeben, an die sich Direktor Damisch bei unserem Gespräch erinnerte: Anläßlich eines Jugendspartages mußte er einmal in der Zweigstelle Liesing aushelfen. Etliche hundert Kinder waren mit ihren Sparbüchsen gekommen, und der Jugendspartag entwickelte sich zu einem großen Erfolg. Nachdem die Kassa bereits geschlossen war, klopfte es. Ein älterer Herr kam herein: „Wissen Sie, ich hab' ein schlechtes Gewissen. Jetzt kommt mein Kind schon so oft zu Ihnen sparen, jetzt bin ich auch einmal da." Und dann leerte er seinen Sparstrumpf aus, um endlich auch sein Geld der Sparkasse anzuvertrauen.

Von der Beispielhaftigkeit der Jugendsparerziehung abgesehen, waren die Möglichkeiten, an Erwachsene heranzutreten, vielfältig und erschöpften sich nicht allein in der Sparwerbung. In der Pionierzeit nach 1955 galt es vor allem, den Menschen wieder nahezubringen, mit dem verdienten Geld richtig hauszuhalten. Mit der Aufbereitung des Girokontos auch für private Zwecke – etwas, was für den Kommerzkunden bereits eine Selbstverständlichkeit war – wurde ein Weg gefunden, den Menschen einen besseren Umgang mit Geld, eine bessere Planung des Einkommens und der Ausgaben zu ermöglichen, aber auch Ersparnisse fix in ihr Budget einzuplanen.

Im Kontakt mit den Schulen und Lehrern fiel uns auf, daß Lehrer ihren Gehalt noch im Lohnsäckchen erhielten, zumeist aus der Hand des Schulwarts. Es gelang uns, mit dem Zentralbesoldungsamt eine Vereinbarung zu treffen, und schon nach kurzer Zeit verfügten einige hundert Lehrer über Gehaltskonten, wie das private Girokonto damals noch hieß. Die Schulwarte folgten, und nach und nach suchten wir uns Berufe aus, die in einer ähnlichen Situation waren: die Feuerwehr, Bedienstete und Ärzte der Wiener Spitäler.

Sie waren die ersten, die solche heute selbstverständlich gewordene Konten eröffneten.

Beim Einsatz der Werbemittel für derartige Zwecke wurden wir mit scheelen Augen betrachtet, weil wir die ersten im Finanzsektor waren, die das, was man heute unter „klassischer Werbung" versteht, in Wien begonnen haben. Obwohl der Aktionsradius der Zentralsparkasse auf Wien und die Randgemeinden beschränkt war, wurde Rundfunk-, Plakat- und Zeitungswerbung betrieben und moderne, für die damalige Zeit sensationelle Werbemittel auf den Markt gebracht, um unser Gedankengut der Bevölkerung näher zu bringen.

Die Werbeabteilung der Zentralsparkasse stellte etwa Werbefilme sowohl für das Kino als auch später für das Werbefernsehen her. Am interessantesten war eine Serie von insgesamt dreizehn halbstündigen Filmen für das Vorabendprogramm, die in Co-Produktion mit dem Österreichischen Fernsehen unter den Fernsehdirektoren Freund und später Dr. Zilk produziert wurde. Eine Art Fernsehfamilie wurde in verschiedenen Lebenslagen gezeigt. Richtiges wirtschaftliches Verhalten und die Werbung für das Sparen und den Spargedanken wurden so auf humorvolle und lustige Weise dargestellt.

Die unmittelbare Werbearbeit fand auch ihren publizistischen Niederschlag. Damisch arbeitete sehr intensiv im Zentralen Werbeausschuß des Sparkassenverbandes mit und gestaltete verschiedene Zeitschriften, etwa die Publikationen „Sparefroh", „Sparkassenfamilie", den „Sparkassenlandboten" (auch „Blick ins Land" genannt), „Betriebswirtschaft und Werbung" und die „Z-Information", in denen Sparen und richtiges Wirtschaften die hauptsächlichen Inhalte waren.

Die sparpädagogische Tätigkeit der Z wurde auch international bekannt, wobei in der Anfangszeit unsere Freunde bei den deutschen Sparkassen sehr hilfreich waren, etwa Direktor Floss vom Deutschen Sparkassenverlag und

Dr. Heindl vom Deutschen Sparkassenverband, mit denen Damisch sehr intensiv in einer Reihe von internationalen Gremien zusammenarbeiten konnte.

Ein besonderer Festtag im Rahmen des Sparkassenjahres war immer der Weltspartag. Die Angestellten standen in Festtagskleidung an den Schaltern, Freundlichkeit und Zuvorkommenheit waren schon damals selbstverständlich ...

Es ging beim Weltspartag nicht sosehr darum, große Geldbeträge einzulegen. Vielmehr sollten die Kunden durch ihren Besuch in der Sparkasse ihre Verbundenheit mit dem Institut unter Beweis stellen. Das hat man ursprünglich belächelt, denn der Weltspartag war 1924 ausschließlich eine Gründung des Internationalen Verbandes der Sparkassen gewesen. Er war als besonderer Appell an die Sparsamkeit gedacht, da als Folge des Ersten Weltkrieges in den einzelnen Staaten noch immer die Wunden der Inflation klafften. Heute begehen alle Geldinstitute den Weltspartag, weil sie um seine Wirkung wissen.

Ich erinnere mich noch gut an meinen ersten Weltspartag in der Zentralsparkasse. Im Jahr meiner Amtsübernahme war es innerhalb der damaligen Koalitionsregierung zu Meinungsverschiedenheiten in bezug auf die Finanzierbarkeit des Budgets und in der Folge zur Demissionierung der Bundesregierung gekommen. Der Schock dieser Tatsache saß tief, und meine Mitarbeiter warnten eindringlich davor, sich der Blamage eines desaströsen Weltspartages auszusetzen. Nichtsdestotrotz wurde der Weltspartag ein beispielloser Erfolg. Die Bevölkerung bekundete, daß sie der durch finanzielle Fragen ausgelösten Regierungskrise nicht die Bedeutung zumaß, die befürchtet worden war.

Die Weltspartage standen jedes Jahr unter einem bestimmten Motto, das auf die besondere Bedeutung dieses Tages für die Sparkassen hinwies. Um den Kunden aber zu beweisen, daß der Spargedanke weltumspannend ist, gingen wir später einen Schritt weiter und stellten internationale Verbindungen her. Mitarbeiter von Sparkassen aus Schweden, Holland, Dänemark, Frankreich und sogar aus den damaligen Oststaaten – was seinerzeit als Sensation galt – konnten am Weltspartag in unsere Sparkassenfilialen gebracht werden. Damit konnte die Attraktivität des Weltspartages für unsere Kunden noch zusätzlich gesteigert werden.

Die Erfolge der Werbetätigkeit wären ohne das Glück, gute Mitarbeiter inner- und außerhalb des Hauses an der Hand gehabt zu haben, nicht denkbar gewesen. Die Werbeabteilung der Zentralsparkasse war Werbeabteilung und Werbeagentur zugleich. Die Verträge mit dem ORF, mit den Zeitungen oder den Plakatierungsfirmen wurden selbst ausgehandelt, und dementsprechend wurde auf die Preise eingewirkt. Die dadurch erzielten Ersparnisse konnten wieder in zusätzliche Werbung investiert werden.

All das, was damals „erfunden" wurde, um den Spargedanken zu bewegen, ist heute Allgemeingut und selbstverständlich geworden. Damals reagierte die Konkurrenz auf die Aktionen der Zentralsparkasse noch mit Unverständnis und lachte darüber.

Man bezeichnete die Jugendsparerziehung als „Kreuzerlgeschäft" und versuchte, uns in den Gremien lächerlich zu machen, bis man allmählich selbst erkannte, daß der Weg zu den Herzen der Kunden ist. Der Erfolg hatte uns schließlich Recht gegeben: Heute machen alle Geldinstitute in ähnlicher Weise das, was von Damisch und seinem Team im Jahre 1955 in der Z begonnen wurde.

2.6. Die Sparkasse und die Familie

Nachdem auf dem Sparkassenkongreß in Stockholm die Bedeutung der Frau für die Geldgebarung im privaten Haushalt betont wurde, sollte eine diesbezügliche Arbeit in der Werbeabteilung der Zentralsparkasse aufgebaut werden. Zu diesem Zweck schuf man zunächst einen hauswirtschaftlichen Beirat, in dem sich Vertreterinnen aus verschiedenen Organisationen, dem Gewerkschaftsbund, dem Verein „Die Frau und ihre Wohnung" sowie den Familienverbänden, zusammenfanden.

Sehr bald schon kam man zur Überzeugung, daß die umfangreiche Aufgabenstellung eine eigene Körperschaft erforderte und gründete deshalb im Juni 1960 den Verein „Gut haushalten", um sich gezielt mit Finanzproblemen der Familie zu beschäftigen. Zur Gründung und zur Übernahme des Vorsitzes des Vereins lud ich Frau Dr. Margaret Hacker ein, die als Mitarbeiterin des Vereins „Die Frau und ihre Wohnung" mit unserer Werbeabteilung in Verbindung getreten war und deren Fähigkeiten ich anläßlich einer großen Veranstaltung erkannte. Sie hatte Völkerkunde studiert und über das soziale Verhalten nordamerikanischer Indianerstämme dissertiert.

Ihr Interesse richtete sich auf die Einbindung der Familie in die Sparpolitik. Unter ihrer Leitung machte der Verein das Haushaltsbuch populär. Frau Dr. Hacker versuchte aber auch eine Darstellung der wissenschaftlichen Grundlagen für den Sparverkehr mit dem Ziel, ein Instrumentarium für die Sparwerbung der Zentralsparkasse zu schaffen. Es war das erste Mal, daß der Zusammenhang zwischen Spar- und Familienpolitik derart hergestellt wurde. Dies brachte der Zentralsparkasse über die Grenzen Österreichs hinaus Beachtung.

Zunächst galt es, die Hausfrauen, vor allem die jungen Ehefrauen, mit dem zu entwickelnden Informationsmaterial zu erreichen. Alle neu vermählten Paare wurden zu bunten Abenden eingeladen; zunächst in das Porr-Haus, später in die Stadthalle, wo alljährlich eine Großveranstaltung mit einem hervorragenden Programm und der Teilnahme bedeutender Persönlichkeiten für mehrere tausend Menschen stattfand. Ebenso gab es in den Sophiensälen einen Ball für junge Ehepaare.

Das angebotene Informationsmaterial war umfangreich und vielgestaltig. Es war auf den Tätigkeitsbereich abgestellt, wie man ihn in den sechziger Jahren verstand: die Frau vor allem als Hausfrau, die nicht selten „mitverdiente", als „Finanzminister" der Familie, als Verantwortliche für eine vernünftige Haushaltsführung, mit Mitspracherecht bei Investitionen. Wenn auch die Zeit, da die Hausfrau dem „Familienvorstand" an Hand des Wirtschaftsbuches über alle Ausgaben Rechenschaft geben mußte, weitgehend Vergangenheit war, so sollte sie doch um des Überblicks willen regelmäßig Buch führen. Die Herausgabe eines praktischen Haushaltsbuches erfolgte deshalb sehr bald. Wie bei allen weiteren Publikationen wurde darauf geachtet, ein – dem damaligen Geschmack entsprechendes – modernes Layout und eine hervorragende graphische Gestaltung zu erreichen. Auch eine eigene Monatszeitschrift kam sehr bald zur Verteilung.

Parallel zu diesen Maßnahmen wurden erste Budgetberatungen durchgeführt. Sie basierten auf intensiven und fachlich fundierten Vorarbeiten. Nach und nach entstanden Budgeterstellungen für Ein- und Mehrpersonen-Haushalte, für junge Ehepaare und alte Menschen sowie für die verschiedenen Einkommenskategorien. An Hand des Geldes wurde deutlich sichtbar, welche Spannungen und Probleme es zwischen den Menschen, zwischen Kindern und Eltern, zwischen Alt und Jung gab. Zu den Budgetberatungen kamen oft auch die Ehemänner mit, besonders bei jüngeren Paaren. Sehr bald konnte man feststellen, daß jede Budgetberatung eigentlich eine Eheberatung war.

Die jungen Ehefrauen verfügten zwar meist über eine berufliche Ausbildung, vielfach mangelte es aber an hauswirtschaftlichen Kenntnissen, die dann im Haushalt mühsam erlernt werden mußten.

Der Verein beschritt hier neue Wege. Er richtete eine Lehr- und Versuchsküche ein und beauftragte Hauswirtschaftslehrerinnen mit dem Unterricht. Das reiche Angebot vom Haushaltsseminar bis zum Babykurs wurde sehr gut aufgenommen – auch von einer Reihe von männlichen Kursteilnehmern.

Die Veranstaltungen fanden sowohl in vereinseigenen Räumen statt als auch in Volkshochschulen sowie in Heimen der verschiedensten Art. Vorträge standen auf dem Programm, die schließlich auch in anderen Bundesländern, in landwirtschaftlichen Fachschulen, in Geldinstituten oder in Vereinszusammenhängen abgehalten wurden.

Zusätzlich wurden Klubs für junge Ehepaare, für Frauenrunden oder junge Mütter eingerichtet. Dort konnten in Gesprächen Erfahrungen ausgetauscht und Probleme beleuchtet werden. Schließlich feierte man gemeinsame Feste, und im Fasching gab es einen großen Kostümball mit köstlichen Varieté-Einlagen.

Aus der Praxis der Beratungen, Kurse und Veranstaltungen wurden die Bedürfnisse erkannt und durch Publikationen abgedeckt. Neben den Richt-Budgets, dem Haushaltsbuch und der Monatszeitschrift gab es genau kalkulierte Menü-Vorschläge für vier Wochen, eine Schnellküche für die Berufstätigen, viele Diät-Rezepte und Sammel-Kochbücher, die in allen Z-Filialen erhältlich waren. Broschüren wie „Mit Geld auskommen", „Einkaufsführer", „Die Ausstattung", „Die ideale Küche", „Wohnungskunde", „Wie komme ich zu Geld?", „Was kostet ein Kind?", „Tips für Pensionisten", „Wieviel Geld steckt in meinen vier Wänden?" und andere mehr rundeten das Angebot ab.

Die Öffentlichkeitsarbeit des Vereins umfaßte Pressekonferenzen, Beiträge für verschiedene Publikationen und auch die regelmäßige Teilnahme an der Fernsehsendung „Markt zum Wochenende". Mit der Konsumenteninformation und den statistischen Haushaltserhebungen der Arbeiterkammer bahnte sich eine Zusammenarbeit an.

Aus der Tätigkeit des Vereines entwickelten sich natürlich Geschäfte für die Zentralsparkasse. Eine sparpolitische Aktion erlangte in diesem Zusammenhang besondere Bedeutung. Auf Grund des ausgezeichneten Verhältnisses zu vielen jungen Ehepaaren in Wien, wagte der Verein einen neuen Schritt: junge Ehepaare, die zwei Jahre hindurch monatlich kontinuierlich sparten, sollten im Anschluß einen Kredit in der dreifachen Höhe des angesparten Betrages bekommen. Das Besondere war, daß von den jungen Menschen keine Sicherstellung für dieses sogenannte Familiendarlehen verlangt wurde. Man war sicher, daß Paare, die zwei Jahre lang das Sparen geübt hatten, ebenso ihre Kredite zurückzahlen würden. Das Wagnis gelang, und die Aktion wurde ein voller Erfolg: Die jungen Menschen waren verläßlich; sie hatten gelernt, mit Geld umzugehen.

Die gesamte praktische Arbeit basierte auf einer soliden wissenschaftlichen Grundlage. Die Lebensverhältnisse junger Familien in Wien, ihre Sorgen und Probleme, ihre Wohn- und Lebenswünsche wurden soziologisch untersucht und die Ergebnisse publiziert. Auch in späteren Jahren griff man in der Fachliteratur immer wieder auf diese Publikationen zurück.

Ein besonders wichtiger Schritt in der Grundlagenarbeit war die Erstellung eines Haushalts-Panels. Die Voraussetzungen dazu konnten an der Nürnberger Akademie für Absatzwirtschaft erworben werden. Aufgrund einer Zufallsstichprobe wurden in Wien rund tausend Haushalte ausgewählt, von denen sich etwa 700 bereit erklärten, ein Haushaltsbuch zu führen. Das Sample wurde alljährlich zu einem Drittel ausgewechselt.

Jeden Monat erschien ein Interviewer, um die Daten abzuholen und einschlägige Fragen zu besprechen. Dabei legte er auch eine Themenliste vor und bat um Beantwortung; es handelte sich beispielsweise darum, welche größeren Anschaffungen für die Wohnung oder welchen Ferienaufenthalt die Familie plante, aber auch wie sie zu öffentlich interessanten Fragen stand. Dieses geschäftspolitisch und soziologisch hochinteressante Material, das wichtige Zukunftsaspekte aufzeigte, wurde hausintern ausgewertet.

Interessant war die Aussage vieler Familien, wonach sie durch unser Haushaltsbuch ihre Einkaufsgewohnheiten geändert hatten, da sie „keinen Unsinn" in ihren Aufzeichnungen weitergeben wollten.

Sehr rasch kam es auch zu internationalen Kontakten mit Sparkassen, statistischen Ämtern und Familienberatungsstellen, wobei zunächst Publikationen und Unterlagen ausgetauscht wurden. Bald erkannte man die Wichtigkeit einer Koordinationsstelle und entschloß sich, „Gut haushalten" damit zu betrauen. Mehrere internationale Tagungen wurden im In- und Ausland dazu abgehalten, an denen Vertreter aus der Schweiz, Deutschland, Schweden, Frankreich, England, den USA und natürlich aus Österreich teilnahmen.

Um einen Einblick in ein solches Tagungsprogramm zu geben, sei die Internationale Tagung der Haushaltsbudgetberatungen 1967 in Kitzbühel zitiert, an der u. a. folgende internationale Experten referierten: Dr. Rados Stamenkovic: „Die europäische Wirtschaftslage", Dr. George Hanc: „Konsum- und Spargewohnheiten in den USA", Dr. Bodo Spiethoff: „Die Auswirkungen der jüngsten Konjunkturabschwächung auf die Wirtschaft der Bundesrepublik Deutschland und auf die privaten Haushalte", Dr. Otto Wanke: „Auswirkungen eines EWG-Arrangements auf den österreichischen Verbraucher", Felix Slavik: „Praktische Möglichkeiten der wirtschaftlichen Beeinflussung", Karl Blecha: „Möglichkeiten und Methoden der Konsumerhebung". Ich selbst sprach damals über „Die wissenschaftliche Grundlage der Sparkassenarbeit".

Die Arbeit des Vereines „Gut haushalten" dauerte rund zehn Jahre. Die Veränderung in der Führung der Zentralsparkasse und damit eine Verschiebung von Schwerpunkten in der Geschäftspolitik, vielleicht auch neue Zielsetzungen für die siebziger Jahre sowie veränderte soziale Verhältnisse führten zur Aufgabe all dieser umfassenden Tätigkeiten. Nur der Speisezettel hielt sich länger.

Frau Dr. Hacker schied mit dem Jahr 1969 aus dem Verein aus und arbeitet heute in einigen internationalen Gremien auf dem Gebiet der Sozialpolitik.

2.7. Lichtpunkte der Sparerziehung
Extrahiert aus den Geschäftsberichten der Anstalt von 1955 bis 1968

Als Abrundung meiner Ausführungen sollen im folgenden die wichtigsten Errungenschaften im Zusammenhang mit dem Sparverkehr dargestellt werden.

Wenn auch die konjunkturelle Lage der Wirtschaft im Jahre 1955 eine erfreuliche Spareinlagenentwicklung zur Folge hatte, konnte diese doch nicht voll befriedigen. Mit der Stabilisierung der Währung 1952/53 wurde die private Spartätigkeit angeregt und dem Geldsparen als einem wertbeständigen Sparen wieder Sinn und Zweck verliehen. Durch die allgemeine Einkommenssteigerung wurde nicht nur eine Hebung des Lebensstandards erzielt, sondern auch die Sparbereitschaft vermehrt.

Die Spareinlagen aller Kreditinstitute Österreichs erreichten Ende 1955 rund 10 Milliarden Schilling. Der Spareinlagenzuwachs blieb mit 2.457 Millionen Schilling nur knapp hinter dem des Vorjahres. Diese Entwicklung war keineswegs auf eine geringere Sparneigung der privaten Haushalte zurückzuführen. Vielmehr war sie mit der nach Abschluß des Staatsvertrages entstandenen öffentlichen Diskussion über angebliche Gefahren für die Währung in Zusammenhang zu bringen. Diese dem Sparklima abträglichen Währungsgerüchte hatten verstärkte Abhebungen von Spareinlagen und eine Flucht in Sachwerte zur Folge. Schon nach kurzer Zeit erwiesen sich diese Gerüchte als völlig grundlos und hatten – vor allem dank der intensiven Aufklärungsarbeit der Sparkassen – erfreulicherweise keine ernsten Auswirkungen auf die Stabilität der Währung.

Als Folge der am 20. Mai 1955 verlautbarten Erhöhung der Bankrate von $3^1/_2\%$ auf $4^1/_2\%$ wurde der Spareinlagenzinsfuß am 1. Juli 1955 mit $3^1/_2\%$ (früher 3%) neu festgesetzt. Dagegen blieb die zweite Bankratenerhöhung am 17. November 1955 ohne Einfluß auf den Einlagenzinsfuß.

Von den 4.360 Millionen Schilling Spareinlagen der österreichischen Sparkassen verwaltete die Zentralsparkasse mit 900 Millionen Schilling mehr als ein Fünftel.

Die Rückzahlungshäufigkeit ging vor 1955 immer mehr zurück und hielt dann bei 38%. Gegenüber den Jahren 1949–1952 mit einer durchschnittlichen Rückzahlungshäufigkeit von 48% war dies nunmehr als sicheres Zeichen des wiederhergestellten Vertrauens der Sparer in die Währung zu werten. Betragsmäßig standen zwar den ständig sich erhöhenden Einlagen zunehmende Rückzahlungen gegenüber; diese Entwicklung hatte aber ihre Ursache in der Änderung des Sparzieles. Während vor dem Krieg vorwiegend gespart wurde, um Rücklagen für die Wechselfälle des Lebens und insbesondere für das Alter zu bilden, wurden nun meist mittelfristige Sparziele (Kauf einer Wohnung, Anschaffung von Möbeln, Haus- und Küchengeräten) angegeben. Deshalb wurden die Spareinlagen in größerem Umfang und nach kürzerer Zeit als früher abgehoben. Die Erhöhung der gebundenen Einlagen in der Anstalt ließ allerdings auch erkennen, daß viele Sparer wieder echte Sparreserven bilden wollten.

Von den Unterrichtsbehörden wurde Ende 1954 ein Erlaß verlautbart, in dem auf die hervorragende Bedeutung des Jugendsparens im allgemeinen und den großen Wert der Zusammenarbeit von Schule und Sparkasse im besonderen hingewiesen wurde. Damit war den Sparkassen der Weg geebnet, über die Schule mit der Jugend Verbindung aufzunehmen.

Innerhalb eines Jahres gelang es der planvollen Werbearbeit der Sparkasse, in vielen Schulen das Klassensparen einzuführen. Ende 1955 sparten 522 Wiener Schulklassen mit über 20.000 Schülern bei der Sparkasse. Die für das Klassensparen notwendigen Drucksorten, wie Sparlisten, Sparkarten und sonstige Sparbehelfe, wurden den Schulen kostenlos zur Verfügung gestellt.

Mit Beginn des Schuljahres 1955/56 wurde von der Anstalt eine neue Sparform „Das Sparen für das gute Buch" ins Leben gerufen.

Im Jahre 1955 zeigte sich besonderes Interesse für Heimsparkassen. Von den Ende 1954 erstmalig verwendeten Kunststoffbüchsen wurden bis Ende 1955 6.000 Stück ausgegeben und damit mehr als eine halbe Million Schilling gespart. Die Spardosen in den verschiedensten Farben erwiesen sich als wichtiger Sparbehelf der Jugend.

1955 unterhielten 1.900 Sparvereine mit rund 200.000 Mitgliedern ihre Guthaben bei der Zentralsparkasse. In der Weihnachtszeit wurden an sie 110 Millionen Schilling ausbezahlt.

Dank der regen Bemühungen der Zentralsparkasse sparten Ende 1958 bereits 1.000 Wiener Schulklassen mit rund 33.000 Schülern bei der Anstalt. Nach nur 4 Monaten erwirtschafteten diese Schüler schon den ansehnlichen Betrag von 1,1 Millionen Schilling. Die Zentralsparkasse stellte den Wiener Schulen als kleine Anerkennung für ihre besondere Förderung der Sparerziehung das Buch „Erziehung und seelische Gesundheit" mit einem Gesamtkostenaufwand von 65.000,– Schilling für die Lehrerbibliothek zur Verfügung. Außerdem wurden 6.500 Lehrerhandbücher zur Verteilung gebracht.

Mit der Ausgabe von Spargeschenkgutscheinen im Wert von je 30,– Schilling an sämtliche Berufsschüler Wiens wurde im November 1958 der erste Schritt zur sparerzieherischen Betreuung der schulentlassenen Jugend unternommen.

Innerhalb von zwei Monaten lösten 5.000 berufstätige Jugendliche Wiens ihre Spargeschenkgutscheine bei der Zentralsparkasse ein und legten damit den Grundstein für eine „bessere Zukunft".

Seit Juli 1958 erhielt jedes neugeborene Kind in Wien einen Spargeschenkgutschein der Zentralsparkasse im Betrag von 10,– Schilling. Bis Ende des Jahres wurden 1.500 derartige Gutscheine eingelöst.

Im Jahre 1958 wurden auf dem Gebiet des Jugendsparens neue Erfolge erzielt. Dem Institut gelang es, durch die fruchtbringende Zusammenarbeit von Schule, Elternhaus und Sparkasse ein gut funktionierendes Erziehungsdreieck zu schaffen. Einen wesentlichen Anteil daran hatte der Sparpädagogische Beirat, dessen Mitglieder in uneigennütziger Weise für den weiteren Ausbau der Jugendsparerziehung wirkten.

Von den 1958 neu in Angriff genommenen sparpolitischen Aufgaben sind vor allem die Schaffung einer Haushaltsbudgetberatung und die Einführung des Abholdienstes zu erwähnen.

70% des gesamten Volkseinkommens wurden damals erfahrungsgemäß von den Hausfrauen ausgegeben. Fast 40% der in Österreich lebenden Hausfrauen waren berufstätig.

Bis Ende 1958 wurden mehr als 1.100 Wiener Familien durch die Haushaltsbudgetberatungsstelle der Zentralsparkasse über die richtige Einkommensverwendung und Fragen des praktischen Sparens aufgeklärt und beraten. Die Tätigkeit der Budgetberatung wurde durch zahlreiche Vorträge an Volkshochschulen und durch die Ausgabe von Haushaltsbüchern sowie von Broschüren sinnvoll ergänzt und dadurch in ihrer Breitenwirkung verstärkt.

Während die Budgetberatung die Sparfähigkeit des einzelnen heben sollte, lag der Zweck des Abholverfahrens in der Verbesserung der Spargelegenheit. Gerade auf diesem Gebiet wurden in den folgenden Jahren größere Anstrengungen gemacht, weil erfreulicherweise oft der Sparwille und auch die erforderliche Sparfähigkeit gegeben waren, die Spargelegenheiten aber fehlten oder zumindest beim Sparvorgang nicht förderlich waren. Aus diesem Grund begann die Zentralsparkasse in einigen neuen Siedlungs- und Wohngebieten Wiens, einen sogenannten Abholdienst einzurichten, der den dort lebenden Menschen durch das regelmäßige Abholen der von ihnen gesparten Beträge eine günstige Möglichkeit zum Sparen bot. Innerhalb von drei Monaten wurden in drei Wiener Bezirken einige Hundert neue Sparer erfaßt, deren Sparleistung recht beträchtlich war.

Im November 1959 gab die Zentralsparkasse an sämtliche Wiener Berufsschüler Gutscheine im Wert von je 15,– Schilling aus. Von diesen Gutscheinen wurden 1960 2.830 eingelöst, so daß sich die Gesamtzahl der beim Institut eingelösten und auf ein Sparkassenbuch gutgeschriebenen Gutscheine auf 13.830 erhöhte. Die für Berufsschüler gestartete Aktion „Jugendsparen" errang einen großen Erfolg, da Ende 1960 bereits 7.850 Jugendsparer gezählt wurden, deren Sparsumme 4,9 Millionen Schilling betrug. Die von der Zentralsparkasse eingeschlagenen neuen Wege des Kontaktes mit den jungen Sparern hatten sich bewährt. Die Anstalt gab gemeinsam mit dem Schulgemeindereferat des Stadtschulrates für Wien eine Zeitschrift mit dem Titel „Die Zeit und wir" heraus, die alle Berufsschüler in der Bundeshauptstadt erhielten. Auf diese Weise existierte ein Instrument zur Pflege des persönlichen Kontaktes mit den jungen Sparern.

Nur die Sparkassen besaßen damals den strukturellen Aufbau sowie die Zielsetzung und Breitenwirkung, die erforderlich waren, um den familienpolitischen Aufgaben gerecht zu werden: allgemeine wirtschaftliche Aufklärung, Mithilfe bei der Erziehung der Jugend, Unterstützung der Frau als der Verwalterin des Familienbudgets, Gewährung günstiger Personalkredite zur Finanzierung notwendiger Anschaffungen und Bereitstellung von Darlehen für den Ankauf einer Wohnung oder den Bau eines Siedlungshauses. Diese starke Betonung der familienpolitischen Ausrichtung der Sparkassen auf internationaler Ebene führte unter anderem dazu, daß die österreichischen Sparkassen den Weltspartag 1960 unter dem Motto „Sparsinn ist Familiensinn – Sparpolitik ist Familienpolitik" feierten und im Oktober 1960 eine familienpolitische Enquete abgehalten wurde. Dabei kam das Erfordernis einer intensiven wirtschaftlichen, sozialen und kulturellen Betreuung der Familie klar zum Ausdruck: Nur eine gesunde Familie kann zum Gedeihen von Wirtschaft und Gesellschaft beitragen. Die Familie ist die Zelle der Bevölkerung und sie bildet auch in wirtschaftlicher Hinsicht ein entscheidendes Element.

Einen weiteren Pfeiler der Sparwerbung der Anstalt bildete die Betreuung der Neuvermählten, die in der Erkenntnis erfolgte, daß die Gründung eines eigenen Hausstandes mit beträchtlichen Aufwendungen verbunden ist.

Durch die Verdichtung des Zweiganstaltennetzes der Sparkasse konnte neues Kapital erfaßt werden. Die Zentralsparkasse eröffnete seit Oktober 1959 sechs neue Zweiganstalten, die Ende des Jahres 1960 einen Spareinlagenstand von mehr als 96 Millionen Schilling aufzuweisen vermochten. Interessant war, daß die neuen Zweiganstalten im Berichtsjahr keinen Abfall zu verzeichnen hatten, sondern einen ständig steigenden Spareinlagenzuwachs auswiesen. Die neuen Zweiganstalten wurden hauptsächlich in den Wohn- und Siedlungsgebieten am

Rande der Bundeshauptstadt errichtet, um der dortigen Bevölkerung bessere Spargelegenheiten zu bieten.

1961 konnten im Rahmen von 121 Vorträgen und Filmvorführungen, die gemeinsam mit den Elternvereinen durchgeführt und von 7.000 Personen besucht wurden, aktuelle Probleme des Sparens und der Sparerziehung behandelt werden. Den Schulen wurden Ausschneidebogen mit Rechengeld sowie eine Reihe von Broschüren gewidmet. Besonders hervorzuheben sind die an Schulabgänger zur Verteilung gebrachte Broschüre „Unter uns gesagt", die Schulwandzeitung „Aus aller Welt" für Haupt- und Mittelschulen, die Broschüren „Wir und unsere Stadt" und „Wir und unser Europa" sowie eine Europamappe. Zum Teil handelte es sich um bewährte Lehrbehelfe, zum Teil wurden sie neu erarbeitet und fanden schon nach kurzer Anlaufzeit großen Anklang. Die periodisch erscheinende Zeitschrift „Der Sparefroh", deren Auflage auf 95.000 im Monat erhöht wurde, und „Die Zeit und wir", die gemeinsam mit dem Schulgemeinderefat herausgegeben wurde und von der pro Nummer 43.000 Stück erschienen, zählten bei der Jugend zu den bekanntesten Schriften. Die Zentralsparkasse verteilte im Jahre 1961 allein 1 Million Exemplare der vorhin angeführten Zeitschriften an die Wiener Jugend.

Eine der populärsten Methoden der Jugendsparwerbung war die Veranstaltung von Teenagerparties. 45 derartige Parties wurden von 22.000 jungen Menschen im Alter von 16 bis 22 Jahren besucht.

Im Jahre 1961 vertrauten 1.613 Sparvereine mit rund 180.000 Mitgliedern ihre Spargelder der Zentralsparkasse an. Die Einzahlungen erreichten 125 Millionen Schilling. Die meisten Sparvereine befanden sich in den Arbeiterbezirken Favoriten und Ottakring.

Aufgrund der umfangreichen Unterlagen, die von der Zentralsparkasse und dem Verein „Gut haushalten" gesammelt wurden, entschloß sich die Geschäftsleitung dazu, eine neue Sparform, und zwar das Familiensparen, einzurichten. Sinn und Zweck dieses Familiensparens, das grundsätzlich allen Altersstufen zur Verfügung stand, war, daß der Sparer durch einen Zeitraum von zwei Jahren einer bestimmten monatlichen Sparleistung verpflichtet werden sollte, deren unterste Grenze bei 70,– Schilling lag. Dadurch sollte der einzelne mit einer geplanten Ersparnisbildung vom monatlichen Einkommen vertraut gemacht werden. Die eigene Sparleistung bildete zugleich die Basis für die Gewährung eines sogenannten Familiendarlehens, das in der Regel in der dreifachen Höhe des angesparten Betrages gewährt wurde.

Im Jahre 1962 erfuhr der Gehaltskontenverkehr einen unerwartet starken Auftrieb, nicht zuletzt deshalb, weil die verschiedenen Unternehmen erkannten, in welchem Maße sie durch diese Einrichtung einen Rationalisierungseffekt hinsichtlich ihrer Lohnverrechnung erzielen konnten. Außerdem brachte das Gehaltskonto auch dem einzelnen Arbeiter und Angestellten sichtbare Vorteile. Demgemäß wuchsen die Gehaltskonten bei der Anstalt auf 24.124 an, was einer Zunahme um rund ein Drittel entsprach.

Einen besonderen Auftrieb erfuhr die Tätigkeit des Vereines „Gut haushalten" dank der von der Zentralsparkasse im Jänner 1962 ins Leben gerufenen Familiensparaktion. Bis Jahresende gelang es, die Zahl der Familiensparer auf 2.949 zu steigern, ein Erfolg, der in Anbetracht der Verpflichtung zu einer regelmäßigen Sparleistung als sehr zufriedenstellend bezeichnet wurde. Die Sparleistung dieser Familiensparer war mit 5,7 Millionen Schilling beachtenswert. Der in den Bedingungen festgehaltene monatliche Mindestbetrag von 70,– Schilling wurde um das Zweifache übertroffen.

Einen besonderen Auftrieb erfuhr die Aktion „Sparen für das gute Buch" vor allem im Zusammenhang mit der Jugendsparwoche 1963. Innerhalb Jahresfrist stieg die Zahl der Buchsparer um 15.016 auf 101.949 mit einer Sparleistung von 74,4 Millionen Schilling, die einer durchschnittlichen Spareinlage von 730,– Schilling entsprach. Auch das Jugendsparen, das hauptsächlich für die schulentlassene Jugend gepflegt wurde, konnte neuerlich seinen Umfang ausweiten.

Ende 1963 betreute die Anstalt fast 119.000 junge Menschen, die bereits über ein eigenes Sparkassenbuch verfügten.

Von dem reichhaltigen Veranstaltungsprogramm, das die Sparkasse im Jahre 1963 für Wiener Schüler und Jugendliche durchführte, sind vor allem die Sendereihe „Rendezvous in Wien" sowie die sogenannten „Z-Rendezvous" zu nennen. Bei ersterer handelte es sich um 11 Sendungen, die gemeinsam mit dem Stadtschulrat für Wien und dem Österreichischen Rundfunk für Mittelschüler veranstaltet wurden. Die vier „Z-Rendezvous" wurden vor allem für Jugendliche abgewickelt. Hierbei konnten 9.000 Besucher gezählt werden. Den Höhepunkt aller Veranstaltungen für die jungen Menschen bildete auch 1963 der in den Festsälen des Wiener Rathauses abgehaltene Jugendsparerball. An diesem Ball nahmen fast 3.000 Jugendliche teil.

In die Richtung der Schaffung der notwendigen Voraussetzungen für eine möglichst rasche Realisierung der Lehrpläne bewegte sich 1963 die Zusammenarbeit von Sparkasse, Schulbehörde und Lehrerschaft. Die Anstalt veranstaltete gemeinsam mit dem Pädagogischen Institut der Stadt Wien eine Reihe von Führungen und Betriebsbesichtigungen für Wiener Lehrer. Es wurde auch eine wirtschaftswissenschaftliche Vortragsreihe durchgeführt, in deren Rahmen prominente in- und ausländische Nationalökonomen und Pädagogen das Wort ergriffen.

Die 1962 von der Zentralsparkasse geschaffene Aktion „Familiensparen – Familiendarlehen" konnte weiter ausgebaut werden. Ende 1963 wurden bereits 3.645 Familiensparer gezählt, deren Sparleistung 17,3 Millionen Schilling betrug. Sie lag dreimal so hoch als in den Bedingungen des Familiensparens festgelegt worden war; das durchschnittliche Guthaben stieg innerhalb Jahresfrist von 1.924,– auf 4.750,– Schilling. Die monatlich getätigte durchschnittliche Einlage erreichte 235,– Schilling. An dieser Sparaktion beteiligten sich fast ausschließlich Brautpaare und Neuvermählte unter 30 Jahren. Dies war darauf zurückzuführen, daß das Familiensparen eine günstige Möglichkeit der Ersparnisbildung für größere Anschaffungen bot und bei Einhaltung der Bedingungen den Anspruch auf ein Familiendarlehen sicherte.

Im Rahmen der wirtschaftlichen Aufklärung wurde 1964 gemeinsam mit dem Österreichischen Fernsehen eine Filmreihe unter dem Titel „Denken trägt Zinsen" in Angriff genommen, die in aufgelockerter Form die Grundzüge des Wirtschaftsablaufes veranschaulichen sollte.

Im Bereich der Institutswerbung wurde neben den bewährten und bereits eingeführten Werbemedien, wie eigenen Zeitungen und Zeitschriften sowie Einschaltungen in Zeitungen, besonderes Gewicht auf die Rundfunkwerbung gelegt. Die Mitte des Jahres gemeinsam mit der Stadt Wien und der Fremdenverkehrsstelle der Stadt Wien geschaffene Sendereihe „Wien hat immer Saison" kam sehr gut an. Bei 28 Sendungen konnten 10.200 Besucher gezählt werden.

Bei der Sparwerbung lag das Schwergewicht auf der Propagierung der einzelnen Sparformen im Hinblick auf die private Vermögensbildung. In der Richtung einer echten Anlageberatung wurden durch die Einführung einer „Sparerberatung", durch Schulung der in Frage kommenden Angestellten und durch die Bereitstellung entsprechender Broschüren erste Schritte gesetzt.

Die Zentralsparkasse war auch 1965 und 1966 bemüht, über die normale Sparerziehung und Sparwerbung hinaus die Bevölkerung zu wirtschaftlichem Denken anzuregen. Es zeigte sich aber immer mehr, daß die traditionellen Methoden der Erwachsenenbildung, wie sie in den Volkshochschulen eingesetzt wurden, kaum noch die nötige Anziehungskraft hatten. Neue Wege waren die sogenannten Frauen- und Mütterklubs, die in Zusammenarbeit von Volkshochschule und Verein „Gut haushalten" und mit Unterstützung der Zentralsparkasse betreut wurden. In diesen Klubs wurden die Frauen u. a. mit wirtschaftlichen Problemen sowie mit Fragen der wirtschaftlichen Haushaltsführung konfrontiert.

Der letzte Weltspartag meiner Tätigkeit in der Z, der 1968 unter dem Motto „Sparen – Weltspartag – Sparkasse" abgehalten wurde, gestaltete sich wieder als Höhepunkt des Sparjahres. An diesem Tag bezeugten insgesamt 266.789 Einleger ihre Verbundenheit mit dem Institut. 15.579 neue Sparbücher wurden eröffnet und die Rekordsumme von 351,1 Millionen Schilling eingelegt.

*

Aus den vorhergehenden Ausführungen geht hervor, daß die Sammlung von Spareinlagen durch die Sparkasse kein Geschäft schlechterdings war und daß die vielen Bemühungen der Sparkasse auf diesem Gebiete nicht als Kundenfang oder als Spielerei angesehen werden dürfen, sondern daß es sich hier um die Erfüllung eines gesetzlichen Auftrages, der ihr in der Satzung vorgeschrieben war, handelte. Deshalb spielt auch der finanzielle Aufwand für alle diese Maßnahmen keine geringe Rolle. Er erhöht nicht zuletzt die Kosten, die aus dem Sparverkehr im allgemeinen entstehen – d. h. die Sparzinsen sind damit belastet.

Das war seinerzeit auch einer der Gründe, warum die Sparkassen einen steuerlichen Vorteil hatten, den man ihnen später um das Linsengericht einer gewissen Satzungserleichterung abkaufte. Es wäre gut, wenn man sich von seiten der Aufsichtsbehörde bei den Zinsfußdiskussionen dieser Tatsache entsinnen würde.

3. Zahlungsverkehr und Bank[

Der Zahlungsverkehr bildet einen wesentlichen Bestandteil des Bankgeschäftes, weil er den Kreditunternehmungen billiges Geld zuführt. Der Spargiroverkehr der Sparkassen hat darüber hinaus aber vielfältige andere Aufgaben zu erfüllen, von denen im folgenden Abschnitt berichtet wird. Wenn ich dabei weit zurückgreife, so bitte ich dafür um Nachsicht. Ich halte den Zahlungsverkehr für die Entwicklung des modernen Bankgeschäftes für entscheidend und will darstellen, wie aus dem bescheidenen Pflänzchen eine große Organisation entstand, die dann auch ein neues Bankwesen folgen ließ. Das Geld muß in einem Kreditinstitut rollen können, damit es wieder Geld anzieht.

3.1. Spargiro: Begriff, Herkunft und Bedeutung

Dem Spargiroverkehr haftete bei seiner Einführung in Österreich der Makel an, als Einrichtung des Nationalsozialismus zu gelten. Das stimmte nicht. Der Spargiroverkehr wurde in Deutschland bereits in den zwanziger Jahren dieses Jahrhunderts aufgebaut und war das Werk des in Sachsen als Bürgermeister tätigen Sparkassenmannes Johann Christian Eberle. Seine Idee war, das für den Zahlungsverkehr dienende Giralgeld nicht in die zentralen Stellen – also zu den Postscheckämtern – abfließen zu lassen, sondern am Platz zu halten. Das war nur mittels Zahlungsverkehrsleistungen im Rahmen der örtlichen Sparkassen möglich. Auf diese Weise wurde ein Großteil des Giralgeldes innerhalb der Sparkassen weiter verwaltet, was eine starke Vergrößerung des Verwaltungskapitals der Anstalten je nach Dichte des Zahlungsverkehrs zur Folge hatte. Die Sparkassen erhielten damit in ihrer Geschäftspolitik ein zweites Standbein und waren nicht allein auf die Entwicklung des Sparverkehrs angewiesen. In dessen Krisen wirkte sich das später günstig aus. Viele österreichische Sparkassenleute vertraten nach dem Zweiten Weltkrieg die Ansicht, daß nur der Spargiroverkehr die Weiterentwicklung des Geschäftes gerettet hatte, denn die Spareinlagen flossen so kümmerlich, daß ein Kreditgeschäft aus diesem Volumen nicht möglich gewesen wäre. Die Idee Eberles hatte zur Folge, daß sich die Sparkassen auch um Zentralbanken bemühen mußten. Den meisten Landesbanken des Deutschen Reiches wurden deshalb sogenannte Girozentralen zur Abwicklung des Zahlungsverkehrs unterstellt. Diese Idee wirkte sehr belebend und wurde von anderen dezentralen Bankenorganisationen, etwa den Volksbanken oder Raiffeisenkassen, kopiert. Auch in Österreich bildete der Postscheckverkehr bis zur Einführung des Spargiroverkehrs das einzig verläßliche Zahlungsverkehrsnetz. Wichtigstes Instrument der Zahlungsleistung war der Posterlagschein, damals von der Bevölkerung als „Scheck" bezeichnet. Erst die Einhebung einer Gebühr auf die Zahlkarten des Postsparkassenverkehrs im September 1938 veranlaßte viele Wirtschaftstreibende, auf den Spargiroverkehr umzusteigen. Dieser entwickelte sich in der Folge in der „Ostmark", wie Österreich damals bedauerlicherweise hieß, sehr gut. Insbesondere das Einfließen einer großen Zahl von Überweisungen aus dem sogenannten „Altreich", aber auch die rasch zunehmende Nutzung durch heimische Unternehmer zeichneten dafür verantwortlich.

3.2. Und so begann für mich das Berufsleben

Vor dem Giro

„Vor dem Giro steht ein Türhüter. Zu diesem Türhüter kommt ein Mann und bittet, zum Giro eingelassen zu werden, um ein Stück davon mitzunehmen. Aber der Türhüter sagt, daß er ihm jetzt den Eintritt nicht gewähren könne. Der Mann überlegt und fragt dann, ob er also später werde eintreten dürfen. „Es ist möglich", sagt der Türhüter, „jetzt aber nicht." Da die Tür zum Giro offensteht wie immer und der Türhüter beiseitetritt, bückt sich der Mann, um durch das Tor ins Innere zu sehen. Als der Türhüter das bemerkt, lacht er und sagt: „Versuche es doch mal, merke aber: ich bin nur der unterste Türhüter. Von Saal zu Saal aber stehen Türhüter, einer mächtiger als der andere." Solche Schwierigkeiten hatte der Mann nicht erwartet. Der Giro soll doch jedem und immer zugänglich sein, denkt er, aber als er den Türhüter in seinem Pelzmantel genauer ansieht, seine große Spitznase, den langen dünnen, schwarzen, tatarischen Bart, entschließt er sich, doch lieber zu warten, bis er die Erlaubnis zum Eintritt bekommt. Der Türhüter gibt ihm einen Schemel und läßt ihn sich seitwärts von der Tür niedersetzen. Dort sitzt er Tage und Jahre. Er macht viele Versuche, eingelassen zu werden und ermüdet den Türhüter durch seine Bitten. Von Zeit zu Zeit kommen Leute aus seinem Heimatdorf und erzählen von Häusern, in denen der Giro immerfort wächst, während das Haus einen kleinen Giro beherbergt, der sich während seiner Abwesenheit ständig vermindert. Nach solchen Besuchen werden die Bitten des Mannes an den Türhüter flehentlicher. Während der langen Jahre beobachtet der Mann den Türhüter des Giros fast ununterbrochen. Er vergißt die anderen Türhüter, und dieser erste scheint ihm das einzige Hindernis für den Eintritt in den Giro. Schließlich wird sein Augenlicht schwach, und er weiß nicht, ob es um ihn wirklich dunkler wird oder ob ihn nur seine Augen täuschen. Wohl erkennt er jetzt im Dunkel einen Glanz, der unverlöschlich aus der Tür des Giros bricht. Nun lebt er nicht mehr lange. Vor seinem Tode sammeln sich in seinem Kopfe alle Erfahrungen der ganzen Zeit zu einer Frage, die er bisher an den Türhüter noch nicht gestellt hat. Er winkt ihm zu, da er seinen erstarrenden Körper nicht mehr aufrichten kann. Der Türhüter muß sich tief zu ihm hinunterneigen, denn der Größenunterschied hat sich sehr zuungunsten des Mannes verändert. „Was willst du denn jetzt noch wissen?" fragt der Türhüter, „du bist unersättlich." „Mein ganzes Leben warte ich auf den Einlaß", sagte der Mann, „und nie kam das erlösende Wort. Vielleicht habe ich doch etwas falsch gemacht. Sage mir nur eines: Wann kann man zum Giro?" Der Türhüter erkennt, daß der Mann schon an seinem Ende ist, und um sein vergehendes Gehör noch zu erreichen, brüllt er ihn an: „Jederzeit kann man zu ihm. Man muß nur eintreten. Man darf sich nur nicht aufhalten lassen."

(Dr. Karl Vak – frei nach Franz Kafka)

Die Übernahme des Spargiro durch die österreichischen Sparkassen geradezu kultischer Akt an der großen Idee Eberles. Die belächelte Ka die auf die Mythologisierung des Spargiroverkehrs durch die Spark den Nagel auf den Kopf: Man mußte sich entweder für ihn entscheiden oder ih.. fern bleiben.

Auf ähnliche Weise stand ich am 29. April 1938 vor einem Tor und läutete, um Einlaß zu begehren. Es war eine Türe in der Falkestraße 6, die Adresse der Girovereinigung der Sparkassen. Die Anstalt war im Dezember 1937 gegründet worden, um auch den österreichischen Sparkassen mittels Giroverkehr eine Aufbesserung der Geschäfte zu ermöglichen. Der reguläre Geschäftsbetrieb war erst vor wenigen Tagen aufgenommen worden. Inzwischen gab es jedoch keine österreichischen Sparkassen mehr. Gründungsurkunden, Eröffnungsbilanz und die zahlenmäßig unveränderte Übergangsbilanz der Girovereinigung in die Girozentrale der ostmärkischen Sparkassen unterschieden sich nur in der Währung, die verantwortlichen Herren des Vorstandes und des Aufsichtsrates waren praktisch unverändert geblieben. Nur die Zielsetzung war etwas anders: Die Girovereinigung hatte eine kräftige österreichische Wirtschaft im Auge, die Girozentrale der ostmärkischen Sparkassen hingegen sollte die Wehrkraft Großdeutschlands stärken helfen. In dem Maße als die Entwicklung der Girozentrale fortschritt, sollte diese Differenz noch Bedeutung bekommen.

Das Tor, vor dem ich stand, öffnete sich. Ein großer und elegant gekleideter Mann fragte mich nach meinem Begehr. Zunächst dachte ich: ein Direktor! Aber es war der Portier. Er nahm meine Bitte um Einlaß und den Hinweis auf meine Vorladung schlicht zur Kenntnis und führte mich zum Personalchef der Girozentrale. Dr. Schwarz nahm mich freundlich in Empfang. In der Hand hielt er mein noch in der Zeit des Ständestaates geschriebenes Gesuch. Darin beschwor ich, kein Nazi zu sein. Obwohl Dr. Schwarz beim Durchlesen kurz die Stirn runzelte, teilte er mir meine Anstellung bei der Girozentrale mit. Der Aufbau einer neuen, großen Bank erfordere jeden verfügbaren Akademiker. An weiteren Türhütern vorbei führte er mich anschließend in das Büro des Generaldirektors Dr. Schmidt. Dieser verfuhr ebenso freundlich mit mir, sagte ungefähr dasselbe und machte mir einen Gehaltsvorschlag, der mich erblassen ließ: die 133,– Reichsmark, die ich bekommen sollte, schienen mir doch etwas zu gering. Er rauchte eine Zigarre, deren Duft mir in die Nase stieg. Das Ganze wirkte etwas großbürgerlich. Er entließ mich mit den Worten: „Also jetzt gebe ich Sie weiter an den Giro. Ich sage Ihnen gleich, ich weiß nicht, was dieser Spargiro ist, aber er soll großartig sein. Wir haben einen Direktor von der Deutschen Girozentrale in Berlin hier, der uns in die Geheimnisse des Giros einführen soll. Ich werde Sie jetzt mit ihm bekanntmachen. Ich hoffe, daß Sie sich als junger Mann im Giro wohlfühlen und seine Geheimnisse lüften und hier nach Lust und Laune arbeiten können." Ich bedankte mich und wurde von einem kleinen, aber sehr wendigen Herrn, Generaldirektor Ließegang aus Berlin, empfangen.

Zu allererst legte er mir einige große weiße Broschüren auf den Tisch. Das waren die Grundsätze für den Spargiroverkehr und für den Scheck- und Wechseleinzugsverkehr. Weiters ein Heft mit den Vordruckmustern zum Ablauf des Giro. Dann belehrte er mich kurz, daß es sowohl je eine Girostelle als auch eine Girozentrale 1 und 2 gebe. Er betonte die Bedeutung dieser Knotenpunkte des Geldverkehrs für die Abwicklung zwischen Girozentrale und Sparkasse. Ich sah in Sparkassen allerdings vornehmlich Sparinstitute und bat um eine Erklärung. Die Antwort, die er mir gab und wonach es um die Bereicherung des Geschäftes und das Zuführen von Kapital in die mittelständische Wirtschaft gehe, verstand ich damals nicht. Ich war auch etwas beunruhigt, daß es einen Wechseleinzugsverkehr geben sollte. Wechselrecht hatte ich zwar studiert, aber noch nie zuvor einen Wechsel gesehen. An der Hochschule mußten wir uns in die verschiedenen Begriffe wie Indossat und Indossanten vergraben, ohne praktische Übungen mit dem Wechsel selbst zu machen.

Anschließend wurde ich meinen Kollegen vorgestellt. Der Chef der Giroabteilung war damals wohl in Zivil, später aber meist in SA-Uniform. Insgesamt waren wir nicht mehr als vier, fünf Leute. Unsere Arbeit mit den Girokarten war zunächst äußerst mysteriös. Als wir am Ende das sogenannte Memorial, die Summe der Saldokonti, erstellten, stimmten die Summen nicht überein. Wir wiederholten unsere Arbeit wieder und wieder. Als ich meinen ersten Arbeitstag beendete, war es bereits 22 Uhr geworden. Ich hatte die letzte Gelegenheit verpaßt, wieder in meinen Heimatort in Niederösterreich zurückzufahren und übernachtete in einem kleinen Hotel in der Nähe des Franz-Josef-Bahnhofes. Am nächsten Tag setzte ich die Arbeit mit den Girokarten fort.

Meinen Eltern zu Hause teilte ich stolz von meiner Anstellung bei der Girozentrale mit. Auch hatte ich beschlossen, mir eine Wohnung in Wien zu nehmen und zu heiraten. Aber das ließ noch eine Weile auf sich warten.

3.3. Die Jahre 1938 bis 1945

In das übrige Bankgeschäft, insbesondere in die Veranlagung auf dem Geld- und Kapitalmarkt, hatte ich keine Einsicht, obwohl ich über die Geldströme informiert war. Ich hatte neben meiner Arbeit in der Giroabteilung noch eine sehr unangenehme Aufgabe zugeteilt bekommen: die Führung des sogenannten „Standbuches", eines handgeschriebenen Saldokontos. Für jede Sparkasse, jede Bank und jeden Privatkunden wurde dort ein Kontoblatt angelegt. Handschriftlich wurden darin die Umsätze gebucht und täglich der Saldo gezogen. Alle Belege des Hauses mußten mein Standbuch passieren, bevor sie in die Buchhaltung kamen. Ich war es auch, der die Schecks anwies und täglich den Bestand auf den Großbankkonten feststellte, auf Grund dessen der Generaldirektor disponierte. Einige Male nahm er mich auch in die Reichsbank mit – als Portefeuilleträger sozusagen –, und ich sah zu, wie er sich auf dem Geldmarkt mit kurzfristigen Papieren, Reichsschätzen und unverzinslichen Schatzanweisungen eindeckte. Obwohl die Umsätze damals noch sehr gering waren – einige hundert Kontobewegungen pro Tag – kam es doch sehr rasch zu Unstimmigkeiten: Bei einer Gelddisposition flog der Umstand auf, daß das Standbuch in vielen Salden nicht stimmte. Nicht weil ich nicht rechnen konnte, sondern weil ich eine Anzahl von Belegen nicht erhalten hatte. Das Standbuch wurde zwar mit der Buchhaltung abgestimmt, so mancher Kunde kam aber auf diese Weise unberechtigt ins Soll. Nach diesem Vorfall wollte ich die unangenehme Verantwortung des Standbuches loswerden, aber das gelang mir erst später, als man einsah, daß mit diesem Relikt kein Staat zu machen war.

Der Vorstand der Giroabteilung, von dem ich schon gesprochen habe, rückte dann ein und man stand vor der Frage, ob man mir neben der praktischen Leitung der Giroabteilung diese auch formell überlassen sollte. Unter vier Augen teilte mir der Generaldirektor jedoch mit, daß dies nicht möglich sei, da ich kein Parteigenosse war. Die Deutsche Arbeitsfront hätte eine derartige Entscheidung wohl kaum geduldet. Trotz meines Einsatzes und trotz meiner Kenntnisse war mir also ein berufliches Avancement in der Girozentrale aus politischen Gründen verwehrt. Ich stamme aus einer Funktionärsfamilie. Sowohl mein Vater als auch meine Mutter engagierten sich für die Sozialdemokratische Partei. Schon an der Hochschule war ich Mitglied der Sozialistischen Studenten und später auch Mitglied der Partei geworden. Auch meine Mittelschulzeit im sogenannten nationalen Krems änderte an meiner politischen Überzeugung nichts. In Wien wohnte ich zunächst in einem sozialistischen Studentenheim. Mit dem bedauerlichen Jahr 1933 (Auflösung des Parlaments durch Dollfuß) übersiedelte ich in ein privates Quartier und blieb dort bis zur Vollendung meines Studiums an der Hochschule für Welthandel im Jahre 1934. Die Zeit bis zum Jahr 1938 war ich dann ohne Beschäftigung. Ich habe mich damals literarisch betätigt und viel geschrieben. Mit Ausnahme eines Gedichtebandes, der bei einem Wiener Verlag erschien, trat ich aber kaum an die Öffentlichkeit. In meiner Heimatgemeinde war ich als Antifaschist bekannt und hatte wohl deshalb weder als Dichter noch als Bankier besondere Aussichten.

In der Girozentrale wurde ich mit der Einschulung des neuen Betriebsobmannes – eines sehr properen Mannes – beauftragt. Nach drei Monaten Einschulung fand ich an einem Sonntag, nachdem ich mit meiner Frau und meinem im Juni geborenen Töchterchen von einem Urlaub zurückkam, den Einberufungsbefehl zur Deutschen Wehrmacht vor. Noch bevor ich einrückte, sagte mein Vorgesetzter zu mir: „Wir wissen, wo du politisch stehst. Wenn du den Mund hältst, lassen wir dich in Ruhe." Ich hielt den Mund und rückte ein.

Ich verließ den Giro schweren Herzens. Statt dessen befand ich mich nun in einer Institution, die mir zutiefst zuwider war. Als Pazifist, der ich immer gewesen bin, sollte ich nun ein Gewehr als meine Braut ansehen und Lorbeeren im Totschießen von Menschen erwerben! Der einzige Vorteil des Kriegsdienstes war, daß ich dort politisch meine Ruhe hatte und keinen Nötigungen oder anderen Verfolgungen ausgesetzt war. Meine Abneigung gegen die Wehrmacht verhinderte schließlich auch hier eine Karriere. Vom 1. September 1940 bis Anfang 1944 war ich zunächst Besatzungssoldat in Polen, machte dann den Rußlandfeldzug in vorderster Linie mit, wurde verwundet und bis zu meiner Entlassung ziemlich lange zwischen verschiedenen Lazaretten und Ersatztruppenteilen herumgeschoben.

Nach dem Kriegsdienst kehrte ich wieder in die Girozentrale zurück. Der Giroverkehr hatte sich stark gewandelt. Der Großteil der Überweisungen waren Zahlungen an die Soldaten. Der Sold mußte offensichtlich auf Konten gelegt werden, um den Banknotenumlauf einzudämmen. In den letzten Kriegsmonaten verlegte man den Vorstand der Girozentrale in eine Ausweichstelle in Salzburg, so daß wir in Wien nur noch Durchführungsstelle waren. Die Girozentrale war inzwischen von der Falkestraße in die Fichtegasse in ein arisiertes und umgebautes jüdisches Bankhaus gezogen. Wir hatten das Glück, dort wenig leiden zu müssen, da dieser Teil der Stadt kaum mit Bomben belegt wurde. Die Giroabteilung, deren Leitung ich übernahm, übersiedelte in den Keller. Unsere Arbeit wurde manchmal durch Bombeneinschläge in der Nähe unterbrochen, durch die das Licht ausging. Meine Mitarbeiter – es waren ungefähr 35 Damen und ein Herr – nahmen die Arbeit dankbar auf, da sie ihre Angst eindämmen konnten, wenn sie sich auf die Buchungsarbeiten konzentrieren mußten. Mich selbst spannte man als Luftschutzwart ein, weil alle anderen Männer, die Parteigenossen gewesen waren, sich abgesetzt hatten. Auf dem Dach des Hauses erlebte ich den furchtbaren Angriff auf die Wiener Oper mit und sah, wie die Papierfetzen aus einem bombardierten Amt im wahrsten Sinne des Wortes herumflogen.

So schließt das erste Kapitel meiner Tätigkeit im Bankwesen mit dem Zusammenbruch der ostmärkischen Girozentrale.

An einem Freitag, in den frühen Apriltagen des Jahres 1945, in der Woche, bevor die Russen in Wien einrückten, arbeiteten wir noch. Aber dann war endgültig Schluß. Wir hatten drei oder vier Buchungstage unabgestimmt in Kisten verpackt, und ich gab den Auftrag, sie im Kontrollgang des Tresors abzustellen. Die Mitarbeiter meiner Abteilung verließen die Anstalt, und ich blieb allein zurück. Auch die Kassa und die Buchhaltung wurden geschlossen. Alle anderen Abteilungen waren kaum mehr besetzt und deren Leiter längst nach Salzburg abgezogen worden. Ich ging nicht nach Hause, denn ich befürchtete, daß mich dort ein Einrückungsbefehl zum Volkssturm erwartete. Frau und Kind hatte ich ohnehin schon seit längerer Zeit bei meinen Eltern in der Nähe von St. Pölten untergebracht. Ich machte es mir in der Befehlsstelle des Luftschutzwartes bequem und hörte als letztes Aufgebot kultureller Arbeit des Großdeutschen Rundfunks Goethes „Faust", Teil 1, mit Gustav Gründgens. Ich schlief nicht schlecht. Schießereien waren wohl zu hören, aber ansonsten war die Nacht ruhig. Am nächsten Morgen kamen einige meiner Kollegen doch wieder in das Haus. Als ich aber sah, daß in der Fichtegasse gegenüber Militär einzog und größere Mengen an Räucherfleisch und ähnlichen Lebensmitteln abgeladen wurden, beschloß ich, das Haus nun doch zu verlassen. Die Straßenbahn fuhr längst nicht mehr. Die Waggons der 2er-Linie waren umgeworfen worden und fungierten als Panzersperren. Auf den Straßen um den Beethovenpark dienten große Speditionswagen ebenfalls diesem Zweck. Wir wußten, daß es nicht mehr lange dauern konnte. Ich forderte deshalb meine Mitarbeiter zum Verlassen des Hauses auf und bat sie, sich zu Hause in Sicherheit zu bringen. Wir verabschiedeten uns voneinander. Zwei der Kolleginnen aus der Inneren Stadt begleitete ich noch nach Hause. Ich selbst ging anschließend durch den Burggarten zu meiner Wohnung in der Burggasse. Überall wimmelte es von Militär. Zwischen den beiden Museen stand schwere Artillerie, die Rohre nach Süden gerichtet. Zu Hause bezog ich sofort Quartier im Keller. Sogar einen Ofen trug ich vom 4. Stock hinunter, Matratzen und die wenigen Nahrungsmittel, die ich noch zu Hause hatte. Ich harrte nun zusammen mit etwa 30 anderen Mitbewohnern der Dinge, die da kommen sollten. Der Schlachtlärm klang nur ganz dumpf in die Luftschutzräume. In dieser relativen Stille erlebten wir den Übergang der Herrschaft von der Großdeutschen Wehrmacht zur Roten Armee über Wien. Hitlers Plan war, den Russen eine zerstörte Stadt zu überlassen, die bis auf das letzte Haus verteidigt hätte werden sollen. Dem Einsatz tapferer Männer – an der Spitze Major Biedermann – war es zu verdanken, daß es nicht dazu kam. Ihren Widerstand bezahlten diese Männer aber mit einem schrecklichen Tod.

Mitte der Woche war der Zauber vorbei. Ich erinnere mich noch, daß ich zeitig am Morgen, als es gerade hell geworden war, den Keller verließ und in die Gutenberggasse trat. Ecke Burggasse sah ich einen Rotarmisten stehen, einen großen schlanken Mann mit einer Maschinenpistole. Ich ging auf ihn zu, und als er mich bemerkte, drehte er sich rasch um, die Pistole im Anschlag. Ich deutete, daß ich nichts Kriegerisches im Sinn hätte, und fragte, was mit dem Krieg sei. Er antwortete mir in gebrochenem Deutsch: „Krieg kaputt." „Und wo ist die Front?" Er deutete hinüber zum Donaukanal: „Aber hier schon ruhig." Ich kehrte in den Luftschutzkeller zurück und verkündete diese Tatsache meinen erleichterten und dennoch mißtrauischen Nachbarn. Am nächsten Tag organisierte ich Bretter von einem Bauplatz in der Nähe und nagelte alle meine Fenster zu, die nach zwei aufeinanderfolgenden Luftangriffen ohne Glas waren. Dabei erlebte ich auch die Tragödie des brennenden Stephansdomes, ein Bild, das mir immer in trauriger Erinnerung bleiben wird.

Der Kriegslärm im Donauviertel beruhigte sich dann allmählich, und man konnte sich wieder ohne Angst auf die Gasse wagen. Die Geschäfte waren schon geplündert – nicht nur von den Russen. Wer keine Vorräte hatte, war ein armer Hund. Ich besaß eine Schachtel voll alter Semmeln, die meine Frau gekauft hatte und die nicht konsumiert worden waren. Damit und einigen anderen Sachen, die ich noch fand, konnte ich mich einigermaßen ernähren.

3.4. Der Wiederaufbau der Girozentrale

Zehn Tage, nachdem ich die Girozentrale verlassen hatte, kehrte ich dorthin wieder zurück. Etwa ein Dutzend meiner Kollegen hatte sich ebenfalls eingefunden, darunter war zur allgemeinen Freude auch unser Koch. Der Leiter der Bausparkasse brachte die Säuberungsbevollmächtigung von der provisorischen Wiener Stadtregierung. Aber unter den Anwesenden gab es nichts zu säubern: Es waren keine Parteigenossen.

Wir begannen, das Haus in Ordnung zu bringen. Auch hier waren die Fenster teilweise ohne Glas. Wir räumten auf, entfernten Schutt, beseitigten die gröbsten Kriegsschäden. Die Fenster im Souterrain und im ersten Stock vernagelten wir, weil wir Angst vor unbefugten Eindringlingen hatten. Für diese Arbeiten brauchten wir mindestens acht Tage.

Der langwierige organisatorische Wiederaufbau der Girozentrale erfolgte in einigen Etappen. Dazu einige grundlegende Bemerkungen: Mit dem Zusammenbruch des Dritten Reiches wurde die Girozentrale im Sinne des Wirtschaftssäuberungsgesetzes als eine Gesellschaft öffentlichen Rechtes behandelt. Sie erhielt zunächst zwei öffentliche Verwalter: Herrn Generaldirektor Dr. Poschacher von der Ersten Österreichischen Spar-Casse und Herrn Direktor Dechant von der Zentralsparkasse. Beide Herren waren integer, aber natürlich keine Giristen. Unter dem von mir erfundenen Begriff „Girist" verstehe ich Sparkassenleute, denen das Wohl der Gesamtorganisation als auch jenes der einzelnen Sparkasse am Herzen liegt. Es geht dabei nicht nur um deren wirtschaftliche Prosperität, sondern auch darum, inwieweit diese in ihrer Funktion dem Staate, den Ländern oder den Gemeinden zur Verfügung stehen. Die Tätigkeit der Sparkassen ist gemeinnützig. Infolgedessen hat die Sparkasse auch keinen Eigentümer. Die Girozentrale fungiert als Hilfsinstrument der Sparkassen und ist mit diesen durch die technische Einrichtung des Giroverkehrs verbunden. Menschen, die diese Entwicklung verstehen und im Girowesen bewandert sind, gelten für mich als „Giristen". Den Gegensatz dazu bilden die konservativen Banker. Da sie meist hoher politischer Steuerung unterworfen sind, bezeichne ich sie als Politbanker. Im Rahmen dieser Schrift wird sich noch zeigen, wie zutreffend diese Einteilung ist.

Die wichtigste Aufgabe war zunächst, den Apparat der Girozentrale wieder in Funktion zu setzen und die Verbindung mit der Wirtschaft zu sichern. Ich erwähnte, daß einige unabgestimmte Buchungstage von mir im Kontrollraum des Tresors verwahrt wurden. Sie umfaßten einige tausend Belege. Wir versuchten, sie zunächst abzustimmen und in Ordnung zu bringen. Die im Keller verwahrten Buchungsmaschinen kamen wieder an ihren ursprünglichen Platz. Allmählich gelang es uns, den Bankbetrieb in dem doch hergenommenen Haus einigermaßen in Gang zu bringen. Die Kollegenschaft, die sich in alle Teile Österreichs geflüchtet hatte, fand sich langsam wieder ein. Sie alle halfen, aus dem Chaos wieder Ordnung zu machen.

Das im Juli des Jahres 1945 in der russischen Zone eingeführte Schillinggesetz beendete das Währungschaos der ersten Tage nach dem Krieg – es gab die Reichsmark und den Alliierten Schilling und natürlich auch die verschiedenen anderen alliierten Währungen. In der russisch besetzten Zone gab es rasch wieder Kontakte zu unseren Mitgliedssparkassen. Dies war der erste Schritt zum Wiederaufbau des Giralnetzes. Aber erst das Kontrollabkommen und die Einsetzung einer Bundesregierung ermöglichten auch eine Kontaktaufnahme mit den Sparkassen in den Ländern, die sehr dankbar für unsere Hilfestellung bei der Ordnung ihrer Konten waren.

Wir steckten mitten in diesen Arbeiten, als ich eines Tages zufällig das Gespräch zwischen einem höheren Beamten des Finanzministeriums und einem Mitarbeiter der politischen Säuberung in unserem Kassensaal mithörte. Sie vertraten die Ansicht, man solle sich keine Gedanken um die Girozentrale machen. Als Nazi-Unternehmen würde sie wie andere dieser Art ohnehin verschwinden. Ich mischte mich in das Gespräch ein und klärte die beiden auf. Ihr Erstaunen war groß, als sie hörten, daß die Girozentrale eine österreichische Gründung aus dem Jahre 1937 und der Spargiroverkehr auch in Deutschland keineswegs eine politische Einrichtung gewesen waren. Meine Erklärungen sollten nicht ohne Wirkung bleiben.

Eines Tages erhielt ich von den öffentlichen Verwaltern den Auftrag zur Liquidation der Ausweichstelle in Salzburg. Ihre Aktiven nach Wien zu bringen, war angesichts der Widerstände der Amerikaner anfangs nicht einfach. Erst eine Aussprache mit dem amerikanischen Finanzoffizier Ladenburg in Wien brachte einen Meinungswandel und führte dazu, daß die Girozentrale wieder ein einheitliches Bild bot.

Über die Funktion als Geldausgleichsstelle hinaus begannen wir auch wieder, Geld anzulegen. Die Sparkassen arbeiteten eifrig an der Vergrößerung ihres Verwaltungskapitals, das sich in Form von Giroeinlagen wiederum bei der Girozentrale niederschlug. Auch damals gab es schon Verstimmung zwischen Ost und West. Die Sparkassen der russischen Zone deponierten ihre gesamten überflüssigen Guthaben bei der Girozentrale. Die westlichen Sparkassen befürchteten eine Intervention der Russen im Geldwesen und waren sehr zurückhaltend. Vielfach disponierten sie sogar Gelder ab, so daß die Girozentrale anfänglich ständig unter Liquiditätsschwierigkeiten litt. Im Auftrag der öffentlichen Verwalter beruhigte ich die westlichen Sparkassen. Es gelang mir, sie zu einem solidarischen Vorgehen zu bewegen, um den Aufbau der Girozentrale nicht zu gefährden. Vor allem die Hilfe des Finanzministeriums bei der Durchsetzung der Satzung veranlaßte die Sparkassen letztlich dazu, weiterhin ihre Liquiditätsreserven bei der Girozentrale zu unterhalten, wodurch wieder genügend Bargeld hereinkam.

3.5. Die Popularisierung des Spargiroverkehrs

Es ist nicht Aufgabe dieser Schrift, die Geschichte der Girozentrale nach dem Krieg zu erzählen. Bei der Entstehung und Entwicklung des Spargiroverkehrs scheint es mir aber notwendig, etwas weiter auszuholen, weil diese Anfänge auch für die Zentralsparkasse von Bedeutung waren. Mir ging es damals um die Schaffung eines festen Netzes für den Zahlungsverkehr, um eine möglichst große Menge an Giralgeld im Sektor zu halten. Dazu diente auch die Vereinheitlichung des Geschäftes, um Schlagkraft und Leistungsfähigkeit für die Wirtschaft zu erhöhen.

Anläßlich einer Tagung in Salzburg schlug ich dem Sektor einheitliche Grundsätze zur Abwicklung des Zahlungsverkehrs vor. Auch vorsorgliche Maßnahmen hatte ich eingeplant, um die Sparkassen vor einem Mißbrauch zu schützen. Das Mißtrauen gegen Wien war noch immer groß, und es brauchte einige Tage schwierigster Verhandlungen, um einen Durchbruch zu erzielen. Mit dem Schwinden des Mißtrauens wuchs aber die Bereitschaft der Kollegen aus den Bundesländern, sich zu engagieren. Eine eigene Arbeitsgemeinschaft zur Förderung des Spargiroverkehrs wurde gegründet, die die betriebstechnische Entwicklung und Herstellung der Vordrucke übernahm. Der Girogeist war in den Sektor zurückgekehrt. Eine Sparkasseneinheit wurde – nicht immer zur Freude der oberen Instanzen – aufgebaut.

Garantie für ein Funktionieren des Sektors war die entsprechende Schulung des Personals. Giroschulungswochen wurden in allen Bundesländern abgehalten und dabei nicht nur der Spargiroverkehr, sondern auch das Wechsel- und Scheckrecht gelehrt. Die „Sachbearbeiter" mußten auch mit den Grundlagen des Akkreditivverkehrs vertraut gemacht werden, weil dieser Geschäftszweig damals besonders im Holzexportgeschäft gepflegt wurde. Ich erinnere mich, daß ich mit dem Linzer Kollegen Dr. Sadleder, der später Generalsekretär des Verbandes wurde, in einer Nacht nicht nur die Grundsätze für den Akkreditivverkehr entwickelte, sondern auch alle zur Abwicklung notwendigen Vordrucke entwarf.

Obwohl wir Interesse und Zustimmung bei anderen europäischen Sparkassen erregten, die den Giroverkehr zum Teil wegen ihrer Satzung oder der geltenden Gesetzeslage nicht ausüben konnten, blieb meine Tätigkeit im eigenen Lande nicht unwidersprochen. Dem damaligen Direktor der Girozentrale genügte der Postscheckverkehr für die Wirtschaft. Spargiro erschien ihm als eine kostspielige Marotte des Dr. Neubauer. Unser Zerwürfnis ging bis zum Verbot, mit den Sparkassen zu telefonieren und zu korrespondieren. Er entzog meiner Abteilung die besten Mitarbeiter und beschnitt meinen Aufgabenbereich. Einzig Kollege Zettl blieb mir treu, was ich nicht vergessen habe.

Ich schätzte es nicht, meine Arbeit durch Intrigen stören zu lassen und beschloß, die Girozentrale zu verlassen. Der Sparkassenverband nahm mich 1952 als dritten Mann an der Spitze auf, weil auch im Verbandsalltag immer

mehr rechtliche und sparkassenpolitische Fragen auftauchten, die ohne pr
sches Wissen nicht zu lösen waren. Ich übernahm das Ressort Betriebswirts
und Werbung und die Herausgabe einer Zeitschrift gleichen Namens. Zusammen
mit meinem Freund Karl Frank gründete ich den Sparkassenverlag und konnte
auf Vordruckwesen und Werbeaktionen direkt einwirken. Über den Giroverkehr
hinaus war mir dadurch auch die Betreuung der gesamten Sparwerbung möglich.
Als Direktionsmitglied des Verbandes nahm ich an den Sitzungen des Hauptverbandes der Sparkassen teil und ließ dort meine Gedanken und Pläne einfließen.

Aber auch im Verband erschöpften sich meine Entfaltungsmöglichkeiten rasch. Verbandstätigkeit war nach damaliger Ansicht eine Spielwiese für Juristen. Differenzen mit den Funktionären in bezug auf die Richtung der Sparkassenpolitik entwickelten sich. Bei einer Verbandssitzung ärgerte mich Dr. Wallitza, Generalsekretär der Ersten Österr. Spar-Casse, außerordentlich. Über den Tisch sagte der damalige Direktor der Zentralsparkasse, Dechant, zu mir: „Was ärgern Sie sich denn. Kommen Sie zu mir in die Zentralsparkasse!" Einige Tage später starb er ganz unerwartet, und ich wurde sein Nachfolger.

Als ich den Dienst in der Zentralsparkasse antrat, dachte man, ich würde zunächst die Reorganisation des Giroverkehrs in Angriff nehmen. Aber diese Arbeit überließ ich später anderen. Die Zentralsparkasse wickelte damals ihr Buchungswesen auf Registrierkassen der Marke „National 2000" ab. Dieses System war schon vor dem Krieg eingeführt worden, womit man am Platz die bestorganisierte Kreditunternehmung auf dem Sektor des Zahlungsverkehrs war. Zwar erwies sich das System immer noch als brauchbar, im Massenbetrieb tauchten jedoch erste Unzulänglichkeiten auf. Ansonsten war die Organisation durchaus passabel. Die Filialen verkehrten miteinander und im Eilverkehr auch direkt mit den anderen österreichischen Sparkassen. Die Mitarbeiter waren gut ausgebildet. Kollege Böshönig, langjähriges Mitglied der Betriebswirtschaftlichen Arbeitsgemeinschaft, wurde von mir bald zum Direktor-Stellvertreter bestellt und sorgte für den nötigen Girogeist. Kollege Simon, für Werbung und Kundenbetreuung zuständig, war ein stiller Geist, der sich um die Ausdehnung des Kundenkreises bemühte und im Zentralen Werbeausschuß des Verbandes gute Arbeit leistete. Um den Giroverkehr brauchte ich mich zunächst nicht zu sorgen, bis er mit der National 2000 und den herkömmlichen Methoden nicht mehr zu bändigen war und die Stunde der EDV schlug.

3.6. Die Entwicklung des Auslandsgeschäftes

Von allen Geschäftssparten einer Geldanstalt ist wohl das Devisengeschäft, das großes kommerzielles Geschick, blitzartige Entscheidungsfähigkeit und Risikobewußtsein erfordert, das schwierigste. Verluste durch unsachgemäßes Handeln können in der Regel nur schwer saniert werden. Kenntnis der internationalen Terminologie auf diesem Gebiet und entsprechende Sprachkenntnisse sind unerläßlich. Bei meinem Eintritt war der Zahlungsverkehr mit dem Ausland komplettes Neuland für die Zentralsparkasse. Die Devisengesetzgebung und ein kompliziertes Genehmigungsverfahren hemmten anfangs die Entwicklung des Auslandsgeschäftes. Sprachschwierigkeiten sowie Unkenntnis der Währungen und Umrechnungsmodalitäten mit ihrer besonderen Terminologie trugen das ihre dazu bei. Die Girozentrale war selbst kaum informiert und keine große Hilfe für uns. Dem späteren Leiter der Auslandsabteilung, Direktor Felix Hekele, ist es zu verdanken, daß schließlich auch bei uns eine respektable Auslandsabteilung aufgebaut werden konnte. Hekele war sicher einer der begabtesten Mitarbeiter auf diesem Gebiet. Die Aussagen zum Auslandsgeschäft, die er in einem Gespräch mit mir tätigte, sind die Grundlage für die folgenden Ausführungen.

Hekele kam im August 1946 in die Hypothekarrechnungsabteilung der Zentralsparkasse. Dort wurde er mit der Abwicklung der Zahlungen im Sinne des Wohnungswiederaufbaugesetzes beauftragt, das den Kreditinstituten gewisse Abgaben vorschrieb. Zwar konnte er sich mit dieser Arbeit einen Namen im Haus machen, eine zunächst von ihm gepachtete und später auf Raten erworbene Hausverwaltung brachte ihm allerdings ein Disziplinarverfahren ein.

Er wurde daraufhin als Springer in den Zweigstellenbereich versetzt, schließlich aber vom Vorstand der Zweigstelle in Mariahilf der Geschäftsleitung als geeigneter Mann zur Durchführung des Auslandsgeschäftes empfohlen. Er nahm das ihm unterbreitete Angebot prompt an und zog am Schottentor innerhalb der Effektenabteilung einen Ein-Mann-Betrieb auf. Erst später unterstützten ihn drei Mitarbeiter.

Die Vorstellungen von einem Auslandsgeschäft waren zunächst recht vage. Adäquate Vorlesungen dazu gab es an der Hochschule für Welthandel damals nicht. Erst Jahre später konnte Hekele sich dort über die Devisenbuchhaltung informieren. Man machte genau dasselbe wie er, nur unter anderer Bezeichnung.

Alles, was heute als Selbstverständlichkeit im Auslandsgeschäft gilt, mußte von Hekele erst mühsam aufgebaut werden. Das galt auch für den Aufbau eines Valutengeschäftes. Es war wohl devisenrechtlich möglich, Lire oder DM zu kaufen, man mußte zu diesem Zweck allerdings noch zu einer Bank gehen.

Hekele begann seine Tätigkeit mit dem Verkauf von Valuten. Er bediente die Kunden mit Fremdwährungsnoten und stellte Österreichern, die ins Ausland reisten, die sogenannte Touristenquote zur Verfügung und trug sie in den Reisepaß ein. Die Noten kaufte er damals von der CA und verkaufte sie weiter. Die Filialen erhielten die meist telefonisch georderten Valuten fix und fertig mit der Schillingbelastung. Innerhalb der Buchhaltung waren für derartige Manipulationen noch keine Verbuchungsmöglichkeiten vorhanden. Diese mußten wie auch die notwendigen Formulare selbst erst geschaffen werden.

Wenn es vorkam, daß Girokonteninhaber Auslandsüberweisungen durchführen wollten, so war es damals noch notwendig, dafür eine Devisengenehmigung einzuholen. Darüberhinaus gab es einen zentralen Zahlungsverkehr über die

Notenbank. Auf Formularen der Nationalbank mußte der jeweilige Zahlungsauftrag angeführt werden. Dieser wurde dann von der Notenbank beurteilt und genehmigt oder abgelehnt. Der dezentrale Zahlungsverkehr wurde erst nach 1955 eingeführt.

Hekele erinnerte sich in unserem Gespräch noch lebhaft an sein erstes Dokumenteninkasso. „Da kam eine Dame, hat mir ein Paket Papiere hingelegt und gesagt, daß sie mir das zum Inkasso bringe. Ich habe überlegt und bin allmählich dahintergekommen, was sie wollte. Ihre Firma hatte eine Lieferung gemacht und wollte vom Käufer nun das Geld haben. Es handelte sich um ein reines Dokumenteninkasso ohne Bevorschussung. Da der Geschäftspartner glücklicherweise eine deutsche Firma war, nahm ich das deutsche Sparkassenverzeichnis und suchte nach der nächstgelegenen Sparkasse. Das war die Frankfurter Sparkasse von 1822. Der habe ich einen Brief mit der Bitte um Inkasso des Betrages und Weiterleitung an uns über die Notenbank geschrieben. Das hat funktioniert. Man schickte mir eine Empfangsbestätigung sowie ein Formular, das ich mir sofort abpauste. Auf diese Weise habe ich nach und nach die entsprechenden Formulare zusammenbekommen."

Anfang der fünfziger Jahre veranstaltete ich einen Kurs zum Thema Devisen, zu dem ich Spediteure, Devisenhändler und Nationalbankmitarbeiter als Vortragende eingeladen hatte. Darunter war auch Prof. Heinrich von der Hochschule für Welthandel, der über die ersten Integrationsbestrebungen in Europa sprach. Zuhörer waren vor allem Sparkassenkollegen. Insbesondere das Thema Frachtdokumente im Akkreditivverkehr wurde gründlich besprochen.

Seinerzeit waren große Akkreditive bei Geschäften der verstaatlichten Industrie üblich. Meist waren es Maschinenlieferungen in der Größenordnung von 80.000,- bis 100.000,- Pfund. Das waren für die damalige Zeit große Beträge. Ähnlich wie im Wechselgeschäft mußte man sich bei den Akkreditiven streng an die Formulierung halten. Durch Schlampereien kam es hier oft genug zu Schwierigkeiten. Schließlich wurde zur Kontrolle und Regelung des Akkreditivverkehrs ein Außenhandelsausschuß im Verband eingerichtet.

Die Zeit, bis unsere Auslandsabteilung das nötige Wissen erworben hatte, war hart. Im Sparkassensektor war ebenfalls kein Know-how vorhanden, und bei den Banken konnte man im Namen der Zentralsparkasse keine Erkundigungen einziehen. So war jedes neue Geschäft ein Abenteuer. Aber im Laufe der Zeit wurde alles zur Routine, und Fehler fielen sofort auf. Hekele und seine Mitarbeiter gewannen langsam große Erfahrung.

Mit der Übersiedelung in die Wipplingerstraße wurde Hekele stellvertretender Leiter der Auslandsabteilung. Dkfm. Prause wurde als Leiter der Auslandsabteilung bestellt und ihm quasi vor die Nase gesetzt. Prause tat sich jedoch bei diesem Geschäft sehr schwer, und schon nach zwei Jahren löste Hekele ihn als Leiter ab.

Damals benötigte man aufgrund der Schwierigkeiten des Zahlungsverkehrs als Manager viel mehr Phantasie als heutzutage. Das zeigte sich etwa an Hand der Switch-Geschäfte, die von Hekele in Wien für den gesamten Sparkassensektor abgewickelt wurden. Es war ein grundlegender Fehler von der Girozentrale, daß sie zu spät in dieses Geschäft eingestiegen ist. Dadurch verselbständigten sich die Sparkassen soweit, daß die Entwicklung nicht zurückzuschrauben war. Wenn jemand seinen eigenen Apparat aufbaut, dann nützt er ihn auch.

Ich habe die Girozentrale immer wieder darauf hingewiesen, sich einen Vorsprung zu erarbeiten. Ich wollte vermeiden, daß die großen Anstalten die Girozentrale eines Tages nicht mehr benötigten. Genau das war aber später der Fall.

Mit den Banken gab es jahrelang keine Probleme. Wir ließen sie nicht zu unrecht im unklaren darüber, was wir tatsächlich auf dem Gebiet des Auslandsgeschäftes taten. Auf diese Weise konnte die Zentralsparkasse eine Marktnische finden, indem sie die erste Anstalt war, die in Prag, Budapest und Warschau Kredite anbot. Besonders gut erinnere ich mich an ein großes Polen-Geschäft, das wir zusammen mit einer Wiener Privatbank abwickelten. Wir placierten damals 300 oder 400 Mio. Schilling. Und alles wurde pünktlich eingelöst. Heutzutage gehören derartige Transaktionen zum geschäftlichen Alltag. Ohne das Engagement von Dir. Hekele, der seit 1981 seinen wohlverdienten Ruhestand genießt, hätte sich der Erfolg in diesem Geschäftsbereich der Zentralsparkasse aber wahrscheinlich nicht so rasch eingestellt.

3.7. Die Einführung der EDV

Die Elektronische Datenverarbeitung brachte für den Sparkassenbetrieb enorme Umwälzungen mit sich. Für die Zentralsparkasse selbst war es ein Abenteuer, die ersten am Platz zu sein, die ein derartiges Experiment wagten. Wir verfügten zwar über Informationen von den deutschen Sparkassen, die auf diesem Gebiete bereits tätig geworden waren. Vor allem waren dies aber Berichte über Schwierigkeiten mit den gewählten Systemen oder mit den umgestellten Geschäftssparten. Wir betraten das sich eröffnende Neuland mit unsicheren Schritten. Die rasche Bewältigung des Massengeschäftes durch die Möglichkeit, eine Menge von Buchungsmaterial in relativ schneller Zeit auf die Konten zu bringen, festigte unsere Entscheidung. Außerdem konnten wir unsere Werbeaktivitäten ausdehnen, gleichgültig, ob es sich um Sparwerbung oder um das Gehaltskonto handelte.

Der Nachteil, der mir damals schon irgendwie bewußt wurde, lag in der Abstraktion des gesamten Geschäftsverkehrs. Der Wegfall des Kontoblattes sollte zu einem unpersönlicheren Verhältnis zwischen den Angestellten und den Kunden führen. Konnte die Bonität eines Kunden bisher mit einem Blick auf das Kontoblatt beurteilt werden, so erschwerte die EDV diese Kontrollmöglichkeit zunächst enorm. Natürlich war es möglich, die einzelnen auf Magnetbändern abgespeicherten Buchungen abzurufen, prima vista aber waren sie für den

Angestellten nicht sichtbar. Das brachte ein Umdenken der Mitarbeiter mit sich, die sich dieser Gegebenheit anpassen mußten. Anfangs führte das zweifellos auch zu gewissen Schwierigkeiten mit den Kunden, denen die gewohnte prompte Auskunft nicht mehr gegeben werden konnte. Bald aber kam es zu einer Gewöhnung an diese Unbequemlichkeiten.

Die Grundlage dieser Entwicklung in der Zentralsparkasse war bereits früher geschaffen worden. Seit dem Jahr 1927 hatten wir in bezug auf die Anlage der Buchhaltung und die Bewegungen auf den Konten eine recht gute Organisation. Aber es handelte sich um ein System der Registrierkassen, das für den Zahlungsverkehr nicht besonders günstig war. Die Kontoauszüge waren alles andere als bequem. War es für die damalige Zeit immerhin der erste Schritt zu einer gewissen Automation gewesen, so war der sich entwickelnde Massenverkehr damit kaum noch zu praktizieren. Ich stellte deshalb immer wieder Überlegungen zur Eindämmung des Massenverkehrs an, um Schwierigkeiten in der Personalpolitik durch die Aufnahme von zusätzlichem Personal zu vermeiden. Die Rentabilität der Anstalt hätte dadurch wohl schweren Schaden erlitten.

Aber die Entwicklung sollte anders verlaufen: Anläßlich einer Betriebsbesichtigung in der Girozentrale – ich war damals schon Präsident dieser Bank – führte mich Generaldirektor Dr. Slaik durch das Haus, um mir zu zeigen, an welchen Punkten es räumlich verändert werden sollte. Wir kamen auch in die Depotbuchhaltung. Dort saß ein junger Mann an der Schreibmaschine. Da ich den Kontakt zu den Mitarbeitern immer gerne pflegte, ging ich zu ihm hin und fragte ihn nach der Art seiner Tätigkeit. Ich erfuhr, daß er ein Nummernverzeichnis erstellen und wenn er fertig sei, es noch einmal schreiben sollte. Meine Frage nach der Notwendigkeit einer derartigen Wiederholung beantwortete der Angesprochene mit dem Argument, daß es sich wohl um eine Art Arbeitsbeschaffung handeln müsse. Wir waren beide, Generaldirektor Slaik und ich, über diese dumme Antwort erstaunt. Dumm war in diesem Fall allerdings nicht der Sprecher, sondern der Auftraggeber. Ich begann, mich für den jungen Mann zu interessieren und erfuhr seinen Namen. Er hieß Dr. Karl Vak, war Jurist und seit einiger Zeit in der Girozentrale ohne adäquate Beschäftigung tätig. Spontan beschloß ich, den offensichtlich sehr intelligenten Mann von dort wegzuholen. Einige Tage später rief ich ihn an und bot ihm eine Anstellung in der Rechtsabteilung der Zentralsparkasse an, was Dr. Vak prompt akzeptierte. Am 13. 8. 1955 trat er seinen Dienst in der Zentralsparkasse an. Es verging ungefähr ein Jahr, als er sich bei mir meldete und um seine Versetzung in die Organisationsabteilung bat. Ich war darüber erstaunt und fragte nach dem Grund. Als er mir dann von seinem Interesse für Fragen der Organisation berichtete, willigte ich ein und schickte ihn zunächst auf eine „Bildungsreise" durch die verschiedenen Abteilungen des Hauses mit dem Auftrag, die Wege der verschiedenen Belege auf ihre Zweckmäßigkeit zu untersuchen. Mir war schon die längste Zeit schleierhaft, wie sich der Weg mancher Belege im Haus vollzog, vor allem jener Belege, die Hauptbuchkonten bewegten, Erfolgs- oder Kostenbelege. Ich wußte von der durch jahrelange Tradition eingebürgerten Unsinnigkeit mancher Belegwege schon von der Girozentrale her.

Auf einigen großen zusammengeklebten Packpapierbögen ließ ich mir das Resultat der Untersuchung von Dr. Vak und einigen jüngeren Angestellten in der Organisationsabteilung demonstrieren. Daraus wurde zu unserer Verwunderung ersichtlich, daß große und wichtige Dispositionen oft mit einer einzigen Unterschrift erfolgen konnten, auf der anderen Seite die Bestellung von Klobesen drei oder vier Unterschriften erforderte.

Dr. Vaks Aufnahme in die Organisationsabteilung erwies sich für diese als äußerst positiv, wenn es zunächst auch zu größeren Reibereien mit den älteren Herren in dieser Abteilung kam. Schließlich vertrug man sich jedoch einigermaßen.

Nach einiger Zeit kam Dr. Vak mit dem Vorschlag der Einführung der Elektronischen Datenverarbeitung im Haus zu mir.

Innerhalb der Organisationsabteilung arbeitete man zu diesem Zeitpunkt an der Geschäftserweiterung. Die Organisation und der Umbau von Zweigstellen standen im Zentrum. Dr. Vak erkannte, daß jede weitere Ausweitung eine Frage der Abwicklungskapazität war. Unser bestehendes Buchungssystem war zwar einfach, es war aber dennoch das Haupthindernis für die nötige Kapazitätsausweitung.

Nun stand ich vor einer meiner schwierigsten Entscheidungen. Die EDV war der einzige Ausweg, um das Massengeschäft bewältigen zu können. Aber welche Konsequenzen brachte sie mit sich? Ich wußte von ihr eigentlich nur vom Hörensagen. So weit in der Physik waren wir auch in der Realschule nicht gekommen. Was war überhaupt ein Elektron? Ein unsichtbarer Bursche mit Bärenkräften, hoher Intelligenz oder strengem Gehorsam, ein Energiequantum? Was war Energie? Wie rechnet man mit dem Binärsystem? Es bedrückte mich, von dem, was da kommen sollte, so wenig zu wissen.

Im engeren Kreis der Organisations-Revolutionäre erörterten wir die Probleme, die mich beschäftigten. Meine jungen Mitarbeiter wußten über manches Bescheid, gewisse Probleme hatten sie aber noch nicht durchdenken können, weil ihnen die nötige Praxis fehlte. Allen war vollkommen klar, daß es um eine Total-Umgestaltung der Zentralsparkasse mit ungeheuren Konsequenzen ging. Aber es bestanden immerhin auch große Ängste vor dem Projekt. Was tun, um bei einem Stillstand der Maschine nicht den gesamten Geschäftsverkehr zum Erliegen zu bringen? Ich hatte in dieser Richtung von unseren deutschen Freunden einiges gehört. Schrittweises Vorgehen bei der Einführung der EDV wurde mir als Ausweg präsentiert. Ohne Sicherung des Bodens auf dem wir standen, sollte kein Neuland betreten werden. Doch schon die ersten Änderungen von Belegen zeigten, daß es einfacher sein würde, eine totale Neukonzeption durchzusetzen, als kleine Abwicklungsänderungen.

Personalpolitisch waren wir uns rasch einig, daß ein Vorgehen nur im Einvernehmen mit dem Betriebsrat erfolgen konnte. Die Sympathie für unseren Plan war allerorten ohnehin sehr gering, so daß wir hier besonders behutsam agieren mußten. Ein eigener Kollektivvertrag für die Kolleginnen, die die Lochkarten stanzten, mußte ausgehandelt werden. Das war nicht leicht zu verwirklichen, aber es gelang.

Das räumliche Problem sollte mit dem Neubau eines Institutsgebäudes gelöst werden. Die alten Räumlichkeiten hätten auf Dauer keinen Platz für den enormen Maschinenpark geboten.

Schließlich stellte sich die Frage der Finanzierung: Wie konnten die Anschaffungskosten so gering wie möglich gehalten werden, ohne an Qualität einzubüßen? Ankauf und Miete der Maschinen wurden in Erwägung gezogen. Probleme bereitete auch die Einigung auf ein System. Für den Anfang wurde an Lohnarbeit gedacht und schließlich mit zwei großen Unternehmen verhandelt. Wir entschieden uns schließlich für IBM, und Dr. Vak konnte seine Überlegungen in Amerika ausreifen lassen.

Bis dahin wußten wir aber noch nicht, wie sich das alles auf den Kundendienst auswirken würde. Würde nicht der persönliche Kontakt leiden? Würde diese Art der Rationalisierung nicht die Ratio vor die Konzilianz stellen? Ich ließ mich schließlich davon überzeugen, daß für den Kunden mehr Zeit vorhanden sein würde. Der Wegfall der Kontoblätter hatte auch tatsächlich kaum Auswirkungen auf den Kundendienst. Eines der Hauptanliegen war stets, dem Kunden den Vorrang vor dem Computersystem zu geben. Das wurde nicht nur unermüdlich gepredigt, sondern im Entwurf der Abwicklungssysteme auch berücksichtigt. Dr. Vak betonte immer, daß das immanent unpersönliche EDV-System nur dann Erfolge bringen konnte, wenn es vor allem zwei Bedingungen erfüllte: Der Kunde durfte erstens von der EDV möglichst wenig bemerken. Dann würde er Schnelligkeit und verbesserte Auskunftsbereitschaft auch entsprechend honorieren. Zweitens durfte man nicht in die Technik verliebt sein.

Neben der Kundenbetreuung war das Hauptziel natürlich die Senkung der Kosten. Darauf wurden wir schon sehr früh aufmerksam, denn die riesigen Belegmengen zwangen zu intensiven Anstrengungen, sonst wäre die EDV zu teuer geworden. Diese frühe Konzentration auf die Abwicklungskosten ist der eigentliche Grund für den Rentabilitätsvorsprung der Zentralsparkasse, der bis heute besteht. Die Konkurrenz beneidete uns immer um unseren Vorsprung und sah die Sparerstruktur der Zentralsparkasse als unverdienten Vorteil an. Dieses Argument ist völlig unzutreffend. In Wahrheit sind die kleinen Einleger eine Kostenbelastung, wenn die Abwicklung nicht adäquat ist. Nur wegen dieser kostenadäquaten Abwicklung konnten wir auch eine echte Sparkasse und für die kleinen und kleinsten Sparer offen bleiben.

Eine Reihe von Fragen und Problemen stand also im Raum. Ihre Beantwortung und Lösung konnte nicht in jedem Fall prompt erfolgen. Es sollte sich später herausstellen, daß ich eine Frage damals leider zu wenig beachtet hatte: Wie wirkt sich diese neue Form der Geschäftsabwicklung auf den Spargirosektor aus? Vielleicht hätte ich damals als Girist mit der Einbeziehung des gesamten

Sektors in ein einziges EDV-Netz noch einen Schritt weitergehen sollen. Über die Girozentrale wäre die Finanzierung dieses Systems sicherlich möglich und die Vernetzung aller Girostellen ein lohnenswertes Ziel gewesen.

Aber so gingen alle ihre eigenen Wege und leiteten damit das Ende einer Entwicklung ein, die uns vom ursprünglichen Ziele entfernte. Das scheint zumindest aus heutiger Sicht so zu sein.

Durch die Übernahme der EDV boten sich der Zentralsparkasse viele Erleichterungen, die sich befruchtend auch auf andere Sparten auswirkten. Eine geschäftspolitische Gefahr bestand lediglich darin, daß das, was mittels EDV nicht organisiert werden konnte auch nicht praktiziert wurde. Auch die Versorgung der Geschäftsführung mit Informationen, um Entschlüsse zu erleichtern, hatte begrenzte Möglichkeiten. Gerade in diesem Punkte konnte ich Dr. Vak nicht immer folgen. Die Entscheidungen eines Managers sind nicht mechanisch organisierbar. Seine Phantasie muß immer in der Basis durch die Eingabe von Daten beeinflußt werden. So löst der Instinkt die Gleichung mit den vielen Unbekannten manchmal eher als rationale Erkenntnis.

Unser hochgestecktes Ziel wurde schließlich erreicht. Am 9. Oktober 1967 luden mich Dr. Vak und seine Mitarbeiter zu einem festlichen Akt in die Zweiganstalt Landstraße ein und übergaben mir das Sparkassenbuch Nr. 4550022 mit dem Saldo von 1 Schilling. Im Text stand: „Die Buchung in diesem Sparkassenbuch wurde anläßlich der offiziellen Einführung des Z-Online-Systems am 9. Oktober 1967 vorgenommen."

Ich habe in meinem Leben einige Male Menschen bewundert, die hartnäckig ihre Ziele verfolgt und erreicht haben. Besonders für Dr. Vak gilt das und auch für seine Mitarbeiter, die heute führende Positionen in der Kreditwirtschaft bekleiden. Dr. Vak mußte ohne Verschulden seinen frühen Ruhestand wählen, seine Leistungen aber wirkten fort.

Dr. Vaks schriftliche Stellungnahme zu Fragen der Einführung der EDV in der Zentralsparkasse ist in die obigen Ausführungen eingearbeitet. Zur damaligen Organisation des Z-Zahlungsverkehrs und des Z-Service und zu seiner Entwicklung nach meiner Zeit als Generaldirektor der Zentralsparkasse kommt im folgenden der Vorstandsvorsitzende der Bank Austria AG, Direktor Walter Heinrich, zu Wort. Er ist jenes Vorstandsmitglied in der heutigen Bank Austria, das für den gesamten Organisationsbereich verantwortlich ist. Ihm kommt eine entscheidende Rolle bei der Einführung von organisatorischen Neuerungen zu.

Direktor Heinrich trat am 17. Jänner 1955 in die Zentralsparkasse ein und begann noch am selben Nachmittag nach einer Kurzeinschulung in der Zweiganstalt Radetzkyplatz auf der Buchungsmaschine National 2000 zu buchen.

Heinrich: „Ich hatte einige Schwierigkeiten, weil für mich als Realgymnast ‚Soll und Haben' ein Roman von Gustav Freytag war. Aber daß das eine rechts und das andere links stand, daran mußte ich mich erst gewöhnen. Grundsätzlich haben wir damals in bescheidenem Maße auf der National 2000 Girokonten neben Sparkonten gebucht.

Die Girokonten waren große weiße Kartonkarten. Die Auszüge hatten die gleiche Größe und wurden immer im Doppeldruck gemacht. Je nachdem in welcher Zeile die Buchung erfolgte – ein Konto hatte 26 Zeilen –, stand sie dann auch am Kontoauszug. Ich erinnere mich, in den ersten Jahren die meisten Kontonummern auswendig gewußt zu haben. In der Zweigstelle Steinbauergasse begannen wir damals schon mit dem Buchen im Netz. Ziel war das, was später die Sparkassen ausgezeichnet hat: das Halten von Umsätzen im Sparkassennetz. Mit Hilfe der Fakultativklausel, die ein wesentlicher Bestandteil des Giroverkehrs war, buchten wir Geldanweisungen auf Sparkassenkonten."

Die Fakultativklausel gibt der Geldanstalt am Sitz des Empfängers die Möglichkeit – auch wenn ein anderes als das eigene Konto angeführt ist –, die Gutschrift auf ihrem Konto vorzunehmen. Sollte dies ausgeschlossen sein, muß die Fakultativklausel gestrichen werden.

Die Zentralsparkasse war durch die Buchungsmaschine National 2000 und die Einführung der Buchungskarten in eine Vorreiterstellung geraten. Vor allem die Schnelligkeit des Systems durch die dezentrale Bearbeitung der Geschäftsfälle war beeindruckend, indem nur noch die gesammelten Summen an die Hauptbuchhaltung geschickt wurden. Über die Zentrale erfolgte eine einfache Ausgleichsbuchung. Die Belege und die Verrechnung gingen direkt von Zweigstelle zu Zweigstelle.

Vor dem Hintergrund dieser Vorreiterposition ist auch die Tatsache zu sehen, daß die Zentralsparkasse damals alle notwendigen und heute noch teilweise gebräuchlichen Vordrucke für den eigenen Zahlungsverkehr und den der Sparkassenorganisation entwickelt oder mitinitiiert hatte. Die Weiterentwicklung der EDV und andere technische Errungenschaften nach meinem Ausscheiden machten es nur noch notwendig, die vorgegebenen Vordrucke diesen veränderten Gegebenheiten anzupassen.

Heinrich zur Entwicklung der Automation im Vordruckwesen: „Ich wechselte 1959 in die Organisationsabteilung, wo ich mit dem damaligen stellvertretenden Abteilungsleiter Dr. Vak zusammenarbeitete. Die ersten Umstellungen betrafen die Teilzahlungskredite, die wir noch in Lohnarbeit bei einer Buchungsfirma mit EDV machen ließen. 1960 begannen wir, den Sparverkehr auf das Lochkartensystem mit der Verbundlochkarte umzustellen, die aber noch mit der National 2000 bedruckt wurde. Das war ein Mischverfahren zwischen dem Lochkartensystem und dem alten Verfahren.

Als das dann funktionierte, wandten wir uns dem Giroverkehr zu. Hier erwartete uns eine der größten Umstellungen, weil wir schon auf die Buchungsmaschine National 2000 verzichten mußten. Es war ein Teilabschied, da sie im Spargeschäft noch etwas länger eingesetzt wurde. Im Girogeschäft wurden die Belege nun in Sammlern an die Zentrale geschickt und dort die sogenannte Locherei aufgebaut. Schließlich kam der große Schritt: das sogenannte unbare Geschäft. Jede Zweigstelle hatte damals ein Postsparkassenkonto und ein Konto bei der Girozentrale. Die erhaltenen Belege wurden dezentral gebucht und der

Kontoauszug verschickt. Später zentralisierten wir auch diesen Arbeitsschritt und erzielten damit eine wesentliche Erhöhung der Rationalität und Schnelligkeit. Der von uns ausgedruckte Kontoauszug wurde entweder an die Zweigstelle geschickt oder ging auf dem Postweg direkt an den Kunden. Ganz wesentlich ist zu erwähnen, daß zur gleichen Zeit eigentlich erst das Gehaltskonto populär wurde. Ich kann mich noch gut erinnern, daß wir in der Organisationsabteilung die ersten waren, die ihr Gehalt, das früher noch bar an der Kassa in der Zentralsparkasse ausbezahlt wurde, auf ein Girokonto bekamen."

Der Spargiroverkehr umfaßte nicht nur den Überweisungsverkehr, sondern auch den Scheckverkehr. Aus grundsätzlichen Erwägungen lehnten wir aber die Forcierung des Scheckverkehrs ab, weil wir der Meinung waren, daß der Scheck mehr Arbeit macht und unübersichtlich sei. Auch konnten wir uns auf die Scheckmoral der Österreicher nicht verlassen und griffen deshalb zur Maßnahme der Scheckkarte.

Früher hatte es sogenannte bestätigte Schecks gegeben. Dabei garantierte die bezogene Bank die Einlösung schriftlich auf dem Scheck. Dies wurde von der Deutschen Reichsbank abgelehnt, weil man der Ansicht war, daß es sich dabei um Bargeld handelte. Solches durfte nur von der Notenbank hergestellt und ausgegeben werden. Bei der Einführung der Scheckkarte befürchteten wir ähnliche Probleme, die aber ausblieben.

Heinrich zu dieser Umstellung: „Der Scheck wurde erst durch die Scheckkarte populär. Im Wege über einen sogenannten garantierten Tankstellenscheck setzten wir erste Maßnahmen. Kollege Höfinger und ich entwickelten damals einen Schnellscheck, bei dem man die kleinen Beträge in Worten weglassen und nur in Ziffern hinschreiben mußte. Wir begannen mit einigen Benzinfirmen, die von uns garantierte Schecks bis 300,– Schilling akzeptiert haben.

Diesem ersten Schritt folgte die Verbindung mit einer Karte. In Deutschland gab es schon längere Zeit Bewegungen für die Scheckkarte, die dann auch in Österreich schrittweise einsetzten. Wir sprachen auch mit anderen Instituten, mit der Ersten Österreichischen Spar-Casse und der Creditanstalt, so daß wir schließlich von unserem garantierten Scheck, der fast ein Jahr lang im Umlauf war, zur gemeinsamen, rot-weiß-roten Scheckkarte und damit zum Scheckzahlungsverkehr fanden. Das war aber keine gegenläufige Bewegung zum Überweisungsverkehr, sondern ein Ersatz für das Spargeschäft, da die Bezahlung vorher auch nicht per Überweisung erfolgte, sondern bar."

Heute ist die Girokarte Nr. 112, die zum Zahlschein umfunktioniert wurde, Banküberweisungsträger für alle Banken. Diese Entwicklung ging damals von der Zentralsparkasse aus. Ich kann mich an tagelange Auseinandersetzungen in der Betriebswirtschaftlichen Arbeitsgemeinschaft erinnern, bis wir uns zu diesem idealen Zahlungsinstrument durchgerungen hatten. Ergebnis war der Spargirozahlschein, jener berühmte rosa Zahlschein, der von den Sparkassen verwendet wurde. Nach meinem Ausscheiden aus der Zentralsparkasse wurde Jahrzehnte später der überall verwendbare Einheitszahlschein gemeinsam mit allen anderen Banken entwickelt. 1992 schließlich schuf man einen neuen Einheitszahlschein, der Zahlschein und Überweisungsauftrag in einem ist. Er ist zwar maschinell lesbar, seine Kundenfreundlichkeit – besonders für ältere Menschen – wage ich jedoch anzuzweifeln. Posterlagschein und Bankenzahlschein wurden nach gewissen EDV-Kriterien unter einen Hut gebracht. Der neue Zahlschein ist zweiteilig mit einer Bestätigung für den Kunden und einem Arbeitsbeleg, der von den Instituten mikroverfilmt werden kann und den internen Beleg ersetzen soll.

Heinrich zu weiteren Entwicklungen: „Im Zusammenhang mit dem Überweisungsverkehr ist auch der Dauerauftrag zu erwähnen, der heute große Bedeutung erlangt hat. Wir konnten die explodierenden Überweisungen durch den Dauerauftrag wieder automatisieren. Die Anzahl an Transaktionen bleibt zwar gleich, ist aber für die Bank und auch für den Kunden wesentlich komfortabler abzuwickeln. Für den Kunden bietet sich der Vorteil, daß er ständige Zahlungen nicht vergessen kann, für die Bank, daß die Datenerfassung entfällt.

Das Gegenteil des Überweisungsverkehrs ist der Einzugsverkehr. Auch den gibt es wieder individuell, indem der Kunde die Bank mit Einzügen beauftragt. Der Zahlungspflichtige kann aber auch dem Zahlungsempfänger die Ermächtigung zum Einzug von Beträgen geben. Das läßt sich wie beim Dauerauftrag an gewisse Termine binden, etwa bei Strom- und Gaszahlungen, Telefon etc. Es ist auch möglich, daß zwei Geschäftsleute vereinbaren, bei regelmäßigen Lieferungen den Geschäftspartner zum Einzug der Beträge zu ermächtigen."

So vielfältig die Änderungen beim Zahlungsverkehr waren, beim Valutengeschäft änderte sich im Laufe der letzten dreißig Jahre am wenigsten. Nach wie vor gibt es Kauf und Verkauf mit dazugehöriger Abrechnung. Einzig das unbare Geschäft – Reisescheck und Kreditkarte – machte eine rasante Entwicklung durch.

Heinrich: „Wir und alle anderen österreichischen Banken handeln nur noch mit Reiseschecks von Reisescheckverkäufern, weil wir als Aussteller hohe Schäden durch Verlust oder Diebstahl hatten und wir dem Kunden gegenüber eine Garantie geben mußten. Das ist der Grund, warum es keinen Schilling-Reisescheck mehr gibt. Es ist aber erstaunlich, daß das Reiseschkgeschäft noch immer gut geht, da ja die Konkurrenz der Kreditkarte vorhanden ist. Die Akzeptanz von Reiseschecks ist weltweit sehr unterschiedlich. In Amerika kann man in jedem Supermarkt damit zahlen und bekommt sogar noch den Rest heraus, in Italien kann die Einlösung eines Reiseschecks zur Odyssee werden. Man geht jetzt hauptsächlich auf die Kreditkarte über, vor allem weil man international damit auch an Automaten Bargeld beheben kann. In Europa erfüllt natürlich auch die Euroscheckkarte – auch mit Automatenbenützung – diese Funktion. Mit ihr kann man heute fast überall in Europa zahlen und Bargeld beheben.

Speziell in Österreich gibt es derzeit schon ein paar hundert Bankomatkassen – hauptsächlich bei Tankstellen –, wo man einkaufen kann und den Rechnungsbetrag direkt mit der Scheckkarte und einem dazugehörigen Code vom Konto abbuchen lassen kann. Das ist im Prinzip dasselbe wie die Scheckkarte, nur fällt das Ausstellen des Schecks weg, die Karte wird durchgezogen, Sicherheitscode und Betrag werden eingetippt und dann abgebucht.

Man sollte vielleicht auch noch erwähnen, daß wir durch den Einsatz der EDV einen weiteren Meilenstein im Giroverkehr gesetzt haben – das Telebanking. Eine ganze Reihe von kommerziellen Kunden wickelt ihren Zahlungsverkehr bereits ausschließlich über die EDV ab. Der Kunde übermittelt zum Beispiel aus seiner Buchhaltung oder seiner Lohnverrechnung die Aufträge über seine EDV via Telefonleitung an unseren Computer in der Bank, der sie dann ausführt. Es gibt keinen Zahlschein, keine Überweisung und umgekehrt auch keinen Kontoauszug mehr. Auch die Zwischenlösung mittels Diskette oder einem anderen Datenträger ist möglich.

Eine von uns durchgeführte Erhebung hat ergeben, daß in absehbarer Zeit 100% aller Kommerzkunden daran denken, in dieses System einzusteigen. Natürlich gibt es diese Möglichkeit auch für Privatkunden, sie wird aber noch wenig genutzt. Wir setzen eigentlich primär auf den Geschäftskunden, da der Einsatz für Privatkonten derzeit noch eher begrenzt ist."

Für mich war der Spargiroverkehr immer das große Band, das die Sparkassen und die Girozentrale zusammengehalten hat. Mit dem Spargiroverkehr haben wir den Sektor aufgebaut. Und nur so konnten die Sparkassen den Schritt in das moderne Bank- und Dienstleistungsgeschäft machen. Der Mythos Spargiroverkehr für die Sparkassen wurde eigentlich, um es drastisch auszudrücken, durch die Technik umgebracht. Der Spargiroverkehr hält die Sparkassen nicht mehr zusammen, und die Girozentrale sieht ihre Funktion nicht mehr darin, die Sparkassen zusammenzuführen und mit ihnen ein Netz aufzubauen, um vor allem Giroeinlagen zu erzeugen.

Heinrich zu der Bedeutung, die er dem Spargiroverkehr heute zumißt: „Girozentrale und Sektorverbund existieren in ihrer ursprünglichen Konzeption aus verschiedenen Gründen nicht mehr. Einer davon ist die Technik: das Ausnützen der Fakultativklausel wird immer schwieriger, weil die einzelnen Aufträge oft nicht mehr manuell bearbeitet werden und sofort an die jeweils angegebene Bankverbindung gehen. Wir versuchen natürlich bei Daueraufträgen, sie im Haus zu halten. Im Hinblick auf die anderen Sparkassen ist das aber nicht mehr möglich.

In vielen Einzelschritten wurde diese Entwicklung besprochen, wobei immer mehr zurückgenommen wurde. Zwar ist das Interesse an den Giroeinlagen, das Interesse, die Zahlungen im eigenen Haus, im eigenen Netz zu halten, nach wie vor da. Nur ist es einfach bei der heute existierenden Masse in der Form nicht mehr verkraftbar. Deshalb wurde in den letzten Jahren in zunehmendem Maße versucht, die Kunden dazu zu bewegen, die richtige Bankverbindung selbst anzuführen. Primär geschieht das durch den Verkauf. Die Mitarbeiter in den Zweigstellen versuchen, den Kunden dazu zu bringen, auf sein Briefpapier

„Bank Austria" zu schreiben, so daß der Ansatz schon wesentlich früher erfolgt. Der Überweisungsträger soll bereits über die richtige Bankverbindung verfügen. Denn dadurch behalten wir ihn im Haus, haben aber viel weniger Arbeit mit ihm."

Wie aber sieht die Zukunft aus? Mit Blick auf den Gesamtsektor ist es natürlich richtig, präsent zu bleiben. Schon deshalb, weil dasselbe Geld zweimal veranlagt werden kann, denn die Girozentrale kann mit den Einlagen der Sparkassen wiederum eigene Kreditgeschäfte machen. Das Zweistufenprinzip erscheint mir als das fruchtbarere.

Heinrich: „Ich meine, daß der Sektorverbund eine sehr schwierige Sache ist, weil sehr viele Sparkassen bis heute nicht verstanden haben, worum es geht. Jeder vertritt seine lokalen Interessen und seine persönlichen Eitelkeiten. Aber sicherlich kann man eines sagen: Wir gehen davon aus, daß wir auf Basis des Giroverkehrs durchaus weiter unsere Kundenbeziehungen pflegen, d. h. der Zahlungsverkehr ist für uns weiter die Drehscheibe der Kundenverbindung. Was wir aber versuchen, ist seine Rationalisierung. Das erwartet die Öffentlichkeit auch von uns.

Heute werden unsere Kunden selektiv bearbeitet und Kundenbetreuern zugeteilt, die dann 300 bis 1.000 Kunden sehr individuell betreuen können. Zusätzlich werden die Kunden angeschrieben, etwa mit Hilfe von Informationen zu Angeboten auf ihren Kontoauszügen. Mit Hilfe der EDV lassen sich diese Dinge stark forcieren. Wir können damit Kunden für neue Offerte herausfiltern, die wir aktiv schriftlich und mündlich ansprechen.

Natürlich ist auch die Präsenz des Kunden notwendig, weil wir ihn beraten und ihm etwas verkaufen wollen. Einfache Geschäftsfälle, die eigentlich nur Arbeit verursachen, versuchen wir aber auf Selbstbedienung oder Überweisungsverkehr umzustellen. Wir wollen den Zahlschein an der Kassa weitgehend vermeiden. Der Kunde soll Überweisungen tätigen, noch lieber ist es uns, wenn er Daueraufträge erteilt."

Und an welche Phase der Umstellung der Automation erinnert sich Walter Heinrich am besten?

„Ich kann mich noch sehr gut an den Tag im Jahr 1963 erinnern, wo wir den Giroverkehr mit der EDV zum ersten Mal gespielt haben. Es gab weltweit Institute, die mit einer Umstellung sehr schlecht gefahren sind. Für uns war die berühmte belgische Postsparkasse immer ein mahnendes Beispiel, die auf EDV umgestellt hat und nach drei Monaten zusperren mußte. Auch die Bausparkasse in Österreich ist einmal abgestürzt . . .

Wir hatten den ganzen Tag nach dem neuen System Belege erfaßt und eingegeben und waren sehr gespannt, ob sie stimmen würden. Zuerst waren die Differenzbeträge sehr hoch, aber schließlich haben wir es hinbekommen. Das Abenteuer war gelungen."

4. Das neue Gebäude und die ersten Wolken am Himmel

Eines Tages war es dann soweit: Durch das Massengeschäft und die EDV waren unsere räumlichen Reserven aufgebraucht. Wir standen vor der Notwendigkeit, ein neues Anstaltsgebäude zu errichten. Der dazu erforderliche Beschluß wurde innerhalb der Zentralsparkasse autonom gefaßt, d. h. es gab keine besonderen Verhandlungen mit der Gemeinde oder der Aufsichtsbehörde. Er war durch die Satzung gedeckt, die uns vorschrieb, daß die Kosten des Neubaus das Eigenkapital nicht übersteigen, also keine Einlagen zur Finanzierung herangezogen werden durften.

Da ein Umbau der vorhandenen Substanz ausgeschlossen war, galt es deshalb in erster Linie, einen entsprechenden Bauplatz zu finden.

Zunächst beschäftigte uns die Frage, ob der Sitz der Zentralsparkasse aus der Innenstadt – wo alle anderen großen Institute ihre Hauptanstalten hatten – in die Vorstadt verlegt werden sollte. Die Zentralsparkasse war seinerzeit aus der Fusion einiger Bezirkssparkassen – unter anderem jener aus Döbling und aus Währing – hervorgegangen und aus der Vorstadt in das Zentrum Wiens gezogen. Diesem Zusammenschluß verdankte sie auch ihren Namen. Was also sprach dagegen, wieder dorthin zurückzukehren, woher wir einst gekommen waren?

Als wir uns dann in den äußeren Bezirken um gute Standorte bemühten, mußten wir rasch feststellen, daß sie dort ebenso rar waren, insbesondere wenn sie auch über gute Verkehrsverbindungen verfügen sollten.

An einem Samstag Anfang 1959 befand ich mich mit einigen Mitarbeitern auf dem Dachboden eines Hauses Ecke Prinz Eugen-Straße/Gußhausstraße – dort wo heute eine Niederlassung der Raiffeisenzentralbank ist. Ich prüfte gerade die Möglichkeiten eines Dachausbaus – das Gebäude schien mir für unsere Bedürfnisse von Haus aus zu klein –, als der von uns beauftragte Makler, Josef Machek, keuchend auf dem Dachboden erschien. Machek kannte die Verhältnisse am Platz sehr gut. Er habe ein besseres Objekt, teilte er mir mit, für das wir uns aber prompt entscheiden müßten. Als ich wenig später allein mit ihm vor das Gebäude trat, eröffnete er mir, daß es sich um das Bürgertheater handle.

Das Bürgertheater verfügte sicherlich über eine exzellente Verkehrslage, besonders wenn man wußte oder ahnte, welche Bedeutung dieser Bereich des Dritten Bezirkes einmal erlangen sollte. Aber ein Theater zu kaufen, es abzureißen und deshalb als Kunstbarbar in den Mittelpunkt zu rücken, erschien mir wenig erstrebenswert.

Machek wies auf den Umstand hin, daß das Theater schon längere Zeit nicht bespielt werde und deshalb abbruchreif sei. Für das Objekt interessierte sich zu diesem Zeitpunkt auch eine Gruppe um eine große Baugesellschaft mit Verbindung zur ÖVP, die die Errichtung eines Jugendzentrums plante. Allerdings war dabei die Finanzierung noch nicht zur Gänze geklärt.

Hierin lag die Chance der Zentralsparkasse. Wollte ich sie wahren, war Eile geboten. Ich entschloß mich spontan zuzugreifen.

Nun erfuhr ich von Machek, daß ein großer Teil der Anzahlung bereits am Montag erlegt werden müsse. Kurzentschlossen fuhr ich in mein Büro zurück und rief Stadtrat Resch an, der mich anfangs als Hochstapler beschimpfte. Als ich ihm jedoch die Hintergründe meines Entschlusses und die Absichten der anderen Interessenten darlegte, sah er die Notwendigkeit zu handeln ein. Er versprach, noch am selben Tag mit seinen Gesinnungsfreunden im Verwaltungsausschuß zu sprechen und forderte mich auf, für Montag eine Sitzung dieses Gremiums einzuberufen – und zwar mit dem Signum „besonders dringlich".

Ich nutzte das Wochenende, um mich mit der Geschichte des Bürgertheaters auseinanderzusetzen. Ich konnte mich dunkel an eine im Bürgertheater stattfindende Märchenvorstellung während der Volksschulzeit meiner Tochter erinnern. Damals war mir aufgefallen, daß es anderen um die Jahrhundertwende erbauten Theatern glich.

Der damalige Bezirksvorsteher Spittaler hatte um die Jahrhundertwende die Idee, auf dem kleinen Eislaufplatz zwischen Gigergasse und Vordere Zollamtsstraße ein Theater zu errichten. Er bedauerte, daß sein Gemeindebezirk über keine eigene Spielstätte verfügte und veranlaßte gemeinsam mit dem vermögenden Bauunternehmer Lederer und dem ambitionierten Schauspieler Frontz, der am Volkstheater beschäftigt war, die Errichtung eines repräsentativen Theaters.

Der Bau schritt schnell voran, und am 7. Dezember 1905 konnte das neue „Wiener Bürgertheater" eröffnet werden. Sehr bald erkannte man, daß die Konzession, die nur Volksstücke, Schau- und Trauerspiele erlaubte, das Theater auf die Dauer nicht füllen konnte. Man suchte deshalb bei der Statthalterei an, auch Operetten aufführen zu dürfen, was nach langem Tauziehen genehmigt wurde. Das Theater florierte sehr gut und brachte eine Reihe von Erstaufführungen von bekannten Operetten und auch literarisch interessanten Stücken. Frontz führte das Theater bis zum Jahre 1923. Die Schwierigkeiten nach der Inflationszeit und die kritische Entwicklung der jungen Republik erzwangen jedoch die Schließung des Bürgertheaters; Vorstellungen fanden nur noch gelegentlich statt.

Die gutgemeinte Idee, einem Bezirk ein eigenes Theater mit einem universellen Spielplan zu geben, war gescheitert.

Seit dem Krieg stand das Theater praktisch völlig leer und war dem Verfall preisgegeben. Diese Tatsache zerstreute schließlich meine Bedenken, es abreißen und an seiner Stelle den Neubau der Hauptanstalt der Zentralsparkasse der Gemeinde Wien errichten zu lassen.

Die für Montag eilig einberufene Sitzung des Verwaltungsausschusses brachte den Beschluß zum Ankauf des Bürgertheaters. Über einen Strohmann veranlaßte ich noch am selben Tag die Übergabe der Anzahlung für das Grundstück an die

Eigentümer. Die Sparkasse war somit im Besitz des lange gesuchten Standortes. Nun konnte alles getan werden, um dort einen Neubau zu errichten, der seinesgleichen in Wien suchen sollte.

Ich beauftragte meinen Stellvertreter Böshönig, zusammen mit der Organisationsabteilung einen Raum- und Funktionsplan auszuarbeiten, der nicht nur die gegenwärtigen Verhältnisse, sondern auch künftige Entwicklungen berücksichtigen sollte. Dieser Raum- und Funktionsplan wurde eine Meisterleistung meiner Mitarbeiter. Er war die Grundlage für die öffentliche Ausschreibung eines Architektenwettbewerbes zum Neubau und zur Gestaltung des Hauses.

An diesem Wettbewerb beteiligten sich einige sehr renommierte Architekten, etwa der Linzer Prof. Artur Perotti, den ich auf Grund seiner Leistungen im Zusammenhang mit dem Wohnbau der Neuen Heimat in Linz kannte. Er war ein modern denkender Architekt, der großen Wert auf Ästhetik legte. Ich sollte ihn später als kunstbeflissenen Freund schätzen lernen und konnte in seinem Hause nicht nur Ausstellungen eröffnen, sondern auch Dichterlesungen veranstalten. Leider ist Artur Perotti vor kurzem unerwartet und viel zu früh verstorben. Über die Probleme bei der Planung und Realisierung des Neubaus der Zentralsparkasse konnte ich aber mit seinem Partner, Architekt Dipl.-Ing. Johannes A. Greifeneder sprechen. Seine Schilderungen sind in die folgenden Ausführungen eingeflossen. Greifeneder lernte Perotti nach seiner Zweiten Staatsprüfung im Jahre 1951 kennen und war anschließend zwei Monate in der Bauverwaltung tätig. Danach engagierte ihn Perotti als Bauleiter für das Parkhotel Linz. Seit damals arbeitete er mit Perotti in einer Ateliergemeinschaft zusammen. Ing. Greifeneder selbst war 3 1/2 Jahre an der Baustelle in Wien als örtlicher Projektleiter tätig.

Neben Perotti ist vor allem Prof. Appel zu erwähnen, der in Wien mit der Wiedererrichtung des Haas-Hauses und dem Hotel „Intercontinental" sein großes Geschick und seine Erfahrung mit Großbaustellen unter Beweis stellte. Er war eher traditionell in seinen architektonischen Entwürfen, man mußte aber auf Grund seiner Routine nicht befürchten, ein Abenteuer einzugehen.

Wie sich herausstellte, schlugen beide extreme Lösungen vor, die die Jury unter dem Vorsitz des renommierten Architekten Clemens Holzmeister vor eine schwere Entscheidung stellten.

Perotti ging in die Breite und kam dadurch in Schwierigkeiten mit der Baubehörde. Dieselben Schwierigkeiten hatte auch Appel, der in die Höhe ging.

Die Entscheidung der Jury fiel schließlich zugunsten des Projekts von Architekt Perotti aus. Das Neue daran war, daß ein Linzer Architekt den Zuschlag für eine Großbaustelle in Wien erhalten hatte, was von den ansässigen Architekten nicht so ohne weiteres zur Kenntnis genommen wurde.

Doch die Würfel waren gefallen. Perottis Projekt wurde im Wiener Gemeinderat mit den Stimmen der SPÖ genehmigt. Die ÖVP stimmte auf Grund der geplanten Auskragung dagegen.

Entscheidend für die Wahl des Projektes von Perotti war die Idee, keinen

Hochhausbau auf das relativ kleine Grundstück des ehemaligen Bürgertheaters zu stellen. Das hätte den Nachteil gehabt, daß sich die Nutzflächen auf viele einzelne Stockwerke aufgeteilt hätten. Perotti versuchte, das Gebäude komprimiert in der Höhe der Bebauung der Ringstraße zu halten und auf keinen Fall darüber hinauszugehen. Sehr wohl überschritt er aber die Baufluchtlinien, die die umgebenden Gassen vorzeichneten. Die nicht alltäglichen, aber architektonisch richtungweisenden Auskragungen betrugen in der Sparefrohgasse und in der Henslerstraße ungefähr viereinhalb bis fünf Meter, während sie gegen den Wienfluß zu und an der Vorderen Zollamtsstraße fast zehn Meter betrugen. Dadurch wurden die Geschoßflächen in den unteren Stockwerken in größerem Ausmaß konzentriert. Sie ermöglichten, den planerischen Wünschen des Organisationsbüros zu entsprechen, wonach Platz für die EDV und die technischen Einrichtungen geschaffen werden mußte.

Die Entscheidung, einen Stahlskelettbau zu errichten, war die logische Konsequenz des organisatorischen Konzepts, welches möglichst große, nicht durch Stützen oder Wände unterbrochene Raumgruppen in jedem einzelnen Geschoß forderte. Das Gebäude wurde als Brücke auf außenliegende Stützen über das gesamte Grundstück gestellt. Im Erdgeschoß sind nur an den beiden Seitengassen Stützenreihen, darüber liegt die Brücke, und auf der Brücke steht das eigentliche Bürogebäude. Um das verwirklichen zu können, bot damals der Baustoff Stahl die besten Möglichkeiten.

Die Baubehörde war von der Idee eines Stahlbaus nicht besonders begeistert. Das Kernproblem bestand in den baupolizeilichen Vorschriften über die Brandschutzverkleidung der Stahlbauteile; Stahl hat bekanntlich die Eigenschaft, daß er im Brandfall nicht zeigt, wann er seine Tragfähigkeit verliert, sondern ganz plötzlich in sich zusammenstürzt, wenn er die Schmelztemperatur erreicht. Das gibt es bei Holz und bei Stahlbeton nicht. Deshalb war als Feuerschutz damals als anerkanntes und bewährtes Mittel der Spritzasbest angesehen. Die Auflage des Branddirektors, die Stahlbauteile mit Spritzasbest zu sichern, verteuerte den Bau erheblich. In seinen Argumenten klang immer wieder das Trauma an, das der Ringtheaterbrand hinterlassen hatte. Obwohl ich mich lange dagegen wehrte, blieb mir schließlich nichts anderes übrig, als in den sauren Apfel zu beißen. Wirklich sauer wurde er allerdings erst 25 Jahre später, als der Spritzasbest um teures Geld wieder von den Bauteilen entfernt werden mußte.

Bald konnten die ersten Arbeiten in Angriff genommen werden, und der Aushub der Baugrube nahm rasch konkrete Dimensionen an.

Die Ausnützung des Grundstückes mußte natürlich bis in den letzten Winkel erfolgen; in den Untergeschossen waren Garagen, Magazine, die Tresore, die technischen Einrichtungen und die Archive unterzubringen. Das erforderte eine teilweise Unterkellerung der beiden Seitengassen. Durch die geforderte Konstruktionshöhe und die Anzahl der unterzubringenden Geschosse kam man sehr tief in den Boden, so daß die Liftgruben die grundwasserisolierende Tegelschicht durchstießen. An dieser Stelle war sie dünner als sonst in Wien. So strömte das

Grundwasser als gewaltiger Schwall ein. Es erforderte große Anstrengungen und hohe Kosten, unter Wasser zu betonieren und die Grube wieder dicht zu bekommen.

Nach Überwindung dieser überraschenden Schwierigkeiten mit dem Grundwasser schritt der Bau aber zügig voran. Die termingemäße Bauabwicklung war das entscheidende Kriterium für die Verwendung einer Stahlkonstruktion. Durch die Vorbereitung der einzelnen Teile der Stahlkonstruktion im Werk waren auf der Baustelle nur noch Montagearbeiten nötig. Man war weitgehend wetterunabhängig und konnte vor allem größere Weiten und Auskragungen beherrschen, die damals mittels Stahlbeton noch nicht möglich waren.

An der Stahlkonstruktion mit den verstellbaren Wänden schieden sich die Geister auch in der Frage der Schalldämmung. Es gab ganz konkrete Forderungen bezüglich der Schalldämmung zwischen den einzelnen Geschossen, aber nicht alle Materialien waren auch in der Lage, diese Forderungen zu erfüllen. Die Schalldichte zwischen den einzelnen Abteilungen erwies sich aber schließlich als ausreichend, obwohl es große Skeptiker gab, die etwa dem Stahlbeton oder Aluminium den Vorzug gegeben hätten.

Was die Innenarchitektur anlangt, ließ ich Perotti nicht alleine entscheiden, sondern stellte ihm den bekannten Architekten Prof. Anton Potyka zur Seite. Potyka war seinerzeit Hausarchitekt des Hoteliers Hübner und in Fragen der Innenraumgestaltung sehr erfahren. Anfangs war die Zusammenarbeit zwischen Perotti und Potyka etwas schwierig, doch waren sie sich bald einig, aus der Zentralsparkasse nicht ein kaltes Bankgebäude zu machen, sondern ihr einen persönlichen Stil zu geben. Potyka brachte eine Reihe von Künstlern ins Gespräch, vor allem den Metallbildhauer Leinfellner, den Maler Leherb, den Holzplastiker Prof. Unger. Bei der Auswahl der Werkstoffe ging Potyka neue Wege. Ursprünglich war eine Keramikfassadenverkleidung des Keramikkünstlers Ohnsorg vorgesehen, die aber dann nicht zur Ausführung kam. Statt dessen führte er Granit als Material zur Innendekoration und Serpentin zur Verkleidung des Stahlskeletts ein und gab damit heimischen Produkten den Vorzug. Seine Devise war: „Es muß nicht immer Carrara-Marmor sein."

Leherb lieferte für den Ausgang auf die Dachterrasse eine vielbeachtete Wandverkleidung in Form einer „Delfter Destruage" – wie er sie nannte. Er zerschnitt dafür eine seiner Graphiken, setzte sie wieder zusammen und brannte sie in Fliesenform.

Die Stahlkonstruktion benötigte relativ zarte Profile, womit großzügige Raumgruppen gestaltet werden konnten. Diese Tatsache machte sich die Konstruktion des Innenraumes zunutze, der so konzipiert war, daß man alle Wände herausnehmen konnte und die Zentralsparkasse in ein Warenhaus hätte umfunktionieren können.

Die Organisationsabteilung stellte damals die Forderung einer flexiblen Raumgestaltung. Gemeinsam mit Herrn Rejhons und Herrn Strnad vom Baubüro haben Perotti und Greifeneder, der damalige Projektleiter Ing. Sabernig und

Architekt Domenig als Designer die Idee für demontable und verstellbare Zwischenwände in einer Bauvorbereitungssitzung im Entwurfsstadium für den Wettbewerb geboren und dann auch realisiert.

Der äußerst ästhetische Neubau der Zentralsparkasse von Architekt Perotti trug mit zur internationalen Anerkennung seines Büros bei. Das Objekt wurde in der internationalen Architekturkritik sehr häufig erwähnt und vor allem gut besprochen.

Die architektonische Wirkung des Gebäudes beruht vor allem darauf, daß der Baukörper intensiv auf die mittelbare und unmittelbare Umgebung eingeht. Das Bauwerk versucht nicht, mit Massen hervorzustechen, sondern durch überlegte Proportionen und durch entsprechende Detailausbildung der einzelnen Bauglieder zu beeindrucken. Das war auch der Grund für das positive Echo, das der Bau fand.

Dimension und Proportion des Gebäudes erschienen menschlich und entsprachen meinem Versuch, die Tätigkeit der Sparkasse menschlich zu gestalten. Der verwendete Serpentin wirkte beruhigend, und auch die Innenwände aus Mahagoni, die Böden und auch die Kunstwerke fügten sich harmonisch in das gesamte Gebäude ein.

*

Baugeschichte:

Fertigstellung des Funktionsprogramms: Juni 1959
Architektenwettbewerb: März bis Juni 1960
Baubeginn: Mai 1962
Bezugstermin: Sommer 1965

Ausmaße:
Verbaute Fläche:	1.690 m²
Gesamtgebäudeflächen:	21.000 m²
Gesamtnutzflächen:	18.000 m²
Gesamtnebenflächen:	3.000 m²
Ausmaß der Kassenhalle:	1.074 m²
Ausmaß der Tresorräume:	622 m²
Umbauter Raum:	108.000 m²

Lichte Höhen: Kassenhalle: 4,40 m, Regelschosse: 2,80 m
Anzahl der Beschäftigten: derzeit 600, max. 900

Raumaufteilung:
Archivgeschoß: Klimaanlage, Archivanlagen
Garagengeschoß: Garage, Beladeräume
Tresorgeschoß: Kundentresor, Hauptkassentresor, Wertpapiertresor, Druckerei, Magazin, Garderoben

Erdgeschoß: Kassenhalle, Leseraum
1. und 2. Stock: Kredit-, Darlehens- und Dienstleistungsabteilungen
3. Stock: Datenverarbeitung, Belegbearbeitung, Postabteilung
4. Stock: Generaldirektion und Verwaltungsabteilungen
5. Stock: Verwaltungsabteilungen
6. Stock: Festsaal, Küche, Speisesaal
7. Stock: Klimaanlagen, Dachgarten

*

Die Eröffnung des Hauses fand am 11. September 1965 nach dreijähriger Bauzeit statt.

Am Vorabend lud ich alle meine Gäste – darunter sehr viele aus dem Ausland – zu einem großen Fest ins Schloß Laudon ein, obwohl Bürgermeister Marek diese Veranstaltung lieber im Rathauskeller gesehen hätte. Doch die Gärten und die herrlichen Räume des Schlosses machten den Abend zu einem unvergeßlichen Ereignis. Viele Leute aus dem internationalen Sparkassenwesen, die sich längere Zeit nicht gesehen hatten, waren gekommen, wodurch der Glanz, aber auch die gemütliche Stimmung dieses Festes noch erhöht wurden.

Die ÖVP-Fraktion des Gemeinderates hatte damals gegen den Bau gestimmt. Sie und die ÖVP-Fraktion des Verwaltungsausschusses, die natürlich eingeladen waren, fehlten sowohl im Schloß Laudon als auch am Tag der festlichen Eröffnung. Einige Tage zuvor hatte auch der damalige Finanzminister Schmitz seine bereits zugesagte Eröffnungsrede mit einer fadenscheinigen Entschuldigung wieder abgesagt. Er hatte offenbar einen diesbezüglichen Wink seitens des ÖVP-Fraktionsvorsitzenden im Gemeinderat erhalten, was er mir auf meine direkte Frage auch bestätigte. Später erfuhr ich, daß man verärgert gewesen war, weil ich einen Mitarbeiter – obwohl vorgeschlagen – nicht zum Direktor-Stellvertreter ernannt hatte. Meine Entscheidung ihn abzulehnen, entsprang aber niemals politischem Kalkül – wie man mir vorwarf –, sondern begründete sich aus einem fachlichen Qualifikationsmangel. Und selbst sein Parteifreund in der Direktion war dieser Meinung.

*

PROGRAMM
für die Eröffnung des neuen Hauptanstaltsgebäudes
der Zentralsparkasse der Gemeinde Wien,
am Samstag, dem 11. September 1965,
um 9.00 Uhr

9.00 Uhr   Eintreffen des Herrn Bundespräsidenten
                Bundeshymne

9.03 Uhr	5 Stücke für Streichorchester, op. 5
	Anton Webern
9.10 Uhr	Begrüßungsansprache
	Generaldirektor Dr. Josef Neubauer
	Ansprachen
	Bürgermeister Bruno Marek
	Bundesminister Hans Czettel
	Bundespräsident Franz Jonas
10.15 Uhr	Divertimento B-Dur, KV. 159
	Wolfgang Amadeus Mozart

Ausführende: Wiener Solisten unter der Leitung von
Professor Wilfried Boettcher

*

Anderntags erfolgte die feierliche Eröffnung. Ich war etwas boshaft und ließ als Musik nicht wie ich ursprünglich geplant hatte die Akademische Sinfonie oder ein Mozart-Divertimento spielen, sondern die 5 Stücke für Streichorchester von Anton Webern – eine etwas schwierige Kost für manche der geladenen Gäste.

Als ich dann das Rednerpult bestieg und mich – wie ich es gerne tat – darauf lehnte, brach es zusammen und trug mir unfreiwillig das Gelächter des Publikums ein. Ein freundlicher Architekt verwandelte sich in eine Karyatide und stützte während meiner ganzen Rede das Pult so, daß ich es – wenn auch behutsamer als zuvor – verwenden konnte.

Die Eröffnung gelang sehr schön, obwohl einige Gäste fehlten. Etwa Felix Slavik, der Finanzreferent der Stadt Wien, der sich das Haus nur am Vortag flüchtig angesehen hatte.

„Nachbarn neiden gern" lautet ein Sprichwort, und so blühte angesichts des neuen Hauses die Mißgunst offensichtlich sogar in den eigenen Reihen, wie ich schmerzlich feststellen mußte.

Bedauert habe ich auch, daß Bundespräsident Jonas das Haus nicht besichtigen wollte.

So zogen also die ersten Wolken am Himmel auf und begleiteten meinen zweifellos mit dem Neubau des Hauses begründeten weiteren Erfolg.

Aber wie dem auch sei: Die Zentralsparkasse entwickelte sich in diesen Jahren wunderbar. Sie wurde international bekannt und begann, großen Einfluß auszuüben. Sie entwickelte einen Sparsektor, der sowohl qualitativ als auch quantitativ gut fundiert war. Sie entwickelte – insbesondere durch den Einsatz der EDV – eine Zahlungsverkehrstechnik, die man als die modernste im Lande bezeichnen konnte. Und als Krönung errichtete sie schließlich ein Institutsgebäude, das sich sehen lassen konnte: Sie war das erste Sparkasseninstitut der Republik geworden.

Im ersten Abschnitt dieser Erinnerungen habe ich gezeigt, wie eine Großbank technisch und organisatorisch entwickelt werden kann und wie ihr Ideenreichtum ausstrahlt. Das war aber nur ein Teil des Wirkens der Zentralsparkasse. Der andere Teil waren die Ausleihungen, die Beteiligungen und die sonstigen Einflußnahmen auf Österreichs Gesellschaft und Wirtschaft, von denen der nächste Abschnitt dieses Buches erzählen soll.

Mir war von vornherein immer klar, daß die Zentralsparkasse nicht eine Universalbank wie jede andere Aktienbank werden sollte. Mich zu verdächtigen, daß ich eine Universalbank schaffen wollte, die alle Geschäfte tätigen sollte, war falsch. Mir schwebte das System der Universalbank nur in bezug auf die Serviceleistungen vor. Was aber die Finanzierungsleistungen anlangt, so sollte die Sparkasse nach wie vor dem öffentlichen Interesse dienen.

B. DIE GEFAHR DER FAHRT

1. Die Probleme des Aktivgeschäftes

1955 stand ich also an der Spitze eines großen Kreditunternehmens, ohne zuvor eine Sparkasse geleitet oder eine Funktion im Vorstand einer Aktienbank eingenommen zu haben. Ich war, was meine Tätigkeit anlangte, ein unbeschriebenes Blatt, bis auf jenen Eintrag, der meine Verdienste zur Entwicklung des Girowesens der Sparkassen verzeichnete. In politischen Kreisen war mein Name ungeläufig, insbesondere kannte ich kaum einen Funktionär der Wiener Stadtverwaltung. Nicht nur für Stadtrat Resch war es ein großes Risiko gewesen, mich zum Generaldirektor der Zentralsparkasse zu ernennen, sondern auch für mich, der ich diese Funktion ausüben mußte.

Spätestens als ich bei meinem Eintritt die letzte Bilanz der Anstalt durchblätterte und den Ziffern entnahm, wieviel die Sparkasse verdienen mußte, um die Angestellten zu bezahlen und die sonstigen Unkosten zu verdienen, wurde mir klar, daß meine Tätigkeit nicht einfach werden würde. Zweifellos verfügte ich über einen guten Mitarbeiterstab, der seine Aufgaben routiniert und sehr exakt durchführte. Aber die Verantwortung für die Entwicklung der Bank und die großen Entscheidungen waren ausschließlich in meine Hand gegeben. Schon bald lernte ich jedoch, daß die Tätigkeit an der Spitze eines Kreditunternehmens nicht allzu schwierig ist. Es sind einige grundsätzliche bankpolitische Erwägungen zu erfüllen: Die Liquidität muß gewährleistet sein, in der Kreditpolitik muß der Rückfluß des ausgeliehenen Kapitals gesichert sein und schließlich muß eine Rendite herausgewirtschaftet werden, um die Kosten der Anstalt zu decken.

Trotz aller Vorbehalte befiel mich in den ersten Monaten weder Furcht noch hatte ich Zweifel, die von mir geforderte Leistung erbringen zu können. Ich war theoretisch gut vorgebildet und besaß schon damals genügend Phantasie, um zu wissen, was in erster Linie für die Entwicklung der Anstalt zu geschehen hatte.

Ich wollte aus der Zentralsparkasse ein großes Kreditunternehmen machen, eine Sparkasse besonderer Art. Es lag mir aber fern, etwa eine Kommerzbank aufzubauen oder eine Universalbank, was man mir des öfteren nachsagte. Auch die Umgestaltung der Sparkasse in eine große Aktienbank erschien mir damals als völlig sinnlos.

Für mich war stets die Gemeinnützigkeit das Wesentliche am rechtlichen Status der Zentralsparkasse; Gemeinnützigkeit im Sinne der großen Aufgabe der Förderung der Sparsamkeit, des Aufbaus der Spargelegenheiten und der Ermöglichung von Finanzierungen, bei denen das allgemeine Wohl im Vordergrund stand: Wohnbau- und Kommunalfinanzierung, aber auch die Finanzierung der privaten Haushalte. Die Erträgnisse sollten nicht in Form von Dividenden etwaigen Aktionären ausbezahlt, sondern dem gemeinnützigen Zweck zugeführt werden. Im konkreten Fall war das insbesondere auch die Förderung kultureller Einrichtungen und die Unterstützung junger Künstler.

Mein Ziel war also die Schaffung einer Groß-Sparkasse mit starker öffentlicher Schlagseite, ohne den vorgegebenen rechtlichen Status zu ändern ...

Ich fürchtete keine Schwierigkeiten seitens des Haftungsträgers für meine Tätigkeit, und Angst vor der Konkurrenz hatte ich erst recht nicht. Ich wußte, daß ich Neuland betreten mußte, denn die bereits üblichen Gefilde der Kreditpolitik waren schon von den Konkurrenzbanken besetzt.

Neben meinem Mut und meiner guten Hoffnung hatte ich eine Reihe von Freunden sowohl in den Bundesländern als auch im Ausland, von denen ich annehmen konnte, daß sie mit mir zusammenarbeiten würden. Nicht nur, weil wir schon lange Zeit Sparkassenfreunde waren, sondern weil sie aus der Zusammenarbeit mit mir große Hilfe für ihre eigene Tätigkeit erhoffen konnten. Denn die Geldfülle der Zentralsparkasse war allgemein bekannt.

Was aber sollte mit dem vielen Geld geschehen? Wie sollte ich dieses Geld anlegen, daß es rentiert und auch wieder in die Kasse zurückfließt? Das Kreditgeschäft der Girozentrale, insbesondere das Geschäft mit privaten Kunden, war nur schwach ausgebildet gewesen. Folglich konnte ich diesbezüglich während meiner Tätigkeit bei dieser Anstalt nicht sehr viel lernen. Nicht zuletzt deshalb hatte ich meine eigene Meinung von einer Großbank in bezug auf die Organisation des Kreditwesens entwickelt.

Nehmen wir einmal an, es wäre zu Beginn meiner Tätigkeit als Generaldirektor ein potenter Industrieller zu mir gekommen und hätte mir die Bitte vorgetragen, bei der Zentralsparkasse einen Kontokorrentkredit etwa in der Höhe von 50 Mio. Schilling aufzunehmen. Nehmen wir an, sein Unternehmen hätte floriert, es wären ausreichend Sicherheiten vorhanden gewesen ...

Nun, ich hätte ihn gerne empfangen, hätte mit ihm gesprochen und hinter seine Fassade gesehen. Ich hätte ihn mit dem Kreditdirektor bekannt gemacht und diesem die Kreditunterlagen übergeben. Dann hätte ich den Kunden mit der Zusicherung einer raschen Entscheidung verabschiedet.

Der Kreditdirektor hätte den Auftrag zur genauen Überprüfung des Kreditantrages innerhalb der Kreditprüfungsabteilung erhalten. Die volkswirtschaftliche Abteilung wäre einbezogen worden, um eine Marktanalyse für die produzierten Waren einfließen zu lassen. Es wäre darüber hinaus geprüft worden, ob statistisches Material über die Firma vorläge. Drei Wochen später hätte ich einen ausgereiften Bericht erhalten, um den Kredit in die Sitzung des Aufsichtsrates zu bringen ...

Das alles klingt aus heutiger Sicht selbstverständlich, nur hatte ich damals keinen Kreditdirektor, geschweige denn eine Kreditabteilung oder einen Aufsichtsrat. Auch die diversen Nebenabteilungen des Kreditgeschäftes waren nicht vorhanden. Das was man als Kreditabteilung bezeichnen konnte, waren ein oder zwei Mitarbeiter, die im Rahmen der Kundenbetreuung den einen oder anderen

Kreditantrag entgegennahmen, an die Direktion weiterleiteten und bewilligen ließen.

Mein erstes Ziel mußte also der organisatorische Aufbau unseres Passivgeschäftes sein. Das stellte mich jedoch vorerst vor ein großes Problem: unsere Satzung ...

Da lag nun vor mir auf dem Schreibtisch eine unscheinbare braun eingebundene Broschüre, und ich blätterte darin. Von den Ausleihungen war vor allem das Hypothekarkreditgeschäft detailliert von der Besicherung über die Laufzeiten bis hin zu den anderen Modalitäten der Abwicklung vorgeschrieben. Dem entsprach die einigermaßen passable Organisation des Wohnbaudarlehensgeschäftes in der Anstalt selbst. Unverständlich war dabei einzig die Trennung in zwei Abteilungen – eine, die Darlehen gewährte und eine, die sie verrechnete. Sobald ich konnte, habe ich die beiden Abteilungen auch zusammengeführt.

Eine Geschäftskreditabteilung war in der Satzung kaum vorgesehen, und folglich gab es sie auch nicht. Gewährte man ab und zu derartige Kredite, gab man sie in der Regel als Darlehen und nicht in Form von Kontokorrenten.

Schon kurz nachdem die Sparkassensatzung im Jahre 1907 beschlossen worden war, hatte man erkannt, daß wohl der Wohnbautätigkeit geholfen werden konnte, keinesfalls aber der mittelständischen Wirtschaft. Ein Ausweg wurde im Jahre 1910 mit der Schaffung des Kreditvereines der Zentralsparkasse gefunden, der mit wesentlich lascheren Vorschriften und der Einbindung von Funktionären aus der Wirtschaft selbst eine Möglichkeit schuf, wenigstens das kleine Kreditgeschäft einigermaßen betreiben zu können. Der Kreditverein stellte eine Art Selbsthilfegruppe für kleine Gewerbetreibende dar, um privaten Geldverleihern und deren horrenden Kreditzinsen zu entgehen.

Angesichts dieser Sachlage waren meine Gedanken dahin gerichtet, das langfristige Geschäft zunächst unverändert weiterzuführen und vorerst das kurzfristige Geschäft neu aufzubauen. Deshalb klappte ich mein Satzungsexemplar wieder zu und legte es in meinen Tresor ...

Ich nahm die Herausforderung ohne Furcht entgegen, wie ich überhaupt in kritischen Situationen meines Lebens meistens kaltblütig blieb. Aber ich muß an dieser Stelle nochmals Stadtrat Resch für das in mich gesetzte Vertrauen danken, und ich freue mich, es nicht mißbraucht zu haben. Das Meer, das ich durchfuhr, war nicht immer ruhig, aber Schiffbruch erlebte ich keinen. Gefahren drohten natürlich von allen Seiten. Daß mich Neuling manche Kunden als dumm verkaufen wollten oder daß uns Kreditanträge vorlagen, deren Unterlagen ge- oder verfälscht waren, daß wir unter verschiedenen Vorspiegelungen in waghalsige Geschäftsverbindungen hineingelockt werden konnten – das war alles möglich.

Aber ich habe von vornherein dafür gesorgt, daß die Mitarbeiter, die die Kredite bearbeiteten und großteils ebenfalls neu in diesem Metier waren, ein ausreichendes Maß an Skepsis hatten. Ich muß auch an dieser Stelle wieder betonen, daß mir seitens der Gemeinde Wien nie zugemutet wurde, ein problematisches Kreditengagement zu übernehmen. Das blieb bis fast zum Schluß meiner Tätigkeit so. Aber es gab genug Grenzfälle, und von so einem Grenzfall möchte ich zunächst erzählen, um insbesondere auf die Gefahren eines empfohlenen Krediten zu verweisen.

1.1. Das Abenteuer Moosbrunn

Es war etwa drei Jahre nach meinem Eintritt in die Sparkasse, als ich eines schönen Tages einen Anruf des Bundeskanzleramtes erhielt und zu Bundeskanzler Ing. Julius Raab gebeten wurde. Er empfing mich einige Tage später in seiner netten und freundlichen Art. Raab stammte aus St. Pölten und wußte offenbar auch, daß ich ebenfalls gebürtiger Niederösterreicher war.

Nach einigen allgemeinen Phrasen kam er auf den wahren Grund für sein Interesse an meiner Person zu sprechen. Österreich hatte mit der Unterzeichnung des Staatsvertrages die sogenannten USIA-Betriebe zurückbekommen. Die USIA-Betriebe waren deutsches Eigentum gewesen und im Sinne des Potsdamer Abkommens in der Besatzungszeit von den Russen verwaltet worden. Die Republik Österreich versuchte nun, sie zu verkaufen. Im konkreten Fall handelte es sich um eine Glashütte in Moosbrunn, Niederösterreich, die von einem Österreicher erworben wurde. Die Phantasie dieses Mannes war allerdings größer als sein Wissen, sein Mut größer als seine Möglichkeiten. Aus diesem Grund traten – wie ich das später noch bei einer Reihe von Unternehmern kennenlernen sollte – Schwierigkeiten auf, die schließlich dazu führten, daß er Schiffbruch erlitt und sogar als Betrüger abgestempelt wurde.

Raab schilderte mir die Gründe, die für eine Finanzierung der Moosbrunner Glashütten AG sprachen. Obwohl die Belegschaft fast ausschließlich aus „ominösen" aber gut arbeitenden Kommunisten bestünde, müsse die Glashütte bestehen bleiben. Man könne das Risiko einer Schließung nach der Übernahme durch einen Österreicher nicht eingehen.

Auf meine Frage, warum er sich nicht an die verstaatlichten Banken gewendet habe, und meinen Einwand, daß ich kein Industriefinanzierungsinstitut sei, antwortete Raab, daß dies einerseits mit meiner Tätigkeit für die Gemeinden zusammenhänge, andererseits habe er von meinen guten Ideen auf diesem Gebiete gehört.

Nachdem Raab einen ERP-Kredit (= European Recovery Plan – Marshallplan, Kredit im Rahmen des Europäischen Wiederaufbauprogrammes nach dem Zweiten Weltkrieg) der Republik Österreich für die langfristigen Investitionsfinanzierungen der Glashütte in Aussicht gestellt hatte, erklärte ich mich schließlich zu einem Betriebsmittelkredit bereit, soferne ich ihn halbwegs besichern könne. ERP-Kredite wurden vornehmlich gewährt, um zurückgebliebene Industriezonen und -betriebe zu modernisieren. Mit der Zusicherung des Bundeskanzlers, sein möglichstes für die Gewährung der ERP-Mittel tun zu wollen, schieden wir.

Einige Tage nach meiner Besprechung mit Raab erschien der Hauptaktionär bei mir, um mir seine Vorstellungen kundzutun. Im Beisein eines meiner Mitarbeiter erfuhr ich, daß sein Betrieb das Patent einer ostdeutschen Glashütte zur Erzeugung von Profilglas verwertete. In der Bauwirtschaft sei dafür ein breites Anwendungsfeld vorhanden. Insbesondere bei Fabrikshallen oder Einkaufszentren, wo große Flächen mit einfachen Mitteln verbaut werden mußten, sei Profilglas gut zu verwenden, weil es keine komplizierte Verankerung im Bauwerk benötige.

Die optimale Verwertung des Patentes erfordere jedoch Investitionskapital, denn die Produktionsstätten der Glashütte seien veraltet. Lagerräume und Kühlbahnen müßten gebaut und die beiden Glasöfen erneuert werden. Für diese Aufwendungen strebte der Hauptaktionär die Gewährung des ERP-Kredites an, der für solche Zwecke prädestiniert war.

Zum Einkauf von Rohmaterial, hauptsächlich Glasschrott, und anderen für die Glasproduktion notwendigen Rohstoffen benötige er einen Umlaufkredit. Der ERP-Kredit sei hypothekarisch gedeckt, beim Betriebsmittelkredit stelle er sich Zessionen und Lombarde vor. An sich eine ganz vernünftige Lösung des Problems, wenn alles klappte ...

Ich besprach den Kreditantrag in der Folge in den Organen, und man hatte nichts dagegen einzuwenden. Der Kredit wurde bewilligt, und die Arbeiten liefen auf vollen Touren an, wovon ich mich ein oder zwei Mal persönlich überzeugt habe.

Von Anfang an gab es aber technische Schwierigkeiten. Die Glashütte in Moosbrunn war nicht in der Lage, das Patent in der geplanten Weise zu verwerten. Das produzierte Profilglas war spröde und zersprang bei der geringsten Erschütterung. Trotz aller Anstrengungen der Ingenieure und Arbeiter des Werkes gelang es nicht, Bauglas mit der nötigen Festigkeit zu erzeugen. Immer wieder erwies es sich als unbrauchbar und wurde der Glashütte als Schrott zurückgegeben.

Von all diesen Schwierigkeiten erfuhr ich erst sehr spät. Ich war bei einer Besprechung in der Kreditsektion der Bundeskammer, als hinter mir drei Herren saßen. Einer von ihnen war in der Kreditrevision der Nationalbank tätig, und ich hörte nur, wie er ohne sich zu genieren sagte: „Bei dem Kredit dasteeßt er si!" Ich drehte mich um, und wir sahen uns in die Augen.

Nach der Sitzung stellte ich ihn zur Rede, und er empfahl mir, vorsichtig zu sein. Denn nach dem, was er gehört habe, sei in Moosbrunn mit dem Schlimmsten zu rechnen.

Ich war natürlich alarmiert und habe mir die Kreditunterlagen vorlegen lassen. Zu meiner Bestürzung mußte ich feststellen, daß der Kredit nicht nur ausgenützt, sondern auch überzogen war und daß die Eingänge auf das Kreditkonto praktisch null waren.

Paradoxerweise war das Interesse an Profilglas noch immer groß. Ein sehr tüchtiger Unternehmer aus der chemischen Industrie etwa wollte die Glashütte trotz aller Probleme kaufen. Allerdings wollte er den Gegenwert nicht bar bezahlen, sondern mit Aktien seiner eigenen Unternehmungen. Auf diesen Vorschlag ging ich aber nicht ein, da ich nicht von einer Aktienmisere in die nächste hineingeraten wollte, obwohl die angebotenen Wertpapiere hervorragende Stücke waren. Ich wäre wahrscheinlich sehr gut durchgekommen. Aber ich mußte selbst etwas tun.

Zunächst veranlaßte ich die umgehende Pfändung eines großen Postens von Flaschen für eine alkoholfreie Getränke erzeugende Firma, um den Betriebsmittelkredit wenigstens einigermaßen zu decken. Diese Flaschen hätten im Falle eines Konkurses mit ihrem Verkaufserlös aber wohl nur einen Bruchteil des Krediteis abgedeckt.

Ich ließ den Hauptaktionär kommen, um mich von ihm persönlich vom wahren Ausmaß der prekären Situation bei der Profilglaserzeugung informieren zu lassen. Im Rahmen dieses Gespräches hörte ich schließlich zum ersten Mal, daß der ERP-Kredit nicht gewährt worden war...

Ich rügte meine Mitarbeiter im Kreditbüro gehörig, weil sie mich davon nicht in Kenntnis gesetzt hatten und ließ mir noch am selben Tag einen Termin beim Bundeskanzler geben.

Ich erzählte Raab kurz von der Situation in Moosbrunn und von unserem ungedeckten Betriebsmittelkredit und fragte ihn schließlich, warum er mich in der Frage des ERP-Kredites hängengelassen hatte. Raab sah mich kühl an und sagte: „Wissen Sie denn nicht, daß der Herr ein Gauner ist? Da können wir keinen ERP-Kredit geben." Ich fragte ihn, warum er mir das nicht gesagt habe. Er antwortete: „Ich habe mir gedacht, daß Sie selbst dahintergekommen wären."

Die Unterredung war kurz, Raab putzte sich ab und schickte mich wieder fort. Ich mußte erkennen, daß ich mich in Kreditfragen nicht auf die Zusicherung eines Politikers verlassen hätte dürfen.

Es blieb mir also nichts anderes übrig, als reinen Tisch zu machen. Dabei kam mir wieder das Glück in der Person eines Herrn Winkler zu Hilfe. Winkler war Gesellschafter bei der Klavierfabrik Hoffmann & Cerny gewesen und hatte sich wegen grundlegender Meinungsverschiedenheiten mit seinen Gesellschaftskollegen aus der Firma zurückgezogen. Von einem Bekannten erhielt er den Tip, sich an mich zu wenden, da ich jemanden suchte, um Moosbrunn wieder aus der Misere herauszubringen. Ich habe natürlich zugegriffen und hatte vom ersten Augenblick an ein gutes Gefühl.

Winkler erwies sich rasch als das, was ich erhofft hatte. Er war ein hervorragender Unternehmer, kühl, abwägend, phantasiereich und konnte mit den Arbeitern, diesen ominösen Kommunisten, wie Raab sich ausgedrückt hatte, gut umgehen. Hinzu kamen ausgezeichnete Verbindungen zu in- und ausländischen Unternehmungen.

Ich säuberte zunächst die Organe der Moosbrunner Glasfabrik, d. h. ich zog die Aktien in den Besitz der Zentralsparkasse und tauschte den Vorstand aus. Winkler wurde Vorstandsvorsitzender und einer meiner Angestellten, ein integerer Jurist, sein Stellvertreter. Den Aufsichtsrat, der bisher praktisch kaum eine Funktion ausgeübt hatte, bestellte ich ebenfalls neu.

Winkler packte das Problem sofort richtig an. Er versuchte, die Technologie in Ordnung zu bringen, was ihm überraschenderweise relativ bald gelang, indem er auch die richtigen Leute heranzog. Schon nach kurzer Zeit ließ sich die Produktion verkaufen.

In diesem Zusammenhang gebührt auch Bürgermeister Marek großer Dank. Marek war damals Präsident der Wiener Messen AG und hatte von mir gelegentlich von der Profilglasmisere gehört. Er erteilte den Auftrag, in starkem Maße Profilglas bei den damals in Bau befindlichen neuen Messehallen heranzuziehen. Schließlich wurden ganze Wände mit diesem Material verglast. Die Hallen waren hell und freundlich, und die Bauwirtschaft wurde dadurch verstärkt auf den Baustoff Profilglas aufmerksam. Die Folge war ein rapider Anstieg des Umsatzes, der nicht zuletzt durch den Export bzw. die Vergabe von Lizenzen an ausländische Firmen gesteigert wurde. Nach insgesamt zwei Jahren waren nicht nur die Verbindlichkeiten von Moosbrunn zurückgezahlt worden, sondern die Aktien hatten auch einen Wert und konnten dann sehr bald zu einem guten Kurs an eine österreichische Firma verkauft werden. Ich wehrte mich zunächst gegen den Verkauf, weil die Glashütte nun florierte. Aber Winkler riet mir dringend dazu, weil er der Meinung war, daß eine Bank in der Fertigungsindustrie nichts verloren hätte.

Winkler lehrte mich auch, zu erkennen, was ein richtiger Unternehmer im Sinne eines Wirtschaftenden ist, der sein eigenes Geld einsetzen und vermehren muß, damit er weiter investieren kann, um neuerlich Erträgnisse abzuschöpfen. Er muß immer die Nase voraus haben und wissen, was in seiner Branche wo geschieht. Er darf keine sinnlosen Risiken eingehen, nicht nach Prestige haschen, sondern muß kühl und überlegt handeln. Er muß also eine Reihe von Tugenden haben, die nicht immer zu finden sind.

Die großen Pleiten, die wir in den letzten Jahren erlebt haben, sind meistens Pleiten, die durch die Persönlichkeit des Unternehmers verursacht wurden. Unternehmerpersönlichkeiten sind nicht häufig, und Mißmanagement ist oft genug der Grund für größere Firmenzusammenbrüche, auch wenn sich diese Firmen in ihrer Branche eigentlich gut behaupten müßten.

Ich schätzte Winkler auch persönlich sehr. Er war gläubiger Jude und hat mir schon aus diesem Grunde große Achtung abgerungen. Wir führten oft lange Gespräche, in denen wir vieles über die Unsinnigkeiten der Vergangenheit reden konnten. Er war pessimistisch und glaubte nicht daran, daß die Menschen nach den vielen Jahrtausenden der Irrtümer plötzlich in unserem Jahrhundert gescheiter werden sollten ...

Moosbrunn war also das Musterbeispiel dafür, wie man es nicht machen soll. Ich sah vor allem, daß die Fürsprache eines Politikers sehr oft nur mit seinen augenblicklichen politischen Zwecken verbunden ist. Die gute langfristige Entwicklung einer Firma ist bei manchem Politiker nur am Rande wichtig. Er braucht den Augenblickserfolg, die plakative Wirkung seiner Bemühungen und seines Einsatzes. Ich hütete mich deshalb in Zukunft, mich um empfohlene Kredite zu kümmern, denn diese sind immer schlecht. Ein guter Kredit braucht keine Fürsprecher, er ist an sich interessant.

So stand ich nun da: Auf der einen Seite verfügte ich über eine Menge Kapital, hatte aber eine für das große Kommerzgeschäft unbrauchbare Satzung und folglich auch keinen Apparat für diese Geschäftssparte. Auf der anderen Seite hatte ich Erfahrungen gewonnen, die mir eine besondere Vorsicht nahelegten, weil die gesamte Wiener Kollegenschaft auf meinen nächsten Fehler achtgeben würde.

Ich schwenkte deshalb in die aus heutiger Sicht korrekte Richtung. Die Satzung der Sparkasse war hauptsächlich für den Realkredit gedacht, und hier in erster Linie für den Wohnbau. Aus diesem Grund baute ich zunächst die Wohnbaufinanzierung aus, dort hatte ich das geringste Risiko. Die Hoffnung, daß ich über den Umweg der Wohnbaufinanzierung auch den Realkredit ohne Risiken forcieren könnte, erwies sich später doch als riskant. Aber das normale Wohnbau- und Körperschaftskreditgeschäft war das ureigene Geschäft, und hier begann ich in erster Linie meine Tätigkeit.

2. Das Darlehensgeschäft

2.1. Voraussetzungen für die Wohnbaufinanzierung

Bevor ich nun auf die Entwicklung des langfristigen Geschäftes eingehe, möchte ich drei unmittelbar damit zusammenhängende Problemkreise klären: erstens die Frage der Qualität der Spareinlagen, zweitens die Frage der Laufzeiten und drittens die Frage des Zinsfußes. Alle drei Bereiche spielen nicht nur bei der Behandlung der Spareinlagen an sich eine Rolle, sondern wirken sich insbesondere bei der Gegenveranlagung, also der Finanzierung mit langfristigen Zielen aus.

2.1.1. Die Qualität der Spareinlagen

In der Vergangenheit hat man wohl zwischen Spareinlagen und sonstigen Einlagen unterschieden. Man nannte letztere oft Giroeinlagen, in besonderen Fällen bei Bindung auch Depositen.

Die Qualität der Spareinlagen ergab sich nicht etwa auf Grund gesetzlicher Vorschriften, sondern aus der Praxis der sich dieses Geschäftszweiges bedienenden Kundschaft. Wer eine Depositeneinlage erlegt oder ein Girokonto zu Zahlungszwecken eröffnet, verfolgt damit eine andere Absicht als derjenige, der Geld bei der Sparkasse deponiert, um es dort sicher verwahrt zu wissen. Der Unterschied liegt in erster Linie in der Zweckgebundenheit der Einlage. Ich halte es für Unfug, über Sparkonten Überweisungen durchzuführen oder auf Giralgeld einen möglichst hohen Zinsfuß zu vergüten. Die Sparkassengesetzgebung hat darauf Rücksicht genommen, indem sie die Spareinlagen in verschiedenen Punkten von den sogenannten Depositen oder Giralgeldern trennte. Das Volumen, innerhalb dessen die Sparkasse sich im langfristigen Geschäft betätigen kann, ist ausdrücklich mit einer Höchstgrenze von 50% der verwalteten Spareinlagen vorgeschrieben.

Dieser sogenannte Bodensatz ergab sich auf Grund langfristiger Untersuchungen über die sogenannte Rückzahlungshäufigkeit, jener Größe also, die ausweist, inwieweit Einlagen bei der Sparkasse über längere Zeiträume hinaus liegenbleiben. Diese Rückzahlungshäufigkeit ändert sich im Zuge der wirtschaftlichen und politischen Verhältnisse kaum. Sie betrug beispielsweise im Jahr 1913 33% und im Jahr 1957 32,9%. Es gibt Zeiten, in denen die Menschen stärker konsumieren und die Spareinlagen mehr in Anspruch nehmen. Aber über 50% ist die Rückzahlungshäufigkeit nie gestiegen.

Die Menschen wollen einerseits ihr Geld sicher angelegt wissen, andererseits natürlich auch Zinsen bekommen. Unsere Umfragen bestätigten aber immer wieder, daß vor allem die Sicherheit der Einlagen im Vordergrund stand.

Das gibt den Spareinlagen eine gewisse Kontinuität. Einen wesentlichen Anteil daran haben die Spareinlagen mit dem Eckzinsfuß, von denen heute soviel und nicht immer geschickt die Rede ist. Ich halte es für großen Unfug, sie etwa aus fiskalischen Gründen in die Auf- und Abbewegungen des Geld- und Kapitalmarktzinsfußes einzubinden. Ich führte seinerzeit mit meinen Kollegen in der Bundeskammer einige Male heftige Diskussionen, weil die Bankengruppe die Spareinlagen als Geld betrachtete und nur die Anleihen als kapitalmarktfähig. Ich hielt ihnen wiederholt entgegen, daß wir mit den Spareinlagen Wohnbaukredite in der Höhe von vielen hunderten Millionen Schilling mit einer Laufzeit von über 20 Jahren ohne irgendwelche Schwierigkeiten finanzieren konnten. Das Erstaunen in den Gesichtern war angesichts dieser Tatsache groß, da diese Art der Finanzierung im langfristigen Geschäft als Abenteuer angesehen wurde. Die Vergangenheit der Wohnbaufinanzierung bewies jedoch das Gegenteil.

In der Sparkassensatzung wurden die langjährigen Erfahrungen mit der Rückzahlungshäufigkeit berücksichtigt und die Möglichkeit festgeschrieben, 50% der Spareinlagen langfristig in Darlehen zu begeben, ohne in die Gefahr der Illiquidität zu kommen. Man kann also ohne weiteres behaupten, daß zumindest die Hälfte der Spareinlagen, die eine Sparkasse verwaltet, dem Kapitalmarkt zuzuzählen sind. Mit diesen Kapitalmarktmitteln sind weit mehr Wohnungen gebaut und Häuser repariert worden, als mit den dazu deklarierten Anleihepapieren. Das widerspricht auch der Ansicht, die Sparkasse wäre auf dem Kapitalmarkt nicht tätig gewesen.

Die Zentralsparkasse war somit in der Lage, den Wohnbau mit wirklich langfristigen Kapitalien zu alimentieren. Sie ging in besonderen Fällen bis zu über dreißigjährigen Darlehen, was natürlich einen großen Vorteil für den bot, dessen Wohnung vom Sparkassensektor finanziert wurde; seine Annuitäten waren viel geringer, als wenn das Geld nur kurzfristig zur Verfügung gestellt worden wäre. Natürlich mußten dafür länger Zinsen bezahlt werden, die monatliche Belastung war im konkreten Fall aber wesentlich geringer.

2.1.2. Die Frage der Laufzeiten

Da man meinte, keine Gegenveranlagung für die langfristigen Finanzierungen zu haben, indem man die Spareinlagen selbst als kurzfristiges und täglich verfügbares Geld ansah, setzte man die Laufzeiten dieser Finanzierungen leider immer mehr herab. Das entsprach der Entwicklung auf dem Kapitalmarkt selbst, wo langfristige Papiere mit Laufzeiten von 25 Jahren immer seltener geworden sind. Die Banken unterliefen die Kapitalmarktentwicklung mit der Ausgabe von sogenannten Kurzläufern – Anleihen mit einer Laufzeit von 10, 5 und jetzt sogar schon 3 Jahren, mit denen langfristige Kredite nicht finanziert werden können.

Diese Entwicklung ist meines Erachtens nach falsch, da damit ein reines Geldmarktpapier mit einem Kapitalmarktzinsfuß ausgestattet wird. Folgerichtig wäre, daß sich diese Papiere ebenfalls am Geldmarkt orientieren.

Die Folge davon ist, daß sich die Laufzeiten der Darlehen mittelfristig verkürzen. Und das wiederum bedingt eine Steigerung der Annuitäten, was letztlich zu einer Verteuerung des Wohnbaus führt. Hier wird die starre Verbindung zwischen dem Kapitalgeber und dem Kredit geradezu augenfällig.

Angesichts der Tatsache dieser kurzfristigen Veranlagungen erscheinen die Schwierigkeiten der Festsetzung sozial angemessener Mieten nur allzu logisch. Die Laufzeiten der Darlehen sollten sich ungefähr mit der Laufzeit der Abschreibung decken, denn die Abschreibung ist jene Quelle, aus der sich die Reproduktion ergibt. Dadurch ist es auch möglich, Annuitäten aufzubauen, die so niedrig sind, daß es zu einer erträglichen Mietzinsbildung kommt. Das Gestottere mit Zwischenfinanzierungen und Subventionen halte ich für eine ganz falsche Taktik. Das langfristige Geschäft sollte ruhig und übersichtlich gestaltet werden. Davon profitiert insbesondere der künftige Mieter.

Die Laufzeiten sind ein wesentlicher Punkt des langfristigen Geschäftes. Wir hatten, wie ich noch zeigen werde, sehr lange Laufzeiten bei der Neuen Wiener Wohnbauaktion versucht. Erst dadurch wurde sie zu einem echten Schlager auf dem Gebiet der Wohnbaufinanzierung.

Heute sind vor allem zwei Ursachen für das Unerschwinglichwerden des sozialen Wohnbaus für die Wohnungswerber verantwortlich: einerseits die Baukosten und andererseits die hohe Annuitäten- oder Zinsbelastung.

2.1.3. Der Zinsfuß

Die Frage der Zinspolitik geht weit über rein bankenmäßige Erwägungen der Sparkassen hinaus. Sie berührt soziale Fragen, aber auch Fragen der von den meisten Menschen angestrebten Lebensqualität.

Die schlechten Erfahrungen, die man nach dem Ersten Weltkrieg in der unmittelbaren Zeit nach der Inflation mit der Freigabe des Zinsfußes gemacht hat, bewirkten, daß man den Zinsertrag aus dem Spiel von Angebot und Nachfrage herausgenommen hat. Damals vergüteten schwache Banken nur um zu überleben und um hohe Einlagen an sich zu ziehen, einen sicherlich überhöhten Einlagenzins, der vom Publikum natürlich begrüßt wurde, die Rentabilität des gesamten Bankenapparates aber gefährdete. Mit dem Abschluß des sogenannten Habenzinsabkommens wurde sichergestellt, daß ein erhöhter Zinsfuß nicht für Wettbewerbsmanöver mißbraucht werden konnte. Die Kreditunternehmungen mit Ausnahme der Postsparkasse verpflichteten sich darin freiwillig zu einem gewissen Höchstzinssatz. Dieses Abkommen wurde über die Bundeskammer beschlossen, dem Finanzministerium als oberster Aufsichtsbehörde vorgelegt, von diesem genehmigt und quasi in den Status eines Gesetzes erhoben.

Der Gesetzgeber traf schließlich mit einem Zusatzabkommen zum Kreditwesengesetz, dem sogenannten Wettbewerbsabkommen, weiterreichende strenge Anordnungen. Die Werbung mit den Habenzinsen wurde verboten und der Anschlag der gewährten Zinsen außerhalb des Geschäftslokales untersagt. Dadurch sollte das gesamte Zinsgefüge im Einlagengeschäft in ein ruhiges Fahrwasser kommen und vor allem den Sparer nicht verwirren.

Für andere Spararten – etwa für Wertpapiere jeglicher Art – war ebenfalls eine gesetzliche Regelung vorgesehen. Diese Emissionen mußten von der Kapitalaufsicht im Bundesministerium für Finanzen unter Berücksichtigung des Zinsfußes genehmigt werden. Hier ging es vor allem darum, einer unliebsamen Konkurrenz von privaten Anleihepapieren mit Staatspapieren auszuweichen.

Jahrelang bestand kein Anlaß, am Habenzinsabkommen zu rütteln. Anfang der sechziger Jahre begann man sich jedoch plötzlich wieder für die Höhe des Zinsfußes zu interessieren. Ich erinnere mich noch gut an die Debatte, einen freien Wettbewerb auf dem Kapitalmarkt einzuleiten und ihn auch für die Spareinlagen zu öffnen. Der kleine Sparer sollte mit einem höheren Zinsertrag an der Steigerung des Kapitalertrages teilhaben können. Manche Institute glaubten dadurch höhere Einlagen zu erhalten, verfolgten aber auch die Nebenabsicht, andere Institute (vor allem die Sparkassen) stärker zu konkurrenzieren. Das Argument gegen das Habenzinsabkommen kam von gewissen Kreisen innerhalb der Kreditunternehmungen, etwa der BAWAG oder der Creditanstalt. In der Folge konnte man für diese Ideen auch die Gewerkschaft gewinnen. Insbesondere der damalige Präsident Anton Benya wurde nicht müde, immer wieder aufzufordern, den Habenzinsfuß und vor allem den Eckzinsfuß zu verbessern.

Das Habenzinsabkommen wurde als wettbewerbsverzerrend verdammt. Man sah in ihm ein Hemmnis für die Freiheit der Zinsbildung und sagte ihm einen kartellartigen Charakter nach. Da das Habenzinsabkommen seinerzeit ein freiwilliges Übereinkommen aller Bankenverbände war, kann man von einer kartellmäßigen Regulierung des Zinsgefüges wohl kaum sprechen. Schon deshalb nicht, weil das Finanzministerium in diesem Fall sicherlich einen übergeordneten Einfluß ausgeübt hat. Ausdruck der mangelnden historischen Kenntnis der Gründe, die seinerzeit zum Habenzinsabkommen geführt hatten, war die weitverbreitete Meinung, es sei von den Nationalsozialisten eingeführt worden, was seine Diffamierung noch anheizte. Nicht zuletzt mit Hilfe derartiger Argumente gelang es schließlich, das Habenzinsabkommen und damit auch das Wettbewerbsabkommen außer Kraft zu setzen.

In der Folge schraubte sich der Spareinlagenzinsfuß in Höhen, wo er auch für die Banken unsinnig wurde. Logischerweise verteuerten sich mit dem Ansteigen des Zinsfußes alle jene zum Großteil aus den Spareinlagen alimentierten Engagements, die eine sanfte zinsmäßige Behandlung verlangt hätten, allen voran Wohnbau- und Körperschaftsdarlehen. Gemeinsam mit der Verkürzung der Laufzeiten führte die Anhebung des Spareinlagen- und des Darlehenzinsfußes zu einer Schere, in die insbesondere das Realkreditgeschäft gekommen ist. Es ist deshalb nicht verwunderlich, daß der mit Hilfe von Hypothekardarlehen betriebene Wohnbau letztlich nicht mehr in der Lage war, mit dieser Entwicklung mitzuziehen. Interessanterweise haben am meisten jene Kreditunternehmen die Zinsen erhöht, die gerade für dieses heikle, wichtige und zinsenempfindliche Geschäft kaum einen Finger rührten.

Ich bin in Hinblick auf den Wohnbau immer ein Vertreter des niedrigen Zinsfußes gewesen. Ebenso habe ich immer dafür plädiert, den Zinsertrag nicht oder nur sehr mäßig zu besteuern. Der Spareinlagenzinsfuß hat mit der Währungspolitik nichts zu tun. Wer spart, spart aus ganz anderen Gründen, als derjenige, der Depositen veranlagt oder ein Girokonto eröffnet.

Natürlich kann sich der Spareinlagenzinsfuß unter Umständen zaghaft in Bewegung setzen. Aber ich halte es für völlig falsch, ihn in das Auf und Ab des Geldmarktes einzubinden. Ein hoher Spareinlagenzinsfuß verteuert die Wohnbaukredite und macht die Mieten unkalkulierbar.

Die Förderung der Kapitalbildung durch Spareinlagen, lange Laufzeiten für Darlehen und ein ruhiger, eher niedriger Zinsfuß sind die Voraussetzungen, um für den langfristigen Wohnbau- und Kommunalkredit eine solide Basis zu schaffen und wirksam in die Misere der Wohnungsnot und die Notwendigkeit der Verbesserung der Infrastruktur der Gemeinden eingreifen zu können.

2.2. Das Wohnbaugeschäft

Als ich in die als Wohnbaubank gedachte Zentralsparkasse eintrat, war mir das langfristige Hypothekargeschäft fremd. Ich hatte in der Girozentrale nie damit zu tun gehabt und ahnte damals nicht, wie kompliziert es war, obwohl es satzungsgemäß gründlich und streng aufgebaut war.

Ein Hypothekarkredit brachte für einen Darlehenswerber einen beschwerlichen bürokratischen Weg mit sich. Ansuchen zur Gewährung eines Hypothekarkredites mußten damals noch mit Hilfe eines Notars oder Rechtsanwaltes bei der Darlehenseinreichungsabteilung gestellt und abgewickelt werden. War das Grundstück nach der Realschätzordnung durch einen Sachverständigen bewertet worden (geschätzt wurde ein Mittelwert zwischen Bau- und Ertragswert), mußte die Intabulierung, die grundbücherliche Eintragung, beim Grundbuch angesucht werden. War das geschehen, so bekam der Darlehenswerber einen Grundbuchsbeschluß und den neuesten Grundbuchsauszug, auf Grund dessen eine Promesse ausgestellt wurde. Eine Promesse ist das Versprechen der Sparkasse, unter den genannten Bedingungen ein gewisses Darlehen zu gewähren. Der Darlehenswerber war selbstverständlich dazu angehalten, das Objekt feuerzuversichern und die Versicherungspolizze zu vinkulieren, d. h. die Sparkasse als Begünstigten anzuführen.

Mit diesen Dokumenten verließ der Darlehensnehmer die Darlehenseinreichungsabteilung und wandte sich an die Darlehensrechnungsabteilung. Diese prüfte die Unterlagen, eröffnete ein Darlehenskonto und brachte den Darlehensbetrag zur Auszahlung. Dabei wurde genau vorgeschrieben, zu welchem Zeitpunkt welche Zinsen- und Darlehensabstattungsraten in einer Summe – der sogenannten Annuität – zurückzuzahlen waren. Die Annuität enthielt anfangs hauptsächlich Zinsenanteile, das Kapital verminderte sich nur langsam. Erst in der zweiten Hälfte der Darlehensabzahlung änderte sich das, wenn die Zinsenlast bedeutend kleiner geworden war, so daß dann der Anteil der Kapitalabstattung größer war als jener der Zinsen.

Alle weiteren Anfragen oder Reklamationen waren an die Darlehensverrechnung zu richten. Die Darlehenseinreichung hatte mit dem Darlehen seit der Übergabe nichts mehr zu tun.

Das war ein umständlicher, für den Kunden verwirrender Weg, da die linke Hand manchmal nicht wußte, was die rechte Hand tat. Ich habe das zu einem späteren Zeitpunkt vereinfacht und die beiden Abteilungen vereinigt.

Zu den beschwerlichen Abwicklungsmodalitäten gesellte sich die Tatsache, daß ausnahmslos nur bis zur Hälfte des Schätzwertes belehnt werden durfte. Baute jemand ein Haus im Schätzwert von 1 Mio. Schilling, bekam er nur 500.000,– Schilling als Darlehen. Den Rest mußte er selbst auf den Tisch legen. Das war für private Bauherren meist kein Problem, beim sozialen Wohnbau aber eine gewaltige Hürde. Die betreibenden Genossenschaften waren dazu kaum in der Lage, da sie gemäß Promesse zuerst ihre Eigenmittel verbauen mußten und dann erst die Darlehen zugezählt wurden.

Trotz der schwerfälligen Abwicklung und der komplizierten Kontrolle lief diese Wohnbaufinanzierung aber klaglos. Wir hatten kaum Schwierigkeiten mit der Bonität der Darlehen und auf Grund der strengen Regelung kaum Verluste zu verzeichnen.

Die Wohnungsfrage stand zu diesem Zeitpunkt schon seit Jahren im Vordergrund der wirtschaftlichen und politischen Diskussion, ohne daß es gelungen wäre, eine Lösung herbeizuführen. In den Regierungserklärungen wurde immer wieder das Wohnungsproblem angeführt und sogar die Verpflichtung übernommen, die Kapazität der Wohnungswirtschaft zu vergrößern. Eine Umsetzung dieser Ziele in die Tat konnte aber nicht erreicht werden. Das hing nicht zuletzt damit zusammen, daß die politischen Parteien gerade bei der Wohnbaufrage zu sehr zu Grundsatzerklärungen Zuflucht nahmen, was eine wirtschaftlich tragbare Lösung aber verhinderte. Deshalb wurde dieses Problem immer stärker zu einem heißen Eisen und damit zu einem Streitobjekt in der politischen Auseinandersetzung. Schon deshalb war es notwendig, die Wohnbaufrage in Österreich möglichst rasch zu lösen.

Mit dem Jahr 1957 startete die Zentralsparkasse eine intensive Beschäftigung mit den Problemen der Wohnbaufinanzierung. Es war offensichtlich, daß die öffentlichen Wohnbaufinanzierer die Finanzierung allein nicht schaffen konnten. Gründe dafür waren die durch das Steueraufkommen gesetzten Grenzen, die mit dem in Österreich herrschenden marktwirtschaftlichen Konzept nicht vereinbar waren. Es mußte eine Verlagerung der Wohnbaufinanzierung von der öffentlichen Sphäre auf den Kapitalmarkt angestrebt werden. Die Darlehensvergabe der öffentlichen Fonds sollte stärker koordiniert und die Mittel der einzelnen Fonds nur dem vom Gesetzgeber ursprünglich festgelegten Zweck zugeführt werden. Da die Sparkapitalbildung seit 1955 stark gewachsen war, konnten verstärkt private Mittel für den Wohnbau herangezogen werden. Das Umdenken weg von der Wohnbaufinanzierung durch die öffentlichen Fonds hin zu jener durch Kapitalmarktmittel vollzog sich relativ rasch. Voraussetzung für diese Politik war natürlich auch, daß die Sparkasse – solange es ihr einigermaßen möglich war – einen entsprechend niedrigen Zinsfuß anbot. Die Sparkasse war durch ihre Finanzierungsleistung auch tatsächlich in der Lage, eine entsprechende Vermehrung des Wohnungsvolumens zunächst in den Bundesländern und später auch in Wien vorzunehmen.

Mit den Wiener Wohnbaugenossenschaften hatte ich zu Beginn meiner Tätigkeit noch keinen besonderen Kontakt. Der Wohnbau wurde zwar von der Stadt Wien dominiert, der genossenschaftliche Wohnbau entwickelte sich aber nicht so, wie die Bedürfnisse es erfordert hätten. So knüpfte ich meine ersten Geschäftsbeziehungen auf dem Gebiet der Wohnbaufinanzierung nicht in Wien, sondern in Linz. Ich erinnere mich noch sehr gut an meine ersten Kontakte mit den Linzer Wohnbaugenossenschaften. Wie mir der damalige Geschäftsführer der Neuen Heimat, Dr. Fritz Kühberger, später einmal erzählte, war das für einen organisierten und effizienten Wohnbau notwendige Kapital in Linz nicht zu beschaffen. Jemand riet ihm, sich an mich zu wenden. Tatsächlich erschien er eines Tages und schilderte mir die finanziellen Nöte, die seiner Absicht entgegenstanden, der Stadt Linz ein neues Gesicht zu geben. Die Neue Heimat plante damals vor allem die Verbauung der Straßenzüge an der Wiener Reichsstraße und der Baugründe am Froschberg. Beide Gebiete sollten mit Wohnbauten ausgefüllt werden, da die VOEST sich wirtschaftlich sehr gut entwickelte und immer mehr Arbeiter nach Wohnungen in Linz und somit in der Nähe des größten Arbeitgebers der Region verlangten. Ich kannte die geographischen Gegebenheiten viel zu wenig und konnte mir kaum Vorstellungen machen. Es war mir aber bewußt, daß ich ausdrücklich aus dem Raum Wien herausgehen und dort aufgebrachtes Kapital in einem Bundesland investieren würde. Aber es mußte, um das Rad in Schwung zu bringen, einmal der Anfang gemacht werden. Kühbergers Glück war, daß er mit Professor Artur Perotti einen ungemein fähigen Architekten zur Seite hatte. Sie brachten es tatsächlich zustande, in Linz ein sehenswertes Wohnbauprogramm auf die Beine zu stellen, das mit Mitteln der Zentralsparkasse rasch in die Tat umgesetzt werden konnte.

Mein Engagement in Linz sprach sich herum, und nach der Neuen Heimat wandten sich auch die Österreichischen Bundesbahnen an mich. In der Folge konnte ich viele Wohnbauten für die Eisenbahnsiedlungsgesellschaft finanzieren.

Ich hatte von Anfang an ein sehr herzliches Verhältnis mit den Eisenbahnern, das später durch meinen Freund, den damaligen Generalsekretär des Generaldirektors der Österreichischen Bundesbahnen, Dr. Robert Bodenstein, weiter ausgebaut wurde.

Ich erinnere mich lebhaft an die humorvolle Eröffnung eines großen Eisenbahnerwohnbaus in Linz. Der erste Festredner war der damalige Verkehrsminister Dr. Karl Waldbrunner, der seine Rede mit folgenden Worten begann: „Ich stamme aus einer Eisenbahnerfamilie..." Nach ihm sprach Dr. Fritz Kühberger, der Chef der Bauträgergesellschaft war und seine Ansprache ebenfalls mit: „Ich stamme aus einer Eisenbahnerfamilie und bin in Attnang-Puchheim geboren, was alles sagt..." einleitete. Ich war der dritte, der das Rednerpult erstieg, begann meine Rede aber damit, daß ich ausnahmsweise nicht aus einer Eisenbahnerfamilie stamme, wofür ich schallendes Gelächter und tosenden Beifall erntete.

Die Kunde verbreitete sich nach Salzburg, nach Graz, und ich wurde plötzlich mit Hilfe des Kapitals der braven Wiener Sparer zum großen Wohnbaufinancier in Österreich. Nicht, daß hier etwa Mißstände aufkamen, aber immerhin mußte ich gewärtig sein, daß ich eines schönen Tages der Gemeinde Wien dazu Rede und Antwort stehen mußte.

Meine Erfolge in den Bundesländern ermunterten die Wiener Genossenschaften aber schließlich doch zu engeren Geschäftsbeziehungen mit der Zentralsparkasse. Die Situation war aber ungleich schwieriger als in Linz oder Salzburg, da die Wiener Grundbeschaffungskosten viel höher waren.

Ich setzte mich damals einige Male mit dem Wiener Finanzstadtrat Felix Slavik zusammen und erörterte mit ihm die Gründe, warum der soziale Wohnbau in Wien sich nicht weiterentwickelte. Bei einer dieser Unterredungen machte ich ihm einen Vorschlag, den er sofort aufgriff. Mein Plan war, zur ersten Hypothek auch eine zweite zu gewähren. Geschäftspolitisch und satzungsmäßig war das der Zentralsparkasse zwar nicht erlaubt. Übernahm die Gemeinde Wien aber die Bürgschaft für die zweite Hypothek, war diese sozusagen belehnungsfähig. Auf diese Weise konnten in der Regel bis zu 70% des Schätzwertes belehnt werden.

Das Konzept für diese Wohnbaufinanzierung sah im Detail so aus:

1. Die Stadt übernahm für jenen Teil des angesprochenen Darlehens, der die mündelsichere Belehnungsgrenze überstieg, die Haftung als Bürge und Zahler. Das war wesentlich, denn gerade diese Bewertungsfragen stellten so manches Projekt in Frage.

2. Der Darlehensnehmer mußte 20% Eigenmittel haben.

3. Wurde ein Projekt durch einen zu hohen Grundpreis gefährdet, war die Stadt Wien bereit, wenn es möglich war, Baurechtsgründe zur Verfügung zu stellen.

4. Die Stadt Wien gewährte aus Budgetmitteln Annuitätenzuschüsse in solcher Höhe, daß dem Darlehenswerber nur 4% des Darlehensbetrages p. a. zur Zahlung verblieben. Das bedeutete, daß er lediglich die Darlehenssumme zurückzahlen mußte, nicht aber durch die Zinsen belastet wurde. Schließlich wurde auch eine Begrenzung der Baukosten festgelegt, um eine Ausuferung der Baukosten zu vermeiden, die unter Umständen durch die guten Konditionen der Finanzierung herausgelockt wurden.

Damit war die Wohnbauaktion 1959, die man später auch Slavik-Aktion nannte, geboren. Nicht zuletzt dadurch, daß wir einen sehr niedrigen Hypothekarzins in der Höhe von 6 1/2% verlangten und die Laufzeiten 25 Jahre betrugen, wurde sie ein durchschlagender Erfolg. Die Wohnbauaktion 1959 ermöglichte die Finanzierung von fast 10.000 Wohnungen in 2–3 Jahren, wovon 80% bis 85% von der Zentralsparkasse finanziert wurden. Der Effekt dieser Aktion war bereits im Jahre 1961 zu fühlen, als der Zuwachs an Wohnbaudarlehen etwa 45% höher war als im Jahr vorher.

1964 wurde diese Art der Wohnbaufinanzierung nochmals als Neue Wiener Wohnbauaktion wiederholt. Bei dieser Gelegenheit verlängerten wir allerdings die Laufzeiten auf bis zu 37 Jahre, wodurch die Annuitäten noch weiter herabgesetzt wurden. Auch diese Wohnbauaktion wurde ein großer Erfolg.

2.2.1. Andere Bemühungen um das Wohnbaugeschäft

Neben diesen beiden Kreditaktionen gab es eine Reihe anderer Bemühungen, um den Wohnbau zu forcieren. Der sogenannte Bundeswohn- und Siedlungsfonds sowie der Wohnhauswiederaufbaufonds wurden gegründet. Von beiden Fonds auf den Markt gebrachte Wertpapiere übernahm die Zentralsparkasse in beträchtlichem Ausmaß. Hinzu kam die Übernahme von Pfandbriefen und Kommunalschuldverschreibungen der Wiener Hypothekenanstalt, aber auch von anderen österreichischen Landeshypothekenanstalten. Der Erwerb dieser Wertpapiere hatte den Vorteil, daß sie bei der Zentralsparkasse liegenblieben und deshalb den Markt nicht belasteten. Ich betrachtete sie als Anlagepapiere im Sinne der Sparkassenaufgabe, auch auf dem Kapitalmarkt unmittelbar tätig zu sein.

Der Wohnbau war also für mich ein besonders interessantes Betätigungsfeld, in dem ich nicht nur eine kommerzielle, sondern vor allem auch eine sozialpolitische Aufgabe sah: die Bereitstellung von Wohnraum für bedürftige Menschen, zu Konditionen, die auch erschwinglich waren.

Von den Auszeichnungen, die ich im Laufe meines Lebens erhielt, ist mir das Große Goldene Ehrenzeichen für Verdienste um die Wohnungswirtschaft vielleicht am wertvollsten, weil es meine besonderen Leistungen auf der gemeinnützigen Ebene dokumentiert. Ich bin immer ein Vertreter von gemeinnützigen Strukturen wirtschaftlicher Unternehmungen gewesen, weil dort die Gewähr besteht, daß der alte Grundsatz „Gemeinnutz geht vor Eigennutz" verwirklicht wird.

2.3. Der Kommunalkredit

Das, was über die Gemeinden an Verwaltung hinausgeht, neigt durch die Ferne zum Bürger oft zu Bürokratie und willkürlichen Entscheidungen. Vor diesem Hintergrund gewinnen die Gemeindesparkassen ihre Bedeutung, weil sie den eigenen Gemeinden und Kunden näher stehen, als die irgendwo in der Hauptstadt befindlichen Großbanken. Meist verfügen die Gemeindesparkassen aber nicht über die nötigen Mittel, um größere Kreditvorhaben zu realisieren. Aus diesem Grunde war die Gemeindefinanzierung durch Körperschaftskredite für die Zentralsparkasse von großer Bedeutung. Die Stadt Wien als Haftungsgemeinde konnte gemäß Satzung die Zentralsparkasse als Kreditgeberin nicht beanspruchen. Deshalb war der Körperschaftskredit für mich in erster Linie ein Kredit an den Bund, die Länder und vor allem an die Gemeinden.

Die Zusammenarbeit mit den Gemeinden war mir nicht fremd. Während meiner Zeit bei der Girozentrale arbeitete ich mit vielen Funktionären der Sparkassen – die auch Funktionäre der Gemeinden waren – zusammen. Vielfach suchten sie bei mir Rat, wenn die eigene Sparkasse bestimmte Aufgaben nicht durchführen konnte. Hier half die Girozentrale insbesondere was das Kreditvolumen anlangte. So hatte ich es auch leicht, die Zentralsparkasse in das österreichische Kommunalwesen einzuführen. Vor meiner Amtsübernahme wandten sich die Bürgermeister einer Gemeinde mit sozialistischer Mehrheit zunächst an den Amtsführenden Wiener Stadtrat Resch. Dieser kontaktierte daraufhin die Zentralsparkasse, die mit dem betreffenden Bürgermeister einen Kommunalkredit vereinbarte. Das hatte für Resch den Vorteil, die Rolle eines Vermittlers in Finanzfragen für die einzelnen Sparkassen spielen und damit sein Ansehen entsprechend heben zu können.

Als ich in die Zentralsparkasse kam, änderte sich diese Praxis rasch. Die meisten Bürgermeister kannten mich aus der Zeit der Girozentrale und kamen direkt zu mir. Resch, den ich als großzügigen Menschen kennengelernt hatte, nahm mir das nicht übel. So baute ich langsam den Kommunalkredit auf. Körperschaftsdarlehen wurden hauptsächlich zur Förderung konkreter Projekte, wie Straßen- und Brückenbauten oder der Errichtung von Hafeneinrichtungen oder Kühlhäusern u. dgl. mehr, gewährt.

Besondere Betreuung erfuhren dabei die Gemeinden in NÖ, OÖ, der Steiermark und Salzburg. Mit den anderen Bundesländern – vor allem mit Tirol – wurden engere Kontakte erst gegen Ende meiner Tätigkeit geknüpft.

Der Umfang der Kommunalkredite steigerte sich in den Jahren, in denen ich der Zentralsparkasse vorstand, immer im selben Verhältnis mit der Höhe der Spareinlagen.

Einen besonderen Akzent für die Kommunalfinanzierung brachte 1959 die Gründung der Österreichischen Kommunalkredit AG zur Aufschließung von Industriegelände mit sich. Ich wurde eines Tages zu Dr. Bruno Kreisky geladen, der mir mitteilte, daß seitens des ERP-Büros Mittel für die Strukturen der Wirtschaft vorgesehen waren. Beiden Koalitionspartnern wurden nach dem damaligen Proporzsystem insgesamt 140 Mio. Schilling zu gleichen Teilen zur Verfügung gestellt. Nun war es notwendig, den Verwendungszweck festzulegen. Dr. Reinhard Kamitz als Vertreter der ÖVP brachte diesen Betrag in die neugegründete Investkredit AG ein, um Industriefinanzierungen vornehmen zu können, da die Industrie damals noch an einem starken Mangel an Investitionskapital litt.

Die Meinungen innerhalb der SPÖ waren noch nicht sehr klar ausgeprägt. Es gab unter anderem Stimmen, den Betrag zur Errichtung von Arbeiterwohnungen zu verwenden. Ich warnte den Bundeskanzler aber ausdrücklich davor, derartige Finanzierungen mit ERP-Mitteln zu bestreiten.

Dr. Kreisky war damals gerade aus Amerika zurückgekommen und erzählte mir, daß dort Gemeinden Geld erhielten, um die Voraussetzungen zur Ansiedelung von Industrien schaffen zu können. Mich hat dieser Gedanke sofort elektrisiert. In der Folge ventilierten wir die Idee, dasselbe auch in Österreich zu machen, und zwar in Form einer Spezialbank. Seitens des Finanzministeriums wurde schließlich eine Satzung ausgearbeitet und die Österreichische Kommunalkredit AG gegründet.

Die Zentralsparkasse war gemeinsam mit der Ersten Österreichischen Spar-Casse, der Girozentrale und allen Großbanken sowie zwei großen Versicherungsanstalten als Aktionärin vertreten. Ihr Anteil am Aktienkapital von 40 Mio. Schilling betrug 4 Mio. Schilling. Ein Aufsichtsrat und ein Vorstand unter meinem Vorsitz wurden gebildet. Als beratendes zweites Organ wurde ein Beirat gegründet, der sich aus Vertretern des Österr. Städtebundes und des Österr. Gemeindeverbandes, den beiden Interessensverbänden der kommunalen Einrichtungen, zusammensetzte. Dieser Beirat prüfte die regionalpolitische Notwendigkeit und Sinnhaftigkeit der vorgelegten Projekte. Ohne seine Zustimmung konnten keine Kredite gewährt werden, die zunächst hauptsächlich in der Industrialisierung zurückgebliebene Gebiete bedachten, etwa das Burgenland, das nördliche Niederösterreich, aber auch Teile der Steiermark und Kärntens.

Die Funktion des Vorsitzenden des Vorstandes war mir vom ersten Augenblick an sehr wichtig. In der Person des Dr. Schramke vom Institut für Wirtschaftsforschung suchte ich mir einen sehr tüchtigen Mitarbeiter. Wir begannen ziemlich bald mit einigen größeren Projekten und hatten in der gesamten Zeit meines Vorsitzes und auch später, als ich in den Aufsichtsrat einzog und Dr. Schramke nachrückte, kaum Verluste. Dies war nicht nur meine Leistung als Vorstandsvorsitzender, sondern auch die Leistung der Zentralsparkasse, die bei der Refinanzierung der Kommunalbank maßgebenden Anteil hatte. Mit den 70 Mio. Schilling, die als ERP-Mittel mit 1% langfristig (50 Jahre) verzinst waren, hätten wir nicht lange auskommen können. Meine Idee war, diese ERP-Mittel mit Kapitalmarktmitteln zu mischen, um auf diese Weise einen attraktiven Zinsfuß von in der Regel 7% zu erhalten, der deutlich unter dem Kapitalmarktzinsfuß lag. Noch wichtiger für die Kreditnehmer waren Laufzeiten bis zu 25 bzw. sogar 30 Jahren, um der Industrie die Amortisation der Kredite zu ermöglichen.

Die Schwierigkeit in geschäftspolitischer Hinsicht war die, daß die Gemeinden zwar das Geld erhielten, es aber von der Industrie verwendet wurde. Die Gemeinden hatten begreifliche Angst vor Verschuldungen, wenn die Industriebetriebe die gewährten Darlehen nicht mehr bedienen konnten. Dieser Einwand war sicherlich berechtigt, konnte aber durch eine entsprechend genaue Prüfung der Kreditnehmer durch die Gemeinden entkräftet werden.

Damit vermieden wir eine ursprünglich etwas argwöhnisch als „sozialistisch" abqualifizierte Geschäftspolitik und paßten uns den normalen Kapitalmarktgesetzen und der üblichen kreditmäßigen Vorsicht an. Die vorteilhaften Konditionen beunruhigten dennoch die der ÖVP nahestehenden Teile in unseren Organen. Ich konnte diese Bedenken jedoch in einem Gespräch mit Dr. Withalm rasch zerstreuen.

Jahre später – kurz bevor er aus dem Beirat ausschied – sagte mir Dr. Withalm, daß von allen Ämtern, in denen er quasi paritätisch mitgewirkt hatte, sein Vorsitz im Beirat der Kommunalbank das sachlichste und angenehmste gewesen sei. Daß ein Politiker doch auch der Meinung sein konnte, daß man der Wirtschaft ihren Teil lassen muß und die Politik nur in politischen Belangen eingreifen soll, hat mich damals sehr gefreut.

Die Arbeit in der Kommunalkredit AG war immer von großem Interesse für mich gewesen. Als ich im Jahr 1978 aus Altersgründen aus der Kommunalbank ausschied, hatten wir die Schaffung von 50.000 neuen Arbeitsplätzen ermöglicht und Kommunaldarlehen in der Höhe von fast 2 Mrd. Schilling vergeben.

Leider machte man nach meinem Ausscheiden mit dem Verkauf der Anteile der Zentralsparkasse an die Creditanstalt einen großen Fehler. Die Kommunalkredit AG wurde damit in den Sog der Investkredit gebracht – eine Entwicklung, die mir durchaus nicht gefallen hat, denn die Kommunalfinanzierung ist eine grundlegend andere Materie als die Investitionsfinanzierung.

2.4. Inanspruchnahme der hypothekarischen Deckung im Darlehensgeschäft

Ich knüpfe nun zwei die Verwertung von Deckungen betreffende Überlegungen an, denn obwohl die Deckung bei Kommunalkrediten außer Zweifel steht, kann es auch hierbei zu Pannen kommen. Ein typisches Beispiel war die Finanzierung der Gemeinde Bad Vöslau. Der Bürgermeister, der mit Krediten der Zentralsparkasse in den dreißiger Jahren das Thermalbad Bad Vöslau errichten ließ, war ein weitblickender und tüchtiger Mensch. Ihm gelang die Errichtung eines Heilbades von europäischem Rang. Die dafür notwendigen Investitionen, die sich später als durchaus vernünftig erwiesen, waren aber viel zu hoch angesetzt. Die Zentralsparkasse mußte den notleidenden Kredit liquidieren und übernahm zwar ein schönes Thermalbad, hatte damit aber vor allem große Sorgen. War der Sommer schön, stimmte die Kasse halbwegs, war er schlecht, hatten wir Verluste. Der Mineralwasserabsatz war auf Grund der fehlenden Abfüllanlage unbedeutend. Die Thermalquelle brachte jedes Jahr einen Verlust, und jedes Jahr drängte der Wiener Bürgermeister im Brief zum Kontrollamtsbericht zur Änderung dieser Situation, indem er darauf hinwies, daß es nicht Aufgabe einer Sparkasse sei, ein Heilbad zu betreiben. Auch die Tatsache, daß fast 80% aller Badebesucher Wiener sind, konnte unsere hohen Investitionen nicht rechtfertigen. Eines schönen Tages wurde mir die Sache zu bunt, und ich tat das, was heute als Segen der wirtschaftlichen Strukturveränderung angesehen wird: Ich privatisierte das Thermalbad. Ich gründete eine Gesellschaft mit beschränkter Haftung, stattete sie mit 2,5 Mio. Schilling und einem Kredit in der gleichen Höhe sowie einem Aufsichtsrat und einem Vorstand aus und stellte die Bedingung, den Betrieb endgültig zu sanieren und wirtschaftlich lebensfähig zu machen.

In der Folge schrieb Bad Vöslau tatsächlich keine roten Zahlen mehr. Abfüllanlagen wurden gekauft, der Fuhrpark erweitert, ein gutes Marketing erstellt. Das Vöslauer Mineralwasser entwickelte sich dank der Verantwortlichen beinahe zum Marktführer. War das Heilbad aufgrund der Wetterumstände wirklich einmal schlecht frequentiert, so war doch ein entsprechender Ertrag aus dem Mineralwasserabsatz gegeben. Nach meinem Ausscheiden aus der Zentralsparkasse konnte schließlich der gesamte Betrieb (Bad und Mineralwasser) an eine Brauerei verkauft werden.

Ich kam immer wieder mit großer Freude mit meinen Gästen in das Vöslauer Bad, das ich als Ort der Erholung schätzen gelernt habe. Besonders lebhaft erinnere ich mich an die Zeit, als ich gemeinsam mit den Vertretern eines deutschen Konzerns eine große österreichische Firma gründete – quasi von einem Beckenrand zum anderen schwimmend.

An Bad Vöslau knüpfe ich ganz persönlich als ehemaliger starker Raucher außerdem eine ganz besondere Erinnerung: Ich rauchte dort anläßlich eines Abendessens mit deutschen Freunden meine letzte Zigarette – ein Ereignis, das kaum einer geglaubt hat.

Ein zweites Objekt, das aus einem notleidenden Kredit entstand, war unser Waldbesitz in der Steiermark. Die Zentralsparkasse hatte in den dreißiger Jahren ein Kreditengagement mit einem steirischen Industriellen, der im Raum Knittelfeld als Gewerke Zeilinger hauptsächlich Sensen erzeugte, die er Jahrzehnte hindurch in die damalige Sowjetunion lieferte. Als dort eine eigene Fertigung eingerichtet wurde und man die bestehenden Lieferverträge kündigte, war Zeilinger zwar bestürzt, hielt diese Entwicklung aber nicht für wahr und produzierte weiterhin Sensen. Er fuhr wie gewohnt mit einer Schiffsladung nach Odessa, mußte aber feststellen, daß seine Produkte tatsächlich unverkäuflich waren. Da die in der Sowjetunion gebräuchlichen Sensen besonders geschlagen waren, konnte er sie auch anderswo nicht verkaufen. Die schlechte allgemeine Entwicklung der Kleineisenindustrie und seine eigene Fehleinschätzung führten Zeilinger rasch in den Konkurs. Das seinerzeit von der Zentralsparkasse gewährte Hypothekardarlehen wurde nun notleidend. Anstatt die Forderung abzuschreiben, nahm die Zentralsparkasse die Sicherheit in Anspruch: ein 800 ha großes zwischen Knittelfeld und Judenburg gelegenes Waldstück namens Roßbach. Auf seiner höchsten Stelle befindet sich eine Loretto-Kapelle, die von allen, die den

Paß überschreiten, gerne besucht wird. Mit dem dort in einer Sparbüchse gesammelten Geld wurde die Kapelle immer wieder restauriert.

Roßbach ist am besten von Knittelfeld aus zu erreichen. Von dort führt eine Straße in die Triebener Tauern, auf der man zunächst das Dorf Gaal erreicht, den Geburtsort des seinerzeitigen Landeshauptmannes Josef Krainer sen. Von hier steigt eine Straße auf ungefähr 1.200 m Seehöhe steil empor. Dort befand sich das Jagdhaus, ein primitives einstöckiges Gebäude, in dem der Jäger mit seiner Familie wohnte. Im ersten Stock befanden sich einige Gästezimmer und eine große Terrasse.

Das Gut selbst warf keinen wesentlichen Gewinn ab und war deshalb eher eine Belastung für die Zentralsparkasse. Wir hatten die Jagd auf der Knittelfelder Seite an einen Wiener Maschinenfabrikanten verpachtet und auf der Judenburger Seite an zwei ansässige Großbauern. Die Pflege des Wildbestandes war einigermaßen zufriedenstellend, obwohl eher zu wenig abgeschossen wurde. Aus diesem Grund setzte besonders der Überbestand an Hirschen dem Wald sehr zu. Vor allem der damals knapp dreißigjährige Jungwald wurde durch das Schälen der Rinde sehr stark geschädigt. Ich selbst bin kein Jäger und habe mich aus diesem speziellen Grund nicht für Roßbach interessiert. So vermied ich es auch, daß Funktionäre der Zentralsparkasse oder der Stadt Wien das Gut für Jagdzwecke nutzten. Ich fürchtete unangenehme Nebenerscheinungen für die Sparkasse.

Roßbach besaß damals einen mehr oder weniger gepflegten Wald, und der Holzertrag war nicht sehr hoch. Zeilinger hatte, um sich Geld zu beschaffen, vor allem in den höheren Regionen viel Wald abgeholzt, ohne nachzupflanzen. Unsere eigenen Aufforstungen waren für den Waldbestand noch nicht entscheidend. Der vorhandene nutzbare Baumbestand war nicht sehr hochwertig, weil die Höhe bis 1.600 m keine ausgeprägten Fichten- oder Tannenbestände zuließ. Wir verkauften das Holz am Stock an die Pölser Papierfabrik und erzielten bei schwankenden Holzpreisen und wegen der minderen Qualität einen äußerst geringen Ertrag.

Das neue Steirische Jagdgesetz brachte ein weiteres Problem für Roßbach. Das Gesetz schrieb vor, ein Jagdgebiet dieser Größe mit einem gelernten Jäger zu versehen. Der von uns bestellte Jagdaufseher war ein ehemaliger Forstarbeiter, der sich in seiner neuen Funktion gut bewährt hatte. Ihn jetzt gegen einen womöglich akademisch gebildeten Jäger auszutauschen, hätte unsere prekäre finanzielle Situation noch weiter verschlechtert.

Zu all den vorhandenen Problemen gesellte sich schließlich noch ein Auftrag der Forstbehörde hinzu, eine Forststraße von Knittelfeld über den Paß nach Judenburg zu bauen. Das hätte hohe Investitionen von uns erfordert, die sich zwar in 30 Jahren hätten amortisieren können. In der kurzen Zeit, in der wir noch versuchten, den Wald zu halten und dann bestens abzustoßen, war das aber sicherlich nicht möglich.

Eines Tages erfuhr ich, daß der Steirische Landeshauptmann Josef Krainer sen. im Rahmen einer größeren Feier Ehrenbürger von Gaal werden sollte. Ich nützte diese Gelegenheit, um ihn anzurufen und ihn zu bitten, er möge den kleinen Umweg nach Roßbach nicht scheuen und unser Waldgut besuchen.

Wir warteten damals im Forsthaus und sahen die Wagenkolonne des Landeshauptmannes langsam herauffahren. Unsere Begrüßung war recht freundschaftlich, und Krainer setzte sich zu uns an den Tisch.

Nachdem wir ihm eine Kleinigkeit aufgewartet hatten, kamen sehr rasch unsere wirtschaftlichen Probleme zur Sprache. Krainer wollte mein Argument, wonach unsere finanziellen Schwierigkeiten den Bau der geforderten Forststraße unmöglich machten, zunächst nicht gelten lassen. Ich erklärte ihm aber, daß der Holzeinschlag zu gering und die Pacht für die Jagd nicht sehr hoch war. Ein Verkauf ohne Verlust sei nicht zu bewerkstelligen und vor den Organen auch nicht zu verantworten.

Er hörte mir höflich lächelnd zu und erklärte sich schließlich bereit, die Hälfte der Kosten für die Straße zu übernehmen. Ich war sehr froh über seine Zusage und bedankte mich herzlich.

Krainer lud mich daraufhin ein, an seiner Ehrenbürgerfeier teilzunehmen. Auf der Fahrt nach Gaal standen bei allen Bauernhöfen, an denen wir vorbeikamen, Leute und boten ihrem Landeshauptmann ein Glas Schnaps an. Er dankte und sagte jedesmal: „Das soll der Jüngere neben mir trinken."

Etwas erheitert erreichten wir Gaal, wo die Gemeinde schon versammelt war. Ich schritt mit dem Herrn Landeshauptmann die Ehrenkompanie der Feuerwehr ab. Nachdem Krainer eine Rede gehalten hatte, wurde ihm die Ehrenbürgerurkunde überreicht.

Auch ich meldete mich zu Wort, gratulierte Krainer und spendierte der Schule als Beitrag der Zentralsparkasse zu diesem Festtag einen Fernsehempfänger, was von den Dorfbewohnern heftig akklamiert wurde. „Das hast du notwendig gehabt, mir mit deinem Geld die Schau zu stehlen," knurrte mir Krainer zu, meinte es aber keineswegs böse. Wir haben an diesem Tag noch öfters darüber gelacht.

Als ich mich schließlich verabschieden wollte, war Krainer verschwunden. Einer der Herren gab mir den Tip, daß er mit seinen Burschen schießen gegangen sei und zeigte mir den Weg. Krainer stand am Schießstand, er lächelte mir noch zu und gab mir flüchtig die Hand. Sein Auge und seine Konzentration waren aber nur noch auf das Ziel gerichtet.

Krainer hat immer einen großen Eindruck auf mich gemacht. Er war der personifizierte konservative Politiker, dem es mit seinem Konservativismus ernst ist und der nicht nur etwas tut, über das man reden kann.

Eines Tages beging ich den Fehler, vor Bürgermeister Marek, der ein leidenschaftlicher Jäger war, die Jagd und ihre wirtschaftlichen Probleme zu erwähnen. Marek wollte sofort ein Wochenende in Roßbach verbringen. Am darauffolgenden Montag schnauzte er mich am Telefon an und sagte: „Kein Hirsch war zu sehen. Ihr habt alle Hirsche weggetrieben, damit mir keiner vor die Büchse kommt." Er hatte lediglich einen Birkhahn geschossen. Mein vermeintlicher Fehler erwies sich als Fügung des Schicksals, denn ich hatte nun eine gute Gelegenheit, das Waldgut der Stadt Wien anzubieten, die immer wieder derartige Grundstücke als Tauschobjekte für die Erweiterung der Wasserschutzgebiete benötigte.

So tauschte ich Roßbach gegen eine Villa in der Linzer Straße, wo seinerzeit die „Rote Erzherzogin" Elisabeth gewohnt hatte, jene Tochter von Kronprinz Rudolf, die den sozialdemokratischen Nationalratsabgeordneten Petznek geheiratet hatte. Die Villa war gegen Ende des vorigen Jahrhunderts erbaut worden, und von Elisabeth der Stadt Wien überlassen worden, die damit aber nicht viel anfangen konnte. Ich beabsichtigte, dort ein kommunales Schulungszentrum einzurichten, was aber erst realisiert wurde, nachdem ich schon von der Zentralsparkasse weggegangen war.

Roßbach war also wie Bad Vöslau ein Fall, wo die Inanspruchnahme einer Kreditsicherung später zu weiteren Verlusten führte. Hätten wir den Kredit damals einfach abgeschrieben und das Waldgut der Masse überlassen, wäre das wahrscheinlich für die Zentralsparkasse günstiger gewesen. Denn letztlich mußten wir doch sehr viel Geld investieren.

Sicherheiten sind – wie gezeigt – nicht immer gut verwertbar. Man muß, wenn man sie in Anspruch nimmt, auch immer überlegen, ob dies sinnvoll ist.

3. Das Kontokorrentkreditgeschäft

Mit dem Wort Kontokorrentkredit wurde ein einigermaßen klarer Begriff für eine eher verwirrende und unklare Kreditform gefunden. Es meint einen Kommerzkredit, der in erster Linie die Betriebsmittel einer Unternehmung verstärken soll, einen Kredit, der einem Bankkunden in laufender Rechnung bis zu einer vereinbarten Höhe gewährt wird. Er ist relativ kurzfristig und auf den Umsatz ausgerichtet. Würde man ihn stoppen, wäre das in den meisten Fällen der Ruin der ihn in Anspruch nehmenden Firma. Ich beschränke mich hier auf eine einfache Definition für die wohl wichtigste Kreditform der Banken und gehe nicht näher auf die verwirrenden Zusammenhänge ein.

Die Zentralsparkasse war bei meiner Übernahme natürlich bereits in diesem Segment des Kreditgeschäftes vertreten, in erster Linie aber durch die Kreditvereine. Das große Kontokorrentkreditgeschäft selbst war am Wiener Platz praktisch vergeben. Die Finanzierung der verstaatlichten Schwer- und Grundstoffindustrie erfolgte zum Großteil durch die ebenfalls verstaatlichten Banken. Die Privatunternehmungen hatten sich – kurz nach Abschluß des Staatsvertrages – erst in äußerst bescheidenem Maße entwickelt, so daß noch keine ausreichenden Möglichkeiten bestanden, Kontokorrentkredite in der Wirtschaft unterzubringen.

Die eingefahrenen Konkurrenzverhältnisse machten mich selbst damals skeptisch, ob die Sparkasse wirklich in ein richtiges Kontokorrent- und Bankgeschäft einsteigen sollte. Daß es dennoch gelang, während meiner Tätigkeit an der Spitze der Zentralsparkasse bis zum Jahr 1968 die Kontokorrentkredite von knapp 315 Mio. auf 1,846 Mrd. Schilling zu erhöhen, hatte wohl seinen Grund in der hervorragenden Entwicklung sowohl der verstaatlichten als auch der privaten Wirtschaft in Österreich. Vor allem aber entwickelten sich in diesen Jahren die betriebswirtschaftlichen Formen in verschiedene neue Richtungen. Parallel dazu konnte die Sparkasse neue Formen der Finanzierung entwickeln, wie beispielsweise Lombard-, Teilzahlungs- und Auslandskredite in den verschiedenen Formen – um nur einige zu nennen.

Da das Kontokorrentgeschäft kein schematisches, sondern ein individuelles Geschäft ist, spricht der Bankmanager nicht gerne darüber, weil die Gefahr besteht, daß man aus einem Beispiel unter Umständen den Kreditnehmer erkennen könnte. Auch ich halte mich an die Gepflogenheit des Bankgeheimnisses, da gerade dieser Geschäftszweig nicht über öffentliche Bücher abgewickelt wird, wie etwa das Hypothekargeschäft.

Es gelang mir, privaten Firmen und öffentlichen Stellen des öfteren große Vorlagen zu geben, um Projekte, die für Österreich wichtig waren, finanzieren zu können. Das Ziel der Finanzierungen waren in erster Linie Firmen des Dienstleistungsgewerbes, wie Handel und Fremdenverkehr.

Von der Grundstoffindustrie hielt ich mich ferne. Ich erinnerte mich recht gut an das Moosbrunner Abenteuer, aus dem ich die nüchterne Überlegung gewonnen hatte, daß eine Kreditunternehmung wie es eine Sparkasse ist, damals ganz einfach nicht in der Lage war, einen Industriebetrieb durchzufinanzieren, ohne über ausreichende industrielle Sachkenntnisse zu verfügen und auf eine umfassende internationale Zusammenarbeit mit anderen großen Konzernen verweisen zu können.

Natürlich gab es den einen oder anderen Industriebetrieb (vor allem aus dem alten Bestand), für den ich auch Finanzierungen durchführte. Aber wie gesagt: In das Geschäft mit der Industrie wirklich voll einzusteigen, davor hütete ich mich.

Es hatte sich bald herumgesprochen, daß die Zentralsparkasse sich bei der Durchführung derartiger Finanzierungen echte Mühe gab, um den Kunden zufrieden zu stellen. Die durch die Satzung verursachten Hemmnisse wurden auf einfache Weise übersprungen. War ein Kredit bankmäßig ordnungsgemäß besichert, wie etwa ein Kontokorrentkredit, bei dem die finanzierte Ware verpfändet wurde, wählte man die Art der Verpfändung so, daß sie der banküblichen Form genügte. Das heißt, man hat sie gesondert verwahrt und nur gegen Bezahlung ausgefolgt.

Die Aufsichtsbehörde drückte in diesen Fällen auch immer ein Auge zu, da offensichtlich war, daß man nach banküblichen Vorstellungen tatsächlich das menschenmöglichste getan hatte, um die Sicherheit zu gewährleisten. Leider ist – was die Sicherheiten anlangt – ein Teil des Konzeptes der Girozentrale nie zum Tragen gekommen. Demnach hätte die Girozentrale diese nicht ganz satzungsgemäßen Kredite vergeben sollen und die Sparkassen lediglich daran beteiligt.

Die Zentralsparkasse war auch in die Entwicklung neuer Wirtschaftsformen involviert, etwa in die Gründung großer Handelsfirmen, wie Warenhäuser oder Versandfirmen. In diesem Fall konnte die Zentralsparkasse bei der Betriebsmittelfinanzierung eingreifen, was nicht nur beim Handel, sondern auch bei den Konsumenten seinen Niederschlag fand. Hier konnte der Geldstrom geradezu unmittelbar beeinflußt werden, indem man den Konsumenten Kredite gewährte und diese Kreditvaluta dann als Bezahlung für die gekaufte Ware – quasi als Betriebsmittel – beim Handel einfließen ließ. Es gab zwar einen nicht genau erwägbaren und meßbaren Zusammenhang zwischen diesen beiden Kreisen, wir waren aber immer bestrebt, sie möglichst eng aneinanderzuführen. Auf diese Weise konnten wir große und weltweit geführte Unternehmungen des Detailhandels finanzieren. Der Vorteil dieser Firmen war einerseits die relativ hohe Liquidität und – wenn die Firmen gut geführt waren – die praktisch geringen Ausfälle. Andererseits boten uns diese Firmen die Möglichkeit, Konjunkturentwicklungen rechtzeitig abzuschätzen.

Der Handel war einer der Hauptträger der Kreditpolitik der Zentralsparkasse. Er ist sozusagen die Oberfläche der Wirtschaft. Hier spielt sich alles ab, was für die Entwicklung der Wirtschaft von Interesse ist. Der Handel hat – indem er bestimmt, was gekauft wird – letztlich die entsprechende Kompetenz, auf die Industrie einzuwirken; die Industrie produziert heute das, was der Handel wünscht. Zwischen Industrie und Handel hat sich eine am Umsatz orientierte Marketingorganisation entwickelt. Vielfach arbeiten diese beiden Kräfte zusammen. Wenn nun die Bank sich in dieses Spiel einschaltet, so ist das bei richtiger Auswahl der Kundschaft immer ein gutes Geschäft. Wirklich große Verluste sind kaum möglich und entstehen nur dann, wenn es sich um große Kontingente handelt, die man nicht durch eine entsprechende handelspolitische Tätigkeit rückversichern kann.

Der Zentralsparkasse war es tatsächlich gelungen, Firmen von kleinsten Anfängen bis zum Weltkonzern durchzufinanzieren. Wichtig war nur, zum richtigen Zeitpunkt von der Finanzierung zurückzutreten, was auch meistens gelang.

Ein weiterer Boden für kommerzielle Überlegungen war die Tatsache, daß der Handel und zum Teil auch Fertigungsunternehmungen oft nicht in der Lage sind, ihr Anlagevermögen aus Eigenmitteln zu finanzieren. In diesem Fall griff man früher zu den klassischen Formen der Kapitalbildung – man gründete Aktiengesellschaften und brachte die Anteile auf den Markt. Das ist heute trotz gewisser steuerlicher Anreize kaum mehr möglich.

Ich habe rechtzeitig erkannt – ich werde auf diese Problematik noch im Kapitel Beteiligungen zurückkommen –, daß die Wirtschaft langfristiges Kapital brauchen würde, um ihr Anlagevermögen, insbesondere die Schaffung von Realitäten, zu finanzieren. Meine Idee war, Kredite zu gewähren, deren Laufzeiten der Amortisationszeit entsprachen. Ihr Zinsfuß mußte darüber hinaus mit dem Amortisationssatz korrespondieren – dann würde sich die Sache von selbst erledigen, und man hätte keine Sorgen.

Vielfach ist jedoch die Zinsbelastung höher als die aus dem Anlagevermögen herausgewirtschaftete Summe, oft aber scheitert man vor allem an der Laufzeit. Ich habe über dieses Thema schon geschrieben. Wenn man nicht mit Laufzeiten aufwarten kann, die sich annähernd an die Amortisationsfristen heranführen lassen (ca. 20 Jahre), so kommt man zweifellos in eine Schere. D. h. es werden hier Kosten erzeugt, die der Produktion auf dem Nacken liegen und nicht verdient werden können.

Dieser kommerzielle Realkredit wurde von mir damals schon ins Auge gefaßt. Ich konnte auch eine Reihe von großen Anlagen in Wien auf diese Weise finanzieren. Durch die gute Entwicklung der Spareinlagen verfügte ich über ausreichende Mittel, um die Laufzeiten entsprechend planen zu können. Auf der anderen Seite aber warf die Zinsfußfrage immer wieder gravierende Probleme auf. Weiters entsprach die hypothekarische Deckung nicht der Satzung der Sparkasse. Wir strebten jedoch immer Objekte an, die jederzeit von einem anderen Unternehmer verwertet werden konnten, wodurch der Umstand, gegen die Satzung zu handeln, auch stets toleriert wurde. Ich selbst habe darin ohnehin kaum Schwierigkeiten gesehen. Tatsächlich konnten derartige Areale immer verwertet werden, wenn die entsprechende Firma insolvent wurde.

Mit diesem kommerziellen Realkredit hätte sich ein weites Feld der Betätigung auftun können, wenn nicht gewisse Schwierigkeiten vorhanden gewesen wären, die in erster Linie mit der gesamten kreditpolitischen Schau der Unternehmungen – die den Wünschen der Banken kein Verständnis entgegenbrachten – zu tun hatten. Besonders gravierend waren diese Probleme zum Beispiel bei der Finanzierung von Fremdenverkehrsunternehmungen.

Wenn ich heute aber durch die Stadt Wien gehe, sehe ich dennoch viele große und schöne Bürohäuser, die heute das Stadtbild zieren und von denen ich weiß, daß sie mit unserer Hilfe gebaut wurden. Ihre Amortisation spielt sich bis dato ohne besondere Schwierigkeiten ab.

Eine besondere Form der Kredite bildeten später in immer größerem Maße solche an Kreditunternehmungen. Die Zentralsparkasse hatte durch die verschiedenen Geschäfte, die sie sowohl in Wien als auch in den Bundesländern durchführte, hervorragende Beziehungen zu Banken und Bankiers aufgebaut. Diese Unternehmungen arbeiteten mit der Zentralsparkasse, die die Funktion eines Refinanciers einnahm, sehr gerne zusammen. Vor allem kleinere Banken hatten aber immer Angst, von ihren großen Konkurrenten gefressen zu werden, falls sie zu sehr ins Debet kamen, was oft genug auch passiert ist.

Bei der Zentralsparkasse war das anders. Wir haben später wohl Beteiligungen gehalten, diese waren aber nicht nennenswert. Unsere Verbindungen mit den Hypothekenanstalten und mit einigen Bankhäusern waren auf völlig freier Basis aufgebaut und brachten für beide Seiten entsprechenden Nutzen. Vor allem die Bankhäuser konnten, wenn sie an größere Engagements herangingen, damit rechnen, unter Abtretung ihrer Forderungen einen gewissen Liquiditätspolster zu erhalten. Die Zentralsparkasse verkaufte ihnen dafür Abschnitte aus dem Wechselbestand, um den Bankiers eine gewisse Rentabilität zuzuführen. Kurzum, es war insbesondere mit Banken in Graz, Salzburg und Vorarlberg ein recht angenehmes Zusammenarbeiten.

Der Anteil der Refinanzierungen stieg ziemlich stark, so daß die Ausleihungen an Banken im Jahr 1968 ungefähr 922 Mio. Schilling ausmachten, während dieser Posten im Jahr 1956 überhaupt nicht aufschien. Die Kontokorrentkredite beliefen sich im Jahr 1968 auf 1,846 Mrd. gegenüber 467 Mio. Schilling im Jahr 1956. Hypothekardarlehen im Wert von 3,116 Mrd. Schilling im Jahre 1968 standen einem Betrag von 384 Mio. Schilling im Jahr 1956 gegenüber ...

Die Wandlung der Sparkasse hin zur satzungsgemäßen Zielsetzung läßt sich an diesen Zahlen unschwer ablesen. Wir waren zwar in vielen Belangen in das Kommerzgeschäft eingedrungen und hatten insbesondere dort große Erfolge, wo wir unsere Fähigkeiten nutzten, langfristiges Geld zur Verfügung zu stellen. Auf der anderen Seite waren wir unserem Grundsatz, eine Hypothekarbank großen Stils gegenüber dem Wohnbau der öffentlichen Hand, dem Bund und der Länder zu sein und am Kapitalmarkt eine Rolle zu spielen, treu geblieben. Das war vielleicht einer der Grunderfolge, die die Sparkasse hatte und vielleicht auch der Grund für ihre besondere Anerkennung in der Wirtschaft. Wir hatten – wie schon erwähnt – nie eine Konzernpolitik verfolgt, sondern sahen uns eher als Hüter der Refinanzierungswünsche der Kommunen, der öffentlichen Hand aber auch der privaten Wirtschaft.

Eine besondere Finanzierungsform bildeten die heute so ins Kraut geschossenen Personalkredite. Vorläufer dieser Kreditform war das Teilzahlungsgeschäft, das von ausgesprochenen Teilzahlungsfirmen beherrscht wurde. Meist waren es Diskonter, die Waren auf Kredit anboten und gleichzeitig ihren Kunden dafür konkrete Banken empfahlen. Das geschah sehr zum Leidwesen der Detailgeschäfte, die darin auf Grund billiger Preise und fehlender Serviceleistungen eine scharfe Konkurrenz erblickten. Die bereits vor dem Krieg bekannten Teilzahlungsgeschäfte wurden nach 1945 stark forciert, weil die Akquisition der Haushalte nicht so rasch erfolgte, als die Bevölkerung es wünschte. Die Entwicklung ging so weit, daß es sogar Teilzahlungsbanken für gewisse Berufszweige oder Bevölkerungsschichten gab.

Innerhalb der Zentralsparkasse wiesen wir diese Ratenkredite der Hypothekarrechnungsabteilung zu, was dort nicht nur Stirnrunzeln, sondern auch Gemurre hervorrief. Der Chef dieser Abteilung, ein sehr tüchtiger älterer Mann und traditionell dem alten Sparkassenbetrieb verbunden, überreichte mir damals sein Pensionsansuchen. In einem Institut, das solche „Fetzenkredite" in seine Geschäftspolitik aufnahm – wie er sich ausdrückte –, wollte er nicht weiter dienen. Ich hielt diese Handlungsweise auf Grund der vorhandenen Berufsmoral für sehr anständig. Ob sie richtig oder falsch, zeitgemäß oder überholt war, stand aber auf einem anderen Papier. Allerdings war mir bewußt, daß über derartige Entscheidungen die Entwicklung hinweggehen würde . . .

Der Personalkredit war eine große Verlockung für die Kundschaft, für die Sparkassen und vor allem für die Banken. Die Sparkassen hatten zunächst noch gewisse Hemmungen. Da der Personalkredit quasi die Antithese zur Sparpolitik war, blockten wir am Anfang in dieser Richtung einiges ab. Wir verlangten bei Teilzahlungskrediten ein Drittel oder die Hälfte als Anzahlung. Außerdem durften auf diese Weise nur langlebige Wirtschaftsgüter finanziert werden. Diese Forderung hielt aber nicht lange, weil der Personalkredit die Sache überflutet hat. Für den Bankenapparat war er ein gutes Geschäft: Es war kurzfristig – höchstens ein, in manchen Fällen zwei Jahre. Die Rendite war sehr gut, denn man konnte den Zinsfuß wunderbar verschleiern, indem er in die Raten eingebaut wurde, so daß der Kunde sich in der Regel nicht ausrechnen konnte, wie groß der zu bezahlende Zinssatz tatsächlich war. Das Risiko hatte man auf Grund guter Erfahrungen mit der Abschreibungsquote schon miteinkalkuliert. Deshalb war das Ratenkreditgeschäft vor allem in Zeiten, als das übrige Kreditgeschäft eine Flaute erlebte, eine wunderbare Rettung. Besonders in den letzten Jahren wurden die Ratenkredite wieder stark forciert, obwohl sie bis zu 20% teurer sind als Privatdarlehen. Angesichts der hohen Verschuldung der österreichischen

Bevölkerung, packt einen aber irgendwo die Angst bei dem Gedanken daran, daß das alles zurückgezahlt werden muß – womöglich in Krisenzeiten.

Damals haben wir noch in erhöhtem Maße auf die Bevölkerung eingewirkt, mit dem Einkommen verantwortungsbewußt umzugehen. Der Verein „Gut haushalten" – darüber wurde bereits im ersten Teil berichtet – hatte hervorragende Erfolge mit seinem Konzept. Das Haushaltsbuch wurde in manchen Haushalten tatsächlich zur finanziellen Brücke zwischen Mann und Frau, über die die Verteilung des Einkommens vernünftig getragen werden konnte. Die verschiedenen von uns eingeführten Aktionen waren zielführend. Mit meinem Ausscheiden aus der Zentralsparkasse sind alle diese Anstrengungen in sich zusammengefallen. Hier ist ein wesentlicher Teil der Sparkassenarbeit verlorengegangen. Man hätte auf diesem Weg weitergehen sollen, hat aber diese Dinge offenbar nicht so ernst genommen.

Sehr viele Quellen der Finanzierung entstanden aus meinen guten Kontakten zu Geschäftsfreunden aus Deutschland und der Schweiz, die sich bei der Betreuung ihrer Kunden – soferne sie Verbindungen in Österreich benötigten – der Zentralsparkasse bedienten. So konnten große Lombardkredite aber auch Teilzahlungsgeschäfte für Kraftwagen aus diesem Raum über uns abgewickelt werden. Wir selbst wiederum beteiligten uns an größeren Investitionen für das Massengeschäft im Handel bei großen Firmen dieser Branche.

4. Die Beteiligungen

Die Frage der Beteiligung der Sparkasse an Unternehmungen war eines der heikelsten Probleme, die mich während meiner Laufbahn beschäftigt haben. Heikel deshalb, weil sich einerseits Beteiligungen an Unternehmungen, die der Sparkasse und ihrer Geschäftspolitik dienlich waren, oft praktisch nicht vermeiden ließen, andererseits aber die Satzungsbestimmungen derartige Beteiligungen strikt untersagten, soferne es sich nicht um solche an sparkassen- oder verbandseigenen Unternehmungen handelte. Ausnahmegenehmigungen konnte es auf Grund des Sparkassengesetzes nicht geben. Ich war deshalb gezwungen, hier eine Politik zu betreiben, die entweder darauf fußte, die betreffende Beteiligung einfach einzugehen und damit zu riskieren, bei der nächsten Prüfung der Sparkasse durch die Verbandsorgane aufzufliegen und beanstandet zu werden. Oder trotz der gegebenen rechtlichen Lage zu versuchen, eine Ausnahmegenehmigung zu erreichen. Derartige Gesuche wurden von der Aufsichtsbehörde in der Regel nicht behandelt, weil sie formal nicht behandelt werden konnten. Eine strikte Absage oder ein Verbot wurde aber meist auch nicht ausgesprochen, weil selbst die Aufsichtsbehörde der Meinung war, daß derartige Beteiligungen sinnvoll und für die Sparkasse von Nutzen waren.

Ich erinnere mich an die Begegnung mit einem von mir sehr geschätzten Sektionschef im Finanzministerium in der letzten Zeit meines Wirkens in der Sparkasse. Er erzählte mir, daß er elf derartige Anträge von uns auf seinem Schreibtisch liegen hätte und machte mich mit ernster Miene aufmerksam, daß das unter Umständen einen Skandal heraufbeschwören könnte, wenn die Presse davon erfuhr. Ich antwortete, daß man mich für diese Geschäfte wohl eher beglückwünschen als anprangern würde – eine Bemerkung, die humorvoll gedacht war und ihre Wirkung auch nicht verfehlte.

Die Beteiligungen waren nicht in erster Linie ertragskräftige Anlagemöglichkeiten, sondern hatten eine funktionelle Bedeutung für die Sparkasse. Sie unterstützten die Geschäftstätigkeit und dienten der Verbreiterung ihres Wirkungsbereiches.

Ich werde deshalb in der nachfolgenden Darstellung die Beteiligungen in zwei Teile gliedern: erstens in solche, die laut Sparkassengesetz und Satzung genehmigungsfähig waren, also die Beteiligung an der Girozentrale und am Sparkassenverlag und etwa auch Beteiligungen an Gesellschaften, die zum Wirkungsbereich der Girozentrale gehörten. Zweitens in Beteiligungen, die ich aus den oben erwähnten Gründen eingegangen bin und die durch eine aufsichtsbehördliche Genehmigung nicht gedeckt waren und auch nicht gedeckt werden konnten. Ausdrücklich anmerken möchte ich an dieser Stelle, daß hier natürlich nicht alle Beteiligungen erwähnt werden können.

4.1. Genehmigungsfähige Beteiligungen

4.1.1. Die Girozentrale

Die wichtigste Beteiligung der Zentralsparkasse war jene an der Girozentrale der Sparkassen. Ich habe im ersten Teil dieses Buches bereits von meiner Zeit bei dieser Anstalt berichtet. Als ich 1952 zum Sparkassenverband wechselte, ahnte ich nicht, daß ich in gar nicht so ferner Zeit wieder ernsthaft mit der Girozentrale beschäftigt sein würde, denn als Generaldirektor der Zentralsparkasse wurde ich im Jahre 1955 automatisch Vizepräsident der alten Girozentrale und später Präsident der neuen Girozentrale AG.

Die Girozentrale ist eine der Unternehmungen, an denen die Zentralsparkasse stets mit einem großen Kapitalanteil beteiligt war. Er betrug in der alten Girozentrale 2,4 Mio. Schilling oder fast 25% des Stammkapitals und konnte von 9,96 Mio. bei der Neugründung der Girozentrale als Aktiengesellschaft im Jahre 1958 auf über 116 Mio. Schilling im Jahre 1968 gesteigert werden.

Das Verhältnis der Zentralsparkasse zur Girozentrale war nicht immer frei von Spannungen. In der alten Girozentrale (als öffentlich rechtliche Körperschaft bis zum Jahre 1959) resultierten sie vor allem aus einer verfehlten Kreditpolitik der damaligen Leitung. Seit dem Jahr 1949 existierte statt eines Vorstandes nur das Provisorium eines Geschäftsführenden Ausschusses. Er sah die Notwendigkeit, möglichst viel zu verdienen vornehmlich in einer Flucht in ein großes Anlagenpaket und einige große Kredite. So waren 1957 im Kreditgeschäft 905 Mio. Schilling veranlagt, wovon auf 8 Schuldner ein Betrag von 668 Mio. Schilling entfiel! Einige dieser Schuldner waren äußerst dubios, insbesondere die Firma Haselgruber, die die Absicht verfolgte, neben der verstaatlichten auch eine private Grundstoffindustrie aufzuziehen. Dieser Versuch scheiterte wegen einer fehlenden unternehmerischen Konzeption und weil enorme Investitionen mit kurzfristigem Geld finanziert worden waren.

Die Katastrophe bei der Finanzierung der Haselgruber-Stahlindustrie durch die Girozentrale bahnte sich kontinuierlich an. Ich erinnere mich, daß der damalige Innenminister Oskar Hellmer als Chef der obersten Aufsichtsbehörde der Sparkassen mich einige Male zu sich berief, um sich nach dem Stand der Dinge zu erkundigen. Die Angelegenheit war dabei, immer mehr in die Nähe einer Insolvenz zu schlittern, als Haselgruber eine Bombe platzen ließ, die offenbar den Einfluß der Sozialisten im Aufsichtsrat zurückdrängen sollte.

Ich hatte damals gerade den Besuch eines Schweizer Bekannten und aß mit ihm zu Abend, als das Telefon läutete. Eine Frauenstimme sagte: „Morgen wird in der Zeitung stehen, daß Sie von Haselgruber eine große Summe als Bestechung erhalten haben. Ich möchte Ihnen das nur sagen." Ich fragte noch nach ihrer Identität, aber sie hatte schon aufgelegt.

Ich erzählte meinem Bekannten von dem Anruf und betonte, daß das, was die

Frau gesagt hatte, ein reines Hirngespinst sei. Mein Schweizer Freund bot sich an, sofort in die Stadt zu fahren und alle Abendzeitungen aufzukaufen. Als wir die Zeitungen später durchblätterten, fanden wir aber keine derartige Mitteilung. Wir glaubten deshalb, daß mich jemand erschrecken wollte.

Als ich am nächsten Tag in mein Büro kam, sah ich am Gesichtsausdruck meiner Sekretärin, daß irgendetwas vorgefallen war. Als sie mir die Morgenzeitungen vorlegte und auf die einzelnen Berichte deutete, erzählte sie mir, daß sie einen ähnlichen Text auch in den Nachrichten gehört hatte: Ich wurde gemeinsam mit anderen Personen der Korruption beschuldigt. Haselgruber habe im Wiener Café Landtmann Herrn Maleta, der damals eine sehr einflußreiche Persönlichkeit in der ÖVP war, einen Zettel mit den Namen aller Bestochenen und mit der Summe, die sie angeblich erhalten hatten, übergeben. Mein Name war gemeinsam mit jenem meines Freundes Wilhelm Wilfling angeführt. Angeblich hatten wir einen Betrag von 800.000,– Schilling erhalten. Es blieb mir deshalb nichts anderes übrig, als meinen Rechtsanwalt Dr. Rosenzweig zu beauftragen, gegen Haselgruber Klage einzureichen.

Ich will die ganze hier anstehende Frage nicht in bezug auf die anderen, der Korruption bezichtigten Persönlichkeiten ausbreiten. Das hat in einigen Fällen zu einem schnellen und oft auch unrühmlichen Ende geführt. Es kam jedenfalls zur Gerichtsverhandlung, und schon vorher versuchten die Organe in der Girozentrale, den damals noch nicht lange in den Vorstand der neuen Girozentrale berufenen Wilfling zu diskreditieren und zu entfernen. Nun hatte ich bei der Satzung der Girozentrale wohlweislich verlangt, daß die Bestellung, aber auch die Abberufung des Vorstandes oder eines Vorstandsmitgliedes mit qualifizierter Mehrheit zu erfolgen habe. Ich hätte mit meinen Freunden aus der sozialistischen Hälfte des Aufsichtsrates – das Verhältnis war 8 : 12 gegen uns – einer derartigen Enthebung, wenn der Nachweis einer erfolgten Bestechung auch nicht erbracht werden konnte, zu folgen gehabt. Wilfling beteuerte zwar immer wieder, niemals Geld erhalten zu haben, aus seinem kommerziell bedingten näheren Verhältnis zu Haselgruber – er stieg ihm immer auf die Zehen, wenn das Rechnungswesen oder die Kalkulation der Eisenhütte nicht zufriedenstellend funktionierte – konstruierte man aber auch ein persönliches Naheverhältnis. In der Folge kam es im Sparkassensektor zu einer sehr üblen Verfolgungsjagd, bei der man mich aber interessanterweise aus dem Spiel ließ. Offenbar hoffte man, daß ich Wilfling fallen lassen würde. Das wäre für manche schon ein ganz schöner Sieg gewesen. Wilfling war Sparkassenleiter in Oberösterreich gewesen und gehörte der Sozialistischen Partei an. Als er zum Landesverbandsobmann gewählt wurde, paßte das manchem schon nicht in den Kram. Daß er aber gar Vorstandsmitglied in der Girozentrale wurde, war eine noch größere Belastung für die konservative Seite.

Wilfling kämpfte seinen Prozeß durch. Während des Verfahrens zog Haselgruber die Beschuldigungen gegen meine Person plötzlich zurück. Ich erinnere mich noch fast wörtlich an seine Aussage: „Ich habe Dr. Neubauer nie Geld gegeben, aber ich habe angenommen, daß er der Mittelsmann zwischen Wilfling und der SPÖ ist und daß das Geld vielleicht über ihn fließt. Ich kann nicht sagen, daß er Geld von mir genommen hat."

Daraufhin wurde ich aus dem Prozeß ausgeschieden und Haselgruber zu 14 Tagen unbedingter Arreststrafe verurteilt. Haselgruber wurde auch für den Ziffernsalat, den er übergeben hatte, schuldig gesprochen, weil nichts davon bewiesen werden konnte. Die Rücktritte von maßgeblichen und angeblich bestochenen Leuten waren bloß eine Frage der Nerven. Schließlich und endlich war damit die Sache erledigt, und eigentlich hätte auch Wilfling auf diese Weise rehabilitiert sein müssen und seinen Posten als Vorstandsmitglied der Girozentrale weiter besetzen können. Statt dessen wurde ziemlich scharf gegen ihn polemisiert. In einer Sitzung, die von der Gegenseite nicht sehr anständig geführt wurde, konnte ich zwar verhindern, daß Wilfling seinen Posten fristlos verlor, nicht aber seine Pensionierung.

Haselgruber meldete am 24. Juni 1958 den Ausgleich an. Bereits einen Monat später wurde im Sinne des Kreditwesengesetzes Dr. Kuffler als Regierungskommissär bestellt, der den Geschäftsführenden Ausschuß der Girozentrale ablöste und dessen Rechte und Pflichten nun erfüllte.

Am 1. Oktober 1958 wurde der Anschlußkonkurs über die Firma Haselgruber verhängt. Die Girozentrale hatte Forderungen in der Höhe von 276 Mio. Schilling angemeldet, wovon 206 Mio. anerkannt wurden. Durch die Verwertung von Aktiva der Firma Haselgruber, insbesondere durch den Verkauf der Anlage in Wördern an die Alpine Montan AG, und durch die schon in den Vorjahren erfolgten Wertberichtigungen verblieben schließlich nach Verbrauch des viel zu niedrigen Eigenkapitals der Anstalt von 10 Mio. Schilling und der Rücklage ein Verlust von 68 Mio. Schilling. Diese Summe konnte durch eine Haftung der beiden Sparkassenverbände, die die Gewährsträger der Girozentrale waren, gedeckt und schließlich als bewertbares Aktivum in die Bilanz der 1957 neugegründeten Girozentrale AG aufgenommen werden. Dr. Kuffler, der in den Vorstand der neuen AG einzog, konnte in der letzten Sitzung des Verwaltungsrates im Dezember 1959 ein positives Bild der Zukunft ziehen. Die Voraussetzungen dazu waren ein fühlbarer Eigenkapitalpolster (statt 10 Mio. Schilling in der alten Girozentrale nun 200 Mio. Schilling), ein breit gefächertes eigenes Geschäft und der aktive Eintritt in den Kapitalmarkt.

Für die Girozentrale bedeutete der Konkurs der Firma Haselgruber einerseits den Verlust des gesamten Eigenkapitals, andererseits aber erlebten die seit 1957 anstehenden Bemühungen um eine Neuordnung der Girozentrale durch die Haselgruber-Affäre eine deutliche Beschleunigung.

Die Privatisierung der Girozentrale war eine Herzenssache des damaligen Finanzministers Kamitz, der immer wieder betonte, daß eine Bank als Körperschaft öffentlichen Rechtes juristisch nicht möglich sei, was natürlich nicht stimmte. Leider wurde diese bei den Sparkassen verbreitete Meinung aber geglaubt. Mir war leid um den Status der Körperschaft öffentlichen Rechtes, weil damit ausdrücklich postuliert war, daß die Girozentrale letztlich wie die Sparkassen einen öffentlichen Auftrag zu erfüllen hatte.

Die Gründung der neuen Girozentrale AG verlief reibungslos. Zum besseren Verständnis ist hier anzumerken, daß die damaligen Machtverhältnisse durch einen Syndikatsvertrag geregelt waren, der in die neue Girozentrale übernommen wurde. Nach diesem Vertrag war das Verhältnis zwischen den beiden großen Parteien einwandfrei geregelt. Das heißt, von den zwanzig Aufsichtsratsmandaten der Girozentrale alt oder neu wurden zwölf Mitglieder von der Ersten Österreichischen Spar-Casse und acht Mitglieder von der Zentralsparkasse der Gemeinde Wien vorgeschlagen. Auf diese Weise glaubte man, das politische Gleichgewicht innerhalb des Sparkassensektors am ehesten getroffen zu haben.

In der neuen Girozentrale wurde automatisch der Leiter der Zentralsparkasse Präsident der Girozentrale, wobei im Gegenzug vereinbart wurde, daß der Präsident des Hauptverbandes der österreichischen Sparkassen ein von der Ersten Österreichischen Spar-Casse bestimmter Funktionär sein mußte.

Die Bestellung des Vorstandes der neuen Girozentrale mutete vielen wie ein politisches Wunschkonzert an: Der damalige Bundespräsident Ing. Raab wünschte sich Dr. Sleik, den Syndikus der Bundeskammer, Sektion Geld- und Kreditwesen. Finanzminister Dr. Kamitz wollte Dr. Kuffler, der während der Krisenzeit der Girozentrale ihr öffentlicher Verwalter war, als eines der Vorstandsmitglieder. Vizekanzler Dr. Pittermann hatte, ganz gegen übliche Modalitäten, den Wirtschaftsredakteur Karl Ausch von der „Arbeiter Zeitung" als Vorstandsmitglied auserkoren, und die Sparkassenorganisation schlug den seinerzeitigen Filialvorstand der Salzburger Sparkasse, Filiale Badgastein, Alfred Stanko, als Vorstandsmitglied vor.

Man sieht also, daß in der Personalpolitik bei der Bestellung des Vorstandes vor allem die Politik maßgeblich war. Das wird um so deutlicher, als ich zu dieser Bestellung von meiner politischen Seite her nicht einmal befragt wurde.

Das Verhältnis der Zentralsparkasse zur Girozentrale war oft belastet durch verschiedene – auch politische – Probleme und Fragen der gegenseitigen Konkurrenzierung. Aber es gelang mir als Präsident doch immer wieder, einen Ausgleich herbeizuführen.

Die maßgebliche Frage des Zusammenlebens war zweifellos die Veranlagung der liquiden Mittel der Zentralsparkasse bei der Girozentrale. Durch das Sparkassengesetz war die Sparkasse verpflichtet, 10% ihrer Spar- und 20% ihrer Giroeinlagen bei der Girozentrale zu unterhalten. Natürlich war es wesentlich, welche Verzinsung die Girozentrale der Zentralsparkasse für diese Pflichteinlagen bot. Neben dieser Veranlagung mußte die Sparkasse auch noch eine Mindestreserve bei der Notenbank im Sinne des Notenbankgesetzes unterhalten. Diese Einlage erfolgte für die Zentralsparkasse durch die Girozentrale. Die Verzinsung der übrigen liquiden Mittel war eine Frage des jeweiligen Geldmarktes. An sich war es nicht gestattet, außer bei der Girozentrale Geld auch bei anderen Banken anzulegen – und wenn, dann nur für Zwecke des Zahlungsverkehrs. Hier ergaben sich oft große Schwierigkeiten, da die Zentralsparkasse selbstverständlich auch Interesse daran hatte, Geldmarktgeschäfte mit den Wiener Großbanken durchzuführen. Für den jeweiligen Vorstand war ich als Präsident nicht immer ein angenehmer Patron, vor allem deshalb, weil ich das Geschäft und die Bedürfnisse der Sparkassen bis ins Detail kannte, während die Vorstandsvorsitzenden und auch andere Vorstandsmitglieder der Girozentrale vom Sparkassenwesen vielfach nur geringe Kenntnisse hatten. Ich muß bei dieser Gelegenheit eine Lanze für meinen Freund Karl Ausch brechen, dessen Berufung von mir anfangs sehr skeptisch aufgenommen wurde. Ausch war aber ein sehr intelligenter Mensch, der bald begriff, um was es ging und sich als Bankier gut bewährte.

Die große Gefahr war, daß die Girozentrale als Bank an sich geführt wurde und nicht als Bank der Sparkassen. Das heißt, daß vielfach das unmittelbare Bankinteresse der Notwendigkeit vorgezogen wurde, dem Sparkassensektor auf allen Ebenen insbesondere auf dem Gebiete der Liquiditätshilfe und der Zusammenarbeit bei Großkrediten behilflich zu sein.

Die Zusammenarbeit mit der Girozentrale, die sozusagen von der Aufsichtsbehörde beordert war, wurde oft auch als Fessel betrachtet. Insbesondere meine jungen Mitarbeiter sahen nicht ein, was die Bindung derart großer finanzieller Mittel bezwecken sollte. Dem Sparkassensektor so viel Energie zuzuwenden – auch ich mußte viele Stunden meiner Tätigkeit bei der Girozentrale zubringen – war in der Tat nicht immer leicht. Nur zu gerne hätte man sich von dieser Fessel befreit gesehen. Ich machte aber immer wieder darauf aufmerksam, daß diese Staffelung des Verwaltungskapitals des Sparkassensektors (einerseits die Veranlagung bei den Sparkassen und andererseits der Rückfluß der liquiden Mittel ins Geschäft bei der Girozentrale) ein äußerst wertvoller und für die Sparkassen wichtiger Anlaß zur gemeinsamen Arbeit sei.

Überzeugend wurde die Zusammenarbeit vor allem in der letzten Zeit meiner Laufbahn, als Generaldirektor Dr. Josef Taus die Probleme der Girozentrale erkannte und auch die Bedeutung eines Gesellschafters, wie es die Zentralsparkasse war, durchaus zu würdigen wußte. Ich arbeitete mit Dr. Taus gerne zusammen, weil auch er ein Mann großer Würfe war. Aus diesem Grund bedauerte ich sein Ausscheiden aus dem Sparkassensektor sehr.

4.1.2. Der Sparkassenverlag

Die Beteiligung an der Sparkassenverlag Gesellschaft m.b.H. gehörte ebenfalls zu den genehmigten Geschäften. Der Sparkassenverband hatte vor der Gründung des Sparkassenverlages eigentlich nur eine Verlagsabteilung, die sozusagen nebenbei betrieben wurde. Sie wurde von einem Revisionsorgan des Sparkassenverbandes, Herrn Direktor Frank, geleitet, war aber damals natürlich noch klein und für die Sparkassenarbeit fast unbedeutend, weil die Arbeit auf dem

Gebiete der Betriebswirtschaft und Werbung insgesamt noch sehr unterentwickelt war. Als ich diese Abteilung im Rahmen des Sparkassenverbandes übernahm, brach eine neue Ära an. Ich rief zwei Organisationen ins Leben, den Zentralen Werbeausschuß und die Betriebswirtschaftliche Arbeitsgemeinschaft. Der Zentrale Werbeausschuß hatte die Aufgabe, sämtliche Werbemittel zu entwerfen, zu formulieren und herzustellen. Dazu bedurfte es natürlich mehr als einer kleinen Subabteilung im Sparkassenverband. Die Betriebswirtschaftliche Arbeitsgemeinschaft schuf nicht nur alle Formulare und Dienstanweisungen, sondern gab auch eine Reihe von Broschüren technischer Art heraus. Später bereitete sie die Übernahme der Sparkassenbuchhaltung durch die EDV vor.

Ich habe damals schon erkannt, daß eine einfache Verlagsabteilung die wachsenden Bedürfnisse nicht würde befriedigen können und regte deshalb im Sparkassenverband die Gründung eines Sparkassenverlages an. Als rechtliche Form schlug ich eine Gesellschaft m.b.H. vor, wobei die Sparkassen selbstverständlich die Gesellschafter waren. Es wurde ein nicht sehr hohes Kapital ausgesetzt und als Geschäftsführer mein Freund Karl Frank und ich eingesetzt. Frank war für das Formular- und Revisionswesen und die Betriebswirtschaft zuständig, während ich in erster Linie die Sparkassenwerbung betreute.

Wir brachten die Zeitschrift „Betriebswirtschaft und Werbung" heraus, in der wir alle Probleme zunächst den Sparkassen vorlegten und mit ihnen diskutierten. In der Folge legten wir eine ganze Reihe von Plakaten, Broschüren und anderen Werbemitteln auf.

Der Sparkassenverlag, der relativ klein anfing, hat sich heute zu einem Unternehmen von ganz großer Potenz ausgewachsen, und ich freue mich, an seiner Wiege gestanden zu sein.

Zu den automatisch genehmigten Beteiligungen gehörte der Vollständigkeit halber auch die Beteiligung an der Österr. Kommunalkredit AG, zu der im Kapitel „Körperschaftskredite" nähere Details bereits ausgeführt wurden.

4.2. Nicht aufsichtsbehördlich genehmigte Beteiligungen

4.2.1. Die EKAZENT Realitätengesellschaft m.b.H.

Die EKAZENT wurde im Jahre 1961 von der Zentralsparkasse als Abwicklungsgesellschaft für das Einkaufszentrum Hietzing gegründet. In der Folge wurde sie zu einer Gesellschaft aufgebaut, deren Ziel die Pflege des Realitätengeschäftes war. Sie sollte in erster Linie zur Verbesserung der Infrastruktur der Stadt beitragen und neuen, sich schon anbahnenden Geschäftszweigen Möglichkeiten zur Entfaltung verschaffen.

Anfang der sechziger Jahre war das Geschäft in Supermärkten und Einkaufszentren nicht mit heutigen Verhältnissen vergleichbar: sie steckten noch in den

Kinderschuhen, und die Öffentlichkeit war äußerst skeptisch. Da ich selbst der Meinung war, daß dieser Einkaufsstil zweifellos Zukunft haben würde, war mir klar, daß ich derartige Entwicklungen nicht nur rechtzeitig mitfinanzieren, sondern auch beschleunigen mußte.

Es war schon damals nicht leicht, sich weitsichtig zu geben. Den Einkaufszentren wurde immer vorgeworfen, den Kleinhandel umzubringen und die Nahversorgung unmöglich zu machen. Wenn allerdings schon Einkaufszentren errichtet würden, so sollte dies selbstverständlich auch im Stadtgebiet geschehen, wo auch Menschen ohne Auto einkaufen könnten.

Das war mit ein Grund dafür, warum ich damals die EKAZENT gegründet habe. Damit kam es aber auch zur ersten nicht erlaubten Geschäftstätigkeit der Zentralsparkasse. Ich reichte wohl um Genehmigung ein, der Antrag wurde aber weder abgelehnt noch bewilligt.

Ich suchte damals eine Möglichkeit, ein Gebiet der Stadt sozusagen vom kaufmännischen Standpunkt aus zu sanieren. Ich war seit dem Jahr 1958 „Bürger von Hietzing", wo ich mir in Lainz ein Haus gebaut hatte – eine Gegend, die so gut wie keine Einkaufsmöglichkeiten bot, sieht man vom Lebensmittelhandel einmal ab. Um größere Einkäufe zu tätigen, mußte man in die Stadt fahren.

Anläßlich der Errichtung von großen Wohnsiedlungen wurde immer wieder über Möglichkeiten nachgedacht, Einkaufsgelegenheiten mitzukonstruieren. Allerdings wurde argumentiert, daß die Leute ohnehin in der Stadt beschäftigt sein und mit den Einkäufen nach Hause kommen würden. Derartige Überlegungen degradierten jedoch große Gebiete zu reinen Schlafstätten und waren alles – nur nicht familienfreundlich. Schon damals lernten wir aus den Erfahrungen in anderen Staaten. So konnte ich anläßlich eines Besuches in Schweden mit den dortigen Sparkassenkollegen sprechen, die versuchten, die Infrastruktur in die sogenannten Satellitenstädte einzubringen. Für mich waren in diesem Zusammenhang auch die Wiener Gemeindebauten der zwanziger Jahre dieses Jahrhunderts ein Vorbild. Dort war in den Höfen alles vorhanden, was die Leute brauchten. Sie befanden sich hier wirklich in einem größeren Ort, ohne das Gefühl der Isolation zu haben.

Ich wollte versuchen, eine derartige Nahversorgungsstruktur zu schaffen, wo sich verschiedene Geschäfte zu einem größeren Einkaufszentrum ansiedelten. Ich wollte kein Großwarenhaus, sondern eine möglichst große Anzahl einzelner Geschäfte, in denen aber große Ladenketten ohne weiteres auch ihre Filialen haben konnten.

Bei meiner Suche stieß ich auf das Gebiet vor der Kennedy-Brücke, das sich als geeignet für mein Vorhaben erwies. Die Zentralsparkasse erwarb zunächst den nötigen Grund und Boden in diesem Viertel, wo ein Fremdenverkehrsbetrieb, ein Kino und einige Geschäfte bereits vorhanden waren. Denn nur wenn wir die Möglichkeit hatten, auf dem Grundstück nach unseren Vorstellungen zu agieren, war es möglich, etwas Positives auf die Beine zu stellen. Das vorhandene Lichtspieltheater wurde von der KIBA betrieben, mit der über die Umwidmung, d. h. die Verlegung des Kinos von der Straße auf den hinteren Teil des Grundstückes, teilweise sehr zähe aber erfolgreiche Verhandlungen geführt wurden.

Mein nächster Schritt war die Gründung einer Studiengesellschaft. Ich wollte das Einkaufszentrum einer Fachgesellschaft übertragen, die sich in der Folge mit dem Bau weiterer Einkaufszentren beschäftigen sollte. Dazu waren unter anderem drei wichtige Voraussetzungen notwendig: erstens eine Person für das Management, zweitens eine prägnante und sich gut verkaufende Marke für das Objekt und drittens ein phantasievoller Architekt. Ich hatte das Glück, daß sich alle Vorgaben erfüllten. Als Manager der EKAZENT konnte ich Rudolf Hahn gewinnen, einen Angestellten der Zentralsparkasse, der mir durch seine realistische und mutige Tatkraft, die er in seinem Bereich an den Tag gelegt hatte, aufgefallen war. Die Berufung Hahns war für mich zwar ein Sprung ins kalte Wasser, erwies sich jedoch rasch als die richtige Entscheidung, war Hahn doch immerhin von 1961 bis Mai 1978 mit großem Erfolg Geschäftsführer der EKAZENT. Mit dem Architekten Windbrechtinger wurde ein Mann gefunden, mit dem sich eine ausgezeichnete Zusammenarbeit entwickelte. Die schon nach kurzer Zeit gefundene Marke EKAZENT schließlich rundete die Palette der Grundvoraussetzungen ab.

Nun galt es, im Rahmen der Studiengesellschaft in erster Linie sowohl den Markt zu studieren, als auch die als potentielle Kunden oder Konkurrenten betroffenen Menschen für den Plan zu gewinnen, um unangenehme Enttäuschungen zu vermeiden. Der Widerstand der um ihre Existenz bangenden Hietzinger Geschäftsleute war vorerst groß, weil sie fürchteten, dem Standard eines modernen Einkaufszentrums nichts entgegensetzen zu können. Unser Argument, wonach ein neues Zentrum viele Kunden anlocken würde, die letztlich auch in den bereits bestehenden Geschäften ihre Einkäufe decken würden, konnte nach längeren Auseinandersetzungen doch zur Beruhigung beitragen. Unsere Überzeugungsarbeit war schließlich unter großer Unterstützung der Interessensvertretungen der Wirtschaft von Erfolg gekrönt. Schon während und vor allem nach Abschluß der Bauarbeiten begannen die Hietzinger Kaufleute – angeeifert durch das Vorbild des Einkaufszentrums – ihre eigenen Geschäfte zu renovieren, wodurch der Beginn der Hietzinger Hauptstraße ein ganz neues Gesicht bekam.

Zunächst veranlaßte ich selbst eine Umfrage, um festzustellen, wie groß der Kundenkreis für das Einkaufszentrum sein könnte. Das Ergebnis zeigte jedoch kein klares und verläßliches Bild. Insbesondere war es eine Illusion, daß wir viele Kunden aus dem benachbarten Bezirk anziehen würden. Ein Penzinger, so hörten wir, kauft in Hietzing nicht ein, obwohl nur die Kennedy-Brücke dazwischen liegt. Wir konnten uns auf eine Marktanalyse im üblichen Sinn also nicht recht verlassen. Dennoch erwies sich der Standort im großen und ganzen als richtig – wie auch die Art und Weise, in der das gesamte Geschäft abgewickelt wurde.

Architekt Windbrechtinger, den ich im Laufe der Zeit persönlich sehr gut kennen und schätzen lernte, war ein Mann, der sich in die Vorstellungen des Bauherrn hineindenken konnte, wodurch die Errichtungskosten einigermaßen im Rahmen gehalten wurden. Um die Sache auch für den Betreiber des Einkaufszentrums lukrativ zu machen, bestand damals schon die Notwendigkeit, relativ hohe Mieten kalkulieren zu müssen – eine nicht unkritische Situation, weil einige Geschäftsleute unverhohlen damit argumentierten, diese Mieten niemals erwirtschaften zu können. Aus heutiger Sicht ist dem allerdings entgegenzuhalten, daß die vor dreißig Jahren in die Geschäfte der EKAZENT eingezogenen Mieter praktisch noch die selben sind, es sei denn, daß sie weggezogen sind oder ihr Geschäft aus Altersgründen liquidiert haben.

Natürlich lief nicht alles so glatt ab, wie es hier – abgesehen von den rein wirtschaftlichen Problemen – dargestellt wurde. Zumindest eine groteske Episode drohte dem Bauprojekt im letzten Augenblick einen Riegel vorzuschieben. Im Grundbuch war für die Liegenschaft, auf dem das Einkaufszentrum heute steht, zu Gunsten des k.u.k. Hofärar ein Servitut eingetragen. Es besagte, daß der Ausblick von der Schwarzen Allee in Schönbrunn Richtung Auhof nicht verbaut werden durfte, da der alte Kaiser Franz Josef, wenn er durch die Allee spazieren ging, besonders den Ausblick nach Westen in das Gebiet des Wienerwaldes genossen hatte. Dieses Servitut hatte seinen praktischen Wert an sich schon längst verloren, weil die Aussicht bereits durch andere Bauten verstellt war. Es mußte aber dennoch beseitigt werden. Konkret ging es dabei um den Baukörper, der jetzt die Filiale der Zentralsparkasse im Erdgeschoß und das darüberliegende Hotel Ekazent beherbergt. Wir rechneten zunächst nicht mit Schwierigkeiten, wurden aber sehr rasch eines Besseren belehrt, als sich herausstellte, daß hierzu Verhandlungen auf höchster Ebene zwischen Vizebürgermeister Slavik und dem damaligen Bautenminister Kozina geführt werden mußten. Schließlich sollte sogar ein Tauschgeschäft mit dem Bund gemacht werden, und die Angelegenheit begann, sich in die Länge zu ziehen.

Eines Tages verlor ich die Geduld und ging spontan zu Herrn Hofrat Grasser, dem damaligen Schloßhauptmann von Schönbrunn. Da ich nicht angemeldet war, ließ er mich zunächst einmal über eine Stunde warten. Das dürfte bei ihm allerdings eine gewisse Verpflichtung hervorgerufen haben, denn er war sehr entgegenkommend. Schon nach wenigen Minuten kamen wir überein, das Servitut gegen eine Bezahlung von 6.000,– Schilling zu löschen, womit die letzte große Hürde für unser Projekt überwunden war.

Schwierigkeiten mit Behörden gab es in der Folge noch beim Bau des Restaurants „Eibenhof" im hinteren Trakt des Grundstückes. Dort stand eine mehr als hundert Jahre alte Eibe, die uns einiges Kopfzerbrechen bereitete. Zunächst wollten wir sie – nach Zustimmung des Stadtgartenamtes – an einen anderen Ort verpflanzen und hatten danach bereits die Pläne gezeichnet. Plötzlich aber verließ das Stadtgartenamt doch die Courage, da Probleme befürchtet wurden, falls die Eibe durch die Verpflanzung möglicherweise umgebracht worden wäre. Also zeichnete Architekt Windbrechtinger, der auch ein grüner

Denker war, die Pläne wieder um und beließ die Eibe sozusagen wie die Kirche im Dorf.

Um dem Einkaufszentrum nicht nur eine funktionelle, sondern auch eine ästhetische Note zu geben, erachtete ich es als notwendig, Künstler gestalterisch mitwirken zu lassen. Maria Biljan-Bilger etwa, die bereits für die Zentralsparkasse gearbeitet hatte, erhielt den Auftrag zur Gestaltung eines großen Mosaiks an der Front zur Hietzinger Hauptstraße und zur Errichtung eines Brunnens im Hof des Einkaufszentrums. Aber auch andere Künstler wurden herangezogen, um der Anlage zu einem schönen Aussehen zu verhelfen.

Im Oktober 1964 konnte das Ekazent Hietzing termingerecht durch den damaligen Bürgermeister Jonas eröffnet werden. Wenige Jahre nach Inbetriebnahme bestätigte eine Marktuntersuchung die Richtigkeit unseres Branchenkonzeptes. Das Einkaufszentrum hatte eine Marktwirkung erzielt, von der auch die in der Umgebung etablierten Handels- und Dienstleistungsbetriebe profitierten. Die in der Planung beabsichtigte Verstärkung der Zentrumsfunktion dieses Bereiches war voll aufgegangen.

Das war der erste Ausflug der Zentralsparkasse in ein ganz neues Gebiet. Die Beteiligung an der EKAZENT war damals noch illegal, erwies sich jedoch als richtige Entscheidung, zumal es sich auch nicht um eine spekulative Geschichte handelte, sondern eine echte Leistung für die Haftungsgemeinde und die Bürger der Stadt war. Sie entsprach einer modernen Auslegung der Sparkassenarbeit: wir privatisierten sozusagen, lange bevor dieses Wort zum Schlagwort wurde. Die Privatinitiative sollte vor allem dort ansetzen, wo sie tatsächlich etwas leisten konnte – an einem guten Projekt mit einer soliden Kapitalbasis. Hätte die Gemeinde selbst als Bauträger fungiert, so hätte die Kritik wohl gelautet, daß das nur zur Errichtung einer neuen „Konsum"-Filiale und eines sozialistischen Parteilokales geschehe. Um solchen Argumenten den Wind aus den Segeln zu nehmen, wurde dieser Weg eingeschlagen, und ich glaube, er hat auch funktioniert. Mit dem Ekazent Hietzing konnten wir ein Projekt verwirklichen, das frei von jeder Politik ausschließlich aus wirtschaftlichen Überlegungen entsprungen ist.

Die EKAZENT wurde auf Grund dieses Erfolges mit weiteren Arbeiten betraut, von denen ich einerseits die Revitalisierung des Blutgassenviertels im 1. Wiener Gemeindebezirk – ein international Aufsehen erregendes Projekt – und andererseits die Errichtung des Donauturms – den umstrittenen Bau eines Wahrzeichens für die Stadt Wien – hier erwähne.

4.2.2. Ein Stück Altstadt wird vor der Spitzhacke gerettet

Ich hatte mit dem sehr verständnisvollen und tüchtigen Kommunalbeamten Obersenatsrat Böck immer ein sehr gutes Verhältnis. Wir debattierten des öfteren über die Probleme der Stadt. Eines Tages rief er mich an und bat mich, sofort zur geplanten Abbruchstelle Blutgasse zu kommen, wo er mir etwas zeigen wollte. Bei meinem Eintreffen hatten Arbeiter bereits mit Spitzhacken und anderen Abbruchgerätschaften begonnen, das Blutgassenviertel dem Erdboden gleichzumachen. Böck führte mich zu einer Stelle, wo eine Wand niedergerissen worden war und sich nun eine wunderbare gotische Wendeltreppe zeigte. „Das kann man doch nicht niederreißen. Das müssen wir retten!" meinte Böck, und ich konnte ihm angesichts dieser architektonischen Meisterleistung nur Recht geben.

Das Blutgassenviertel wurde bei der zweiten Stadterweiterung zwischen 1171 und 1194 in den Schutz der Stadtmauern einbezogen. Die Grundrisse der Häuser zeigen deutlich die gotische Parzellierung. Die Blutgasse selbst hieß zwischen 1369 und 1411 „Kothgeßl" und scheint 1542 als „plutgeslein" auf. Woher der Name stammt, ist nicht eindeutig geklärt. Die Singerstraße dagegen wurde bereits 1276 von den aus Sünching bei Regensburg eingewanderten Webern, Filzern und Färbern „Sünchingerstraße" genannt, woraus später „Suningerstraße" und schließlich „Singerstraße" wurde. Der kleine Hof, der zwischen Singerstraße und Blutgasse gebildet worden ist, heißt „Fähnrichshof". Dort versammelte sich einst eine der vier Bürgerkompanien.

Im Laufe der Zeit erfuhren die meisten Häuser des Viertels teilweise beträchtliche Veränderungen. Der Fähnrichshof etwa brannte im Jahre 1753 zum größten Teil ab, die Häuser wurden daraufhin aufgestockt, wobei sie im wesentlichen ihre heutige Gestalt bekamen. Interessant ist auch, daß das sogenannte „Pawlatschenhaus" im 19. Jahrhundert der Spitzhacke zum Opfer fallen sollte. 1886 reichte die Firma Siemens & Halske das Projekt einer „Central Station für elektrische Beleuchtung" an dieser Stelle ein, im Jahre 1891 plante die „Allgemeine österreichische Elektrizitätsgesellschaft" ein vier Stock hohes Vordergebäude für Wohnungen nebst einem mächtigen Hintergebäude zur Aufstellung von Akkumulatoren. Glücklicherweise wurden diese Projekte aber nicht verwirklicht.

Es handelte sich beim Blutgassenviertel also um einen sehr alten Teil der Innenstadt, der baulich zwar sehr desolat war, dessen Erhaltung sich aber zwingend aufdrängte. So kam es zu einem wirklich säkularen Versuch, die Revitalisierung der Wiener Innenstadt zu beginnen. Ein Ansinnen, das einerseits von unendlichen Mühen begleitet war, andererseits aber sehr viel Anerkennung in ganz Europa einbringen sollte.

Als ich überlegte, wie man die Sache anpacken könnte, fiel mir die EKAZENT ein. Zwar war hier kein Einkaufszentrum zu errichten, aber die finanzielle Mithilfe bei der Sanierung alter Stadtteile erschien mir als mögliches neues Standbein. Meine Idee, die EKAZENT mit der Sanierung zu befassen, fand bei Rudolf Hahn sofort Interesse. Seine Anteilnahme steigerte sich rasch zu einem enormen Engagement, woraus ich ersehen konnte, daß die EKAZENT begriffen hatte, worum es ging.

Seit meinem Lokalaugenschein mit Obersenatsrat Böck war einige Zeit vergangen, in der Hahn Zeit gehabt hatte, sich die Angelegenheit zu überlegen. Die Sanierung sollte das sogenannte „Pawlatschenhaus" (Blutgasse 3), die Objekte um den „Fähnrichshof" (Blutgasse 5, 7, 9 bis Singerstraße 11) sowie den Wiederaufbau des im Krieg total zerstörten Hauses Nikolaigasse 1 umfassen.

Neben dem schlechten Bauzustand gab es eine Reihe von meist rechtlichen Fragen, die sich bei der Bewältigung des Problems auftürmten. Zunächst war da die Frage der Besitzverhältnisse. Die Stadt Wien hatte die Häuser nach und nach aufgekauft. Lediglich zwei Objekte konnten erst nach langwierigen Kauf- und Ablöseverhandlungen erworben werden. Als auf Grund der bestehenden Mieterschutzbestimmungen besonders schwierig gestaltete sich die Umsiedlung der noch vorhandenen Mieter. Viele von ihnen waren mit einer Abfindung zufrieden, andere bestanden auf einer Ersatzwohnung und waren erst nach langen Verhandlungen zufriedenzustellen. Nach Überwindung dieser Schwierigkeiten und Einleitung der Planungsarbeiten galt es, das Problem der Finanzierung rechtlich zu lösen. Einerseits sollte dabei den Intentionen der Stadt Rechnung getragen, andererseits den künftigen Bewohnern die Gewähr für eine ordnungsgemäße Abwicklung gegeben werden. Schließlich betraute die Stadt Wien als Grundeigentümer die EKAZENT offiziell mit der Sanierung und gewährte ihr ein Baurecht auf 80 Jahre. Damit waren die Voraussetzungen für eine kostendeckende Assanierung geschaffen.

Im Spätherbst 1962 konnte mit den Arbeiten begonnen werden, wobei es auch zu einigen unangenehmen Überraschungen kam. So mußten wir feststellen, daß es auch im Mittelalter schon so etwas wie einen Bauschwindel gegeben hatte. Die Arbeiter stießen auf dicke Mauern, die sich bei näherer Untersuchung als dünne Ziegelwände entpuppten, die mit Schutt und Abfall aufgefüllt worden waren. Zu ihrer Absicherung waren aufwendige und gefährliche Arbeiten notwendig. Schließlich ergab sich auch im Fähnrichshof ein ähnliches Problem wie es bereits beim Eibenhof in Hietzing der Fall gewesen war, diesmal war es allerdings eine Linde, die die Gestaltung des Hofes beeinflußte.

Der Umbau erbrachte letztlich zwölf Lokale und dreißig Wohnungen mit einer Größe zwischen 40 und 216 m². Die Kosten der Sanierung lagen natürlich etwas über den Kosten eines Neubaus, das erzielte Ergebnis aber sprach für sich. Wenn man nach der Fertigstellung das Blutgassenviertel durchschritt, glaubte man sich in einen anderen Zeitabschnitt versetzt. Man hatte das Gefühl, daß plötzlich aus einer Türe im ersten Stock des Pawlatschenhauses Franz Schubert treten und über die schönen Blumenkästen in den Hof hinunterschauen würde.

Obersenatsrat Böck hatte mit seiner Initiative wesentlich zur Überwindung sämtlicher Komplikationen baulicher und sonstiger Art beigetragen. Böcks Idee hatte auch prominente Unterstützung bei einigen Künstlern gefunden, etwa Prof. Fritz Wotruba und Kammerschauspielerin Käthe Gold, die später selbst Mieter in der Blutgasse wurden. Das Blutgassenviertel wurde eine europäische Berühmtheit und in verschiedenen europäischen Zeitschriften als vorbildliche Assanierung gepriesen. Als einige Jahre später in Wien ein internationaler

Kongreß zu Fragen der Altstadtsanierung stattfand, konnten sich die Teilnehmer vor Ort mit dieser Sanierung beschäftigen. Seitdem ist nicht nur in Wien vieles auf diesem Gebiet geschehen.

Die EKAZENT selbst beschäftigte sich in den folgenden Jahren noch mit einer Reihe von ähnlichen Projekten. Die im Blutgassenviertel gewonnenen Erfahrungen waren nicht zuletzt die Grundlage dafür, daß auch diese Assanierungen ohne größere Probleme über die Bühne gingen.

4.2.3. Der Turmbau zu Babel oder Wie Wien zu seinem Donauturm kam

An einem schönen Nachmittag im Spätsommer des Jahres 1961 trafen sich in einem Garten in Grinzing drei Herren: der damalige Amtsführende Stadtrat Kurt Heller, ein Bauunternehmer namens Brabetz und ich. Stadtrat Heller und Brabetz hatten in einem informativen Treffen einen Plan für die 1964 in Wien stattfindende Internationale Gartenausstellung besprochen. Darin war auch die Idee eines markanten Akzents in Form eines Turmes enthalten, der das ganze Gelände beherrschen und Aufsehen erregen sollte. An einen Fernsehturm, wie ich ihn aus Stuttgart, Frankfurt oder Rotterdam kannte, war aber nicht zu denken. Die Post war für ein derartiges Vorhaben nicht zu gewinnen, und man stand vor der Frage, wer ein solches Bauwerk überhaupt errichten und finanzieren sollte. Im Bewußtsein dieser Schwierigkeiten hatte man mich zu der Zusammenkunft eingeladen.

Brabetz' Idee hatte einiges für sich. Wien hatte zu diesem Zeitpunkt nur wenige markante Bauwerke jüngeren Datums aufzuweisen. Ein Turm von der von Brabetz angedeuteten Größe konnte durchaus zu einem neuen Wahrzeichen avancieren. So einfach – und hier mußte ich Stadtrat Heller Recht geben – würde die Angelegenheit allerdings nicht werden.

Wir beschlossen, uns zu einem späteren Zeitpunkt nochmals zu treffen, um die Frage ausführlicher zu besprechen.

Die Idee ließ mir keine Ruhe, und ich begann, neben den baulichen Problemen vor allem die Frage der Trägergesellschaft und der Finanzierung zu durchdenken. Bei meinen Erwägungen fiel mir wieder die EKAZENT ein. Ich ließ Geschäftsführer Hahn von dem geplanten Vorhaben wissen und bat ihn, mir nach eingehender Überlegung entsprechende Vorschläge zu unterbreiten. Hahn war im ersten Augenblick einigermaßen nervös, weil dieses Vorhaben in keiner Weise mit dem Bau eines Einkaufszentrums vergleichbar war und er nicht wußte, wie er das bewerkstelligen sollte. Aber schon nach kurzer Zeit hatte er seine Bedenken abgelegt und sich voll auf die Lösung des Problems konzentriert.

Zunächst mußte festgestellt werden, wie hoch der Turm werden sollte, weil davon Finanzierung, Kosten und Organisation abhingen. Der Turm sollte so gebaut sein, daß man von einer Terrasse über ganz Wien sehen konnte, er sollte aber auch nicht zu hoch werden, denn jeder Meter kostete viel Geld.

Um die Höhe zu fixieren, war ein Hubschrauber nötig. Da es in Österreich damals noch kein privates Helikopterunternehmen gab, versuchten wir auf einen Hinweis hin unser Glück in Italien. Ein Flugunternehmen verlieh zwar Hubschrauber, allerdings waren die Kosten von 100.000,- Schilling pro Einsatz nicht tragbar.

Eines Tages erhielt Hahn von Stadtgartendirektor Auer einen Wink, sich an den damaligen Innenminister Afritsch zu wenden; das Innenministerium verfüge über einige Rettungshubschrauber, möglicherweise könne man hier ein Gerät ausborgen. Hahn tat das und wurde von Afritsch prompt abgewiesen. Einige Tage später rief Afritsch jedoch Hahn seinerseits an und teilte ihm mit, daß es einen Ausweg gäbe. Ein Helikopter sei nach Reparaturarbeiten in Toulouse nun einen Tag in Wien und stünde zur Verfügung. Für diesen Einsatz sei lediglich der Benzin zu bezahlen – was im Endeffekt 900,- Schilling kostete.

Auf dem Platz, wo der Donauturm heute steht, wurde ein großes Lattenkreuz ausgelegt. Nun zog der Hubschrauber über diesem Kreuz bis zu einer Höhe hoch, die einen sehr guten Ausblick auf Wien gewährte. Die Höhe wurde fixiert, es waren 150 m. Lange Zeit wurde später gespöttelt, daß wir an einem tiefen Punkt der Stadt einen Turm gebaut hatten, anstatt beispielsweise auf dem Kahlenberg. Unser Einwand war, daß man vom Kahlenberg ohnehin von oben herabsehen könne. Der Blick von einem hohen Punkt über dem Donaupark wäre hingegen ein Novum.

Sodann wurde die Donauturm Aussichtsturm- und Restaurantbetriebsgesellschaft m.b.H. als Tochter der EKAZENT gegründet. Ein Proponentenkomitee, bestehend aus Vertretern einiger Baufirmen – darunter die Reformbau unter Brabetz –, Mitarbeitern der EKAZENT und natürlich Architekt Lintl, machten zunächst eine Studienreise nach Stuttgart, Frankfurt und Rotterdam, um Erfahrungen zu sammeln.

In der Folge war es an der Zeit, mit der Kalkulation zu beginnen. Auf Grund eines Vorbescheides von Brabetz hatten wir einen Anhaltspunkt über die Höhe der Baukosten bekommen, die als Basis für die Ausschreibung diente. Im Zuge der Ausschreibung stellten wir allerdings fest, daß Brabetz selbst später einen wesentlich höheren Kostenansatz eingebracht hatte. Hätten wir diese Kosten berücksichtigt, wäre das Projekt geplatzt, weil es nie zu einem rentablen Betrieb gekommen wäre.

Einmal mehr kam uns der Zufall zu Hilfe. Der Generaldirektor der Universale Bau AG interessierte sich ebenfalls für den Bau des Donauturmes. Er teilte mir mit, daß eine Partie von Arbeitern, die ausgesprochene Fachleute auf dem Sektor der Gleitbauweise waren, soeben mit dem Bau der Europabrücke fertiggeworden war, die ähnliche technische Probleme gebracht hatte, wie sie beim Donauturm zu erwarten war. Er könne sich einen preisgünstigen Einstieg vorstellen, da für diese Arbeiter im Moment keine andere Beschäftigung vorhanden sei. Das von ihm nachgereichte Offert lag tatsächlich wesentlich unter dem Angebot von Brabetz. Der Auftrag fiel deshalb an eine Arbeitsgemeinschaft, in der die Universale unter anderem vertreten war.

Diese Tatsache löste bei Brabetz, der zugegebenermaßen von Beginn an mit der Idee hausieren gegangen war, große Verärgerung aus. Sie führte soweit, daß er meine angebliche mündliche Zusage zur Errichtung des Turmes vor Gericht einklagen wollte. Die gerichtliche Entscheidung fiel aber gegen Brabetz aus.

Am 1. August 1962 wurde mit den Bauarbeiten begonnen und zunächst das Fundament fertiggestellt. Ich selbst habe mich sehr für den Baufortschritt interessiert. Immer, wenn ich aber einen Blick in die Baugrube machte, die das Fundament aufnehmen sollte, empfand ich sie als viel zu klein. Man klärte mich jedoch auf, daß das statische Prinzip des Donauturms ähnlich dem eines Stehaufmännchens sei – ein sehr schwerer Fuß, der jede seitliche Bewegung des Turmes ausgleiche und ihn immer wieder in eine aufrechte Lage versetze.

Wir hatten während der Bauzeit einen sehr strengen Winter, was für den Fortgang der Arbeiten streckenweise eine Katastrophe war. An einen Baustop war nicht zu denken, denn der Termin der Gartenausstellung ließ sich nicht aufschieben. Insgesamt wurden immerhin 1.280 m^3 Fertigbeton verbaut, dessen Bestandteile in der extrem kalten Jahreszeit vorgewärmt werden mußten. Heizstrahler sorgten dafür, daß die Baustelle immer gewärmt war und dadurch die Aushärtung ohne Schaden für den Beton erfolgen konnte. Das war nur eines von vielen Problemen, die alle gut gelöst werden konnten.

Ich selbst machte, als der Rohbau bereits stand und die Restauranteinrichtung noch nicht montiert war, einmal eine sehr abenteuerliche Reise in die Lüfte. Mit einem Materialaufzug sollten wir zunächst in eine Höhe von 70 m hinauffahren, aber auf halber Strecke hatte der Lift plötzlich einen Defekt. Wir mußten den Aufzug händisch hinunterwinden, und es stellte sich heraus, daß ein Arbeiter eine Baumaschine auf ein Kabel gestellt und damit einen Kurzschluß ausgelöst hatte. Nach Reparatur des Schadens starteten wir die Reise erneut. Aus dem Aufzug gestiegen, mußten wir weitere 35 m auf Leitern hinaufklettern. Es war eine abenteuerliche Klettertour, die sich nicht nur auf die Magennerven auswirkte, sondern auch die Beinmuskulatur entsprechend strapazierte.

Oben bot sich ein einmaliger Ausblick auf Wien und seine Umgebung, der den abenteuerlichen Aufstieg schon vergessen ließ. Als ich aber gelöst zu Boden und zwischen den Brettern der Abdeckung hindurchblickte, meldete mein Magen sich sofort wieder...

Der Bau schritt rasch voran und konnte termingerecht abgeschlossen werden. Die Besonderheit und Novität des Donauturmes sind die beiden Restaurantgeschosse, die sich auf drei Schaltstufen innerhalb von 26, 39 oder 52 Minuten einmal um die eigene Achse drehen, so daß der Gast Wien von allen Seiten betrachten kann.

Die feierliche Eröffnung des Donauturmes erfolgte am 4. April 1964 noch vor Beginn der Gartenausstellung. Wir hatten die große Ehre, Bundespräsident Dr. Schärf begrüßen zu können, der mit dem Begrüßungskomitee unter meiner Führung zur Aussichtsplattform hinauffuhr und oben Platz nahm. Wir unterhielten uns sehr angeregt über den Bau des Turmes und seinen Verwendungszweck, und Schärf zeigte großes Verständnis, daß eine Stadt wie Wien auch ein Signum brauchte, um sich international bei der bevorstehenden Gartenausstellung sehen lassen zu können. Er klopfte mir anerkennend auf die Schulter und sagte: „Die Zentralsparkasse ist sehr tüchtig, sie finanziert Wohnungen, Gemeinden, den Donauturm und die ‚Kronen Zeitung'." Ich war betroffen. Er aber lächelte in der ihm eigenen Art, und ich wußte nicht recht, wie ich das deuten sollte. Wahrscheinlich war es als Warnung gedacht, doch faßte ich es als ironische Bemerkung auf. Wie sich noch herausstellen sollte, war das ein Irrtum von mir ...

Als man der Öffentlichkeit später weismachen wollte, daß die SPÖ von der Finanzierung der „Kronen Zeitung" nichts gewußt haben soll – ein Argument, das man vor allem gegen mich vorgebracht hatte – mußte ich immer wieder an Schärfs Worte an diesem Tag denken, die mir eindeutig das Gegenteil bewiesen.

Aber das alles tat dem Vergnügen noch keinen Abbruch. Der Himmel sollte sich erst einige Wochen nach der Eröffnung trüben, als wir seitens der Gemeinde einen Bescheid erhielten, wonach für die Benützung des Aufzuges eine Lustbarkeitsabgabe zu entrichten sei. Man erachtete den Ausblick vom Donauturm als „Wollust" und eine derartige Abgabe somit als durchaus gerechtfertigt. Daß man für einen Lift eine derartige Abgabe zahlen sollte, war etwas völlig Neues. Offensichtlich versuchte man, Sand in das Getriebe zu streuen, und ich wußte auch warum: der Donauturm war von Stadtrat Heller und Frau Stadtrat Gertrude Fröhlich-Sandner besonders forciert worden, was Stadtrat Slavik wiederum nicht paßte.

Nichts desto trotz reichte ich gegen die Gemeinde Wien eine Klage ein, um den Bescheid zu annullieren. Es gelang mir zwar nicht ganz, ich erreichte aber zumindest einen Vergleich und eine entsprechende Ermäßigung. Hätten wir diese Abgabe in voller Höhe den Aufzugsgebühren aufschlagen müssen, wäre uns sowohl propagandistisch als auch finanziell ein Strich durch unsere Kalkulation gemacht worden. Auf ähnliche Weise sind schon viele gute Ideen zugrunde gerichtet worden.

Der Donauturm erreichte auf Anhieb eine hohe Akzeptanz unter der Bevölkerung. Im Jahr der Gartenausstellung zählten wir fast 600.000 Besucher, die nicht nur die herrlichen Pflanzen, sondern auch den Blick auf Wien genießen wollten. Heute bildet der Donauturm – fast 30 Jahre nach seiner Errichtung – eine der touristischen Hauptattraktionen, die aus dem Stadtbild nicht mehr wegzudenken ist.

Wie richtig die Wahl seines Standortes war, ergibt sich auch daraus, daß einige Jahre später das heutige Vienna International Center sowie das Konferenzzentrum in nächster Nähe eröffnet wurden. Angesichts der weiteren Pläne der Stadt Wien, die vorsehen, das gesamte Gebiet zu einer neuen City auszubauen, könnte der Donauturm für die neue Stadt das werden, was der Stephansdom seit Jahrhunderten für die alte Stadt ist. Ich glaube daher, daß der Plan der Errichtung des Donauturms richtig war. Auch die anfänglich etwas schwierige Finanzierung gelang zur vollsten Zufriedenheit. Sie wurde auf eine langfristige Basis gestellt, um die Annuität den Abschreibungsquoten anzupassen.

Die EKAZENT entwickelte sich nach und nach zu einem wichtigen Glied der Kommunalpolitik. Nicht nur große Projekte – wie die hier genannten – konnten verwirklicht werden, sondern auch eine ganze Reihe kleiner Geschäftsanlagen in neuen Wohnsiedlungen sowie Assanierungen einzelner Objekte. Schließlich wurde über die unmittelbar im Eigentum befindlichen Liegenschaften hinaus auch die Verwaltung von vielen anderen Liegenschaften übernommen und somit ein weiterer Geschäftszweig eröffnet.

5. Der kommerzielle Realkredit

5.1. Grundrente und Realkredit

In den frühen sechziger Jahren beschäftigte ich mich mit dem Problem der Schaffung von Eigenkapital für den Bau von langfristigem Anlagevermögen – und zwar nicht nur für den Wohnbau. Ich war der Meinung, daß derjenige, der langfristiges Kapital zur Verfügung stellt, nicht allein mit dem Zinsertrag abgegolten werden sollte. Benötigte jemand über die normale Beleihungsgrenze hinaus Finanzierungen, ohne selbst das Eigenkapital auf die Beine stellen zu können, so mußten demjenigen, der diese Mittel aufbringt, auch Eigentumsrechte eingeräumt werden. Abgesehen von den Wohnbauproblemen in Wien, gab es eine Reihe von Projekten zur Schaffung kommerzieller Einrichtungen, die langfristig finanziert werden sollten. Ich denke dabei in erster Linie an Gewerbehöfe, Einkaufszentren und Kaufhäuser größeren Umfangs, über die teilweise bereits im vorangegangenen Abschnitt gesprochen wurde.

Ein interessantes Betätigungsfeld bot in diesem Zusammenhang auch die äußerst kapitalintensive Errichtung von Großhotels, für die das Eigenkapital nur sehr schwer aufzubringen war. Der Wiener Aktienmarkt war viel zu klein, um die benötigten Summen etwa durch die Ausgabe von jungen Aktien aufbringen zu können. Diesem Mangel mußte auf irgendeine Weise Abhilfe verschafft werden. So versuchte ich etwa einmal den Ankauf von Grundstücken für Genossenschaften voll zu finanzieren. Ich mußte aber rasch einsehen, daß dieser Weg falsch war, weil damit nur die Fristigkeit des Fremdkapitals verlängert wurde und als Ausgleich die Belehnungsgrenzen erweitert werden mußten.

Damals diskutierte man auch in Österreich die Frage der Schaffung von Immobilieninvestmentfonds. Durch meine nähere Bekanntschaft mit einem Direktor der Bayerischen Hypotheken- und Wechselbank hatte ich bereits einschlägige Erfahrungen sammeln können. Einige deutsche Banken bedienten sich rege der neugeschaffenen Immobilienfonds und hatten damit eigentlich recht gute Erfahrungen gemacht. Fondszertifikate wurden ein beliebtes Anlagepapier, und die auf diese Weise geschaffenen Objekte waren sozusagen krisenfester als nur für Spekulationszwecke gebaute Anlagen. Das Interessante an derartigen Fonds lag darin, daß das Fondszertifikat selbst nicht nur einen Ertrag auf das Grundstück und bei Liquidation der Trägergesellschaft eventuell auch einen Substanzgewinn versprach, sondern echte Eigentümerqualitäten aufwies. Derjenige, der ein Fondszertifikat erwarb, war Miteigentümer der Liegenschaft und nahm am Substanzgewinn, aber auch an der Grundrente teil. Die Grundrente ist jener Teil des Ertrages aus dem Betrieb einer Liegenschaft, die nach Abgeltung des Zinsaufwandes, der für die Grundstücksbeschaffung notwendig ist, und nach

Abzug der Kosten übrigbleibt. Erwirbt also ein Sparer ein derartiges Zertifikat, so kann er den Ertrag berechnen, indem er den ortsüblichen Zinsfuß für eine Hypothek als Finanzierungskosten der Grundstücksbeschaffung annimmt. Was über diesen Zinsfuß hinausgeht, ist die Grundrente, d. h. ein echter Ertrag dieses Produktionsfaktors Grund und Boden – wie es in der Nationalökonomie heißt. Derartige im Eigentum befindliche Zertifikate waren mit Hilfe eines notierten Börsenkurses nicht nur handelbar, sondern auch vererbbar, und damit ein durchaus interessantes Veranlagungspapier.

Österreich hatte bereits Wissen aus den deutschen Kapitalmarktentwicklungen gewonnen. Als die Überlegungen ausgereift waren, wurde vom Finanzministerium gemeinsam mit dem Gesellschaftsrechtler Prof. Dr. Kastner – einem profunden Kenner der Materie – ein Anlagengesetz entwickelt, das einerseits einen Wertpapier- und andererseits einen Immobilienabschnitt umfaßte. Als der Entwurf aber zur Beschlußfassung ins Parlament kam, erhoben die Abgeordneten nur den Wertpapierabschnitt zum Gesetz, während der Immobilienabschnitt fallengelassen wurde. Die Einwände dagegen kamen von beiden Großparteien. Da Zertifikate grunderwerbssteuerfrei gehandelt werden mußten – sonst wären sie keine Wertpapiere im üblichen Sinne gewesen –, wollte die ÖVP auch für den Weiterverkauf von Eigentumswohnungen die Steuerfreiheit, was auf den Widerstand der SPÖ stieß. Ihr war dieses Gesetz zu modern und zu kapitalistisch, wenn ich das so formulieren darf. Sie befürchtete, daß man auf diese Weise auf Umwegen Wohn- und Anlagenbau dem Bankenapparat überlassen mußte und sich so ein neuer Hausherrenstand herausbildete.

Die Tatsache des Nichtzustandekommens dieses Gesetzes wurde allgemein sehr bedauert, insbesondere auch von mir, weil dadurch eine Reihe von Projekten, die ich schon zu entwickeln begonnen hatte, dann nicht zu realisieren waren. Ich hatte damals zusammen mit einer großen Schweizer Versicherungsgesellschaft die „Commerciale" gegründet, die eine Entwicklungsgesellschaft für einen derartigen Fonds sein sollte. Mit dieser Schweizer Versicherungsgesellschaft stand die Zentralsparkasse schon in der Schweiz selbst in Geschäftsverbindung und war an der „Intershop Holding AG" in Zürich beteiligt. Die Intershop beschäftigte sich ebenfalls mit der Errichtung großer Ladenketten und Kaufhäuser und begann zu dieser Zeit, ihr Geschäft in der Bundesrepublik Deutschland auszudehnen. So wurde etwa ein großes Einkaufszentrum in der Nähe von Frankfurt errichtet. Mit der Zeit wurde sie auch in Frankreich und später in Amerika tätig. Die Intershop ist heute eine der weltweit größten Immobiliengesellschaften für den Handel.

Mit Hilfe der Commerciale versuchten wir damals in Österreich einen ähnlichen Weg zu gehen. Wir erwarben nicht nur Grundstücke, sondern stellten auch gewisse Besitzrechte sicher. Große Grundstücke in bester Lage wurden etwa an der Linken Wienzeile und in der Argentinierstraße gekauft. Weiters wurden die KLEA-Aktien erworben, die die Liegenschaft repräsentiert, auf der sich das Flottenkino in der Mariahilfer Straße befindet. Ferner wurde versucht, Verbindungen mit Grundstückseigentümern am Schwarzenbergplatz herzustellen. Ein möglichst großes Areal, verteilt auf wichtige Knotenpunkte des kommerziellen Lebens in Wien, sollte erworben werden, um es unter Umständen einer kommerziellen Nutzung zuzuführen.

Als nun der Gesetzesentwurf für einen Immobilienfonds platzte, mußte ich auch diese großräumigen Projekte aufgeben. Die Grundstücke wurden zum Teil noch von mir und später von meinem Nachfolger verkauft. Damit fiel im übrigen auch die von mir geplante Überbauung des Hauptzollamtes. Ich hatte nach meinem Ausscheiden aus der Bank immerhin noch die Möglichkeit, die Hilton-Kette für dieses Grundstück zu interessieren und den Bau dieses Hotels zu betreiben.

Ich beschäftigte mich damals auch mit einem internationalen Hotelbeteiligungsfonds, dem CREDA-Fonds. Die Geschäftsidee war, keine Dividende auszuschütten, sondern Wohnrechte für Urlaube nach einem Punktesystem anzubieten. Das war ein völliges Novum, das heute – augenscheinlich etwa am Beispiel der Schweizer Firma HAPIMAG – zur gut funktionierenden Wirklichkeit geworden ist.

Gegen die Übernahme der Gestion für den CREDA-Fonds gab es unter anderem deshalb Widerstände, weil man gleichzeitig auch gewisse Finanzlücken hätte füllen müssen. Auf Grund des vorhandenen Realvermögens wäre das Risiko aber unbedeutend gewesen. Die sich damals bietende Chance einer über die nationalen Grenzen hinausreichenden Fremdenverkehrsstruktur blieb indes ungenutzt.

Ich gebe zu, daß diese Überlegungen kühn und sehr stark in die Zukunft gerichtet waren. Manchem zünftigen Realkreditfachmann erschienen sie offenbar als etwas zu wenig fundiert. Letzlich war aber auch der Aktienfonds seinerzeit keine Selbstverständlichkeit gewesen. Der Unterschied war, daß die Politiker bei diesem Aktienfonds lediglich deshalb nicht opponierten, weil sie davon nichts verstanden, während sie der Meinung waren, bei Immobilien immer die Gescheiteren zu sein. Die heute geübte Praxis mit den Verlustabschreibungsgesellschaften in Form einer Gesellschaft m.b.H. & Co KG ist kein Ersatz für den Immobilieninvestmentfonds und interessiert natürlich in erster Linie Großanleger mit einer hohen Steuerbelastung. Es ist klar, daß zur Realisierung meiner Vorstellungen ziemlich viel Anlagekapital notwendig gewesen wäre. Fondszertifikate hätte man auch nicht en masse, sondern nur sukzessive an die Börse bringen dürfen. Erfolg hätten sie beim Anleger aber gewiß gefunden, weil ihre Vorteile evident waren.

Ich habe damals auch weiter überlegt, ob diese Art der Aufbringung von Eigenkapital nicht auch im Rahmen der Stadterneuerung praktiziert werden könnte. Verfügte etwa ein Hauseigentümer über ein Substandardhaus, dessen Erneuerung er alleine nicht hätte bewerkstelligen können, hätte man ihn mit derartigen Zertifikaten abfinden können, die ihrerseits wieder den realen Substanzwert seiner Realitäten repräsentiert hätten. Nach wie vor im Eigentum von

Grundstück und Haus stehend, hätte er somit kein Nominalkapital, sondern für den Grundstückswert eine Rendite in der Höhe etwa des Spareinlageneckzinsfußes erhalten. Als Vermieter hätte er – angesichts aller sich aus dem Mieterschutz ergebenden Probleme – einen vergleichbaren Ertrag nicht erhalten können. Mit einer derartigen Regelung wäre nicht in die Eigentumsrechte, sondern lediglich in die Dispositionsmöglichkeiten des Hausherren eingegriffen worden. Trotz der Voraussetzung einer äußerst schwierigen Gesetzeslage, hätte sich auf diese Weise sehr wahrscheinlich eine gute Grundlage geboten, um vor allem die heruntergekommenen Stadtteile Wiens – etwa entlang des Gürtels – effektiv zu erneuern. Insbesondere die Österreichischen Bundesbahnen zeigten damals Interesse für eine derartige Idee, da auf diese Weise die Bombenruine des Zentralgebäudes am Schwarzenbergplatz in ein neues zentrales Verwaltungsgebäude hätte umgebaut werden können. Wäre es uns gelungen, unsere Vorstellungen durchzusetzen, wäre die ÖBB bereit gewesen, uns auch andere ihrer Realitäten zur Verwertung zu übergeben.

Wenn ich heute vereinzelt mit ehemaligen auf diesem Gebiet tätigen Kollegen spreche, höre ich immer wieder, wie sehr die damalige Entwicklung bedauert wird. Mir wurde schon oft die Frage gestellt, warum ich mit Slavik nicht ausführlicher gesprochen habe, um ihn von der Wichtigkeit der Finanzierung derartiger Großinvestitionen im städtischen Bereich zu überzeugen. Meine Antwort bezog sich immer auf das etwas seltsame Verhältnis, das ich zu Bürgermeister Slavik hatte. Ich halte Slavik auch heute noch für einen der tüchtigsten Kommunalpolitiker, die wir in der Zweiten Republik hatten. Er bewies in vielen Dingen nicht nur Phantasie, sondern auch Mut. Die Stadt Wien verdankt diesen Eigenschaften eine Reihe von Errungenschaften.

Slavik hatte aber trotz seiner enormen Fähigkeiten als Kommunalpolitiker eine Reihe von persönlichen Fehlern, die aus der Tatsache heraus erwuchsen, daß er es aus einfachen Verhältnissen kommend bis an die Spitze der Karriereleiter schaffte. Aus diesem Grund war er oft auf Fachleute angewiesen, denen Slavik aber nicht selten mißtraute. Insbesondere zwischen uns beiden herrschte deshalb immer eine schwer überbrückbare Kluft, wobei als zusätzliche Belastung ein Heer von Einflüsterern hinzukam. Natürlich ist ein Mann, der an der Spitze einer Stadt steht, auf Informationen und Informanten angewiesen. Viele Informanten flüsterten Slavik – nicht aus Bosheit, sondern eher aus Unkenntnis – Dinge zu, die ihn irgendwie nervös machten und ihn einen Weg gehen ließen, der nicht immer der richtige war.

Ich habe mein Verhältnis zu ihm immer wie das von Öl und Wasser verglichen. Beide vertragen sich schlecht und lassen sich nicht mischen. So war es im konkreten Fall auch immer wieder, weil wir in vielen Dingen nicht dieselbe Sprache gesprochen haben. Beugt sich der Fachmann dem Politiker nicht, weil von verschiedenen Fakten ausgegangen werden muß, so gibt es eben Schwierigkeiten, die sich bis ins Persönliche fortpflanzen können.

6. Hotelfinanzierungen

Eine der Branchen, die sich Anfang der sechziger Jahre zu entwickeln begannen, war der Fremdenverkehr. Für jedes vorausschauende Auge war seine zukunftsträchtige Bedeutung offenkundig. Die Deviseneinnahmen stiegen von Jahr zu Jahr und wurden ein wichtiger Faktor für die österreichische Zahlungsbilanz. Wie sich aber herausstellte, waren viel zu wenige Beherbergungsbetriebe vorhanden. Das weckte mein Interesse an der Finanzierung von Hotels, die aber wesentlich schwieriger war, als ich voraussetzte. Oftmals gestaltete sie sich als besonders abenteuerlich, nicht zuletzt deshalb, weil die Fürsprecher dieser Hotelfinanzierungen zu den ersten Kreisen der Politik und Fremdenverkehrswirtschaft zählten. Eine Reihe von Projekten wurde an uns herangetragen, bei denen die nötige Eigenkapitalbasis fehlte. Nichts desto trotz zogen wir diese Vorhaben an uns und realisierten sie. Das gilt sowohl für das Palace Hotel in Bad Hofgastein als auch für das Hotel Schloß Lebenberg in Kitzbühel – heute ausgezeichnet geführte und international bekannte Häuser.

6.1. Hotel Axamer Lizum

Ein besonderes Schicksal hatte das Olympiahotel in der Axamer Lizum. Im Jahr 1964 fanden die Olympischen Winterspiele in Innsbruck statt, und ganz Österreich fieberte diesem großen Ereignis entgegen. Unter einer bunten Palette von Investitionen und Bauten schien auch die Errichtung eines Hotels auf. Es sollte nicht in der Stadt Innsbruck selbst errichtet werden, sondern hoch oben in der Axamer Lizum. Wer die alpine Landschaft der Axamer Lizum einmal gesehen hat, weiß, daß es für einen herkömmlichen Hotelbetrieb kaum ein ungünstigeres Terrain gibt, als den Kamm eines Berges. Allen war deshalb klar, daß die weitere Nutzung nach der Olympiade sich vornehmlich auf Schifahrer konzentrieren würde. Die Vorbereitungen wurden stark vorangetrieben. Die Förderungen des Landes Tirol reichten aber nicht ganz, um das Hotel tatsächlich errichten zu können. Aus diesem Grund wandte man sich an den Bund und die Wiener Banken, um die fehlenden Mittel aufzubieten. Mit Herrn Direktor Erwin Klein von der Firma Almdudler wurde ein Mann gefunden, der sich für die Angelegenheit hundertprozentig engagierte. Vielleicht zog man auch aus der Kombination der beiden Worte „Alm" und „dudeln" im Firmennamen den Schluß, nun die richtigen Proponenten für den Hotelbau gefunden zu haben. Klein ließ zunächst ein Konzept ausarbeiten. Er zog einige Fachleute bei, um etwa die Dauer der Sonneneinstrahlung zu messen, um die Bodenbeschaffenheit zu prüfen und die Möglichkeit einer Zubringerstraße auszuloten. Kurzum, es wurde scheinbar gründlich gearbeitet ...

Die Finanzierung sollte mittels eines langfristigen Kredites erfolgen, und das war das Signal, unter anderem die Zentralsparkasse der Gemeinde Wien zu kontaktieren. Obwohl Klein ein langjähriger Kunde der Zentralsparkasse war, wollte ich geraume Zeit davon nichts wissen. Erst nachdem sowohl der damalige Bundeskanzler als auch der Innsbrucker Bürgermeister und eine Reihe von Tiroler Landespolitikern heftig intervenierten, ließ ich mich breitschlagen. Ich beugte mich ihrem Willen und erteilte eine Promesse für das Hotel, dessen Bau nun in raschem Tempo vorangetrieben wurde.

Man hatte allerdings viel zu spät begonnen, und die ersten Goldmedaillen waren quasi schon im Anrollen, als die letzten Arbeiter das Hotel verließen. In Windeseile wurde das Hotel schließlich doch noch rechtzeitig und feierlich eröffnet. Nach der Eröffnungszeremonie saß ich mit dem damaligen Innsbrucker Bürgermeister DDr. Lugger in einem noch stehengebliebenen Waggon des Bauunternehmens und trank mit ihm ein Glas Champagner. Lugger sagte mir bei dieser Gelegenheit jede erdenkliche weitere Hilfe zu.

Während der Olympiade konnten in der Axamer Lizum viele prominente Gäste begrüßt werden. Unter anderem wohnte der Schah von Persien mit seiner Gattin drei Monate lang im Hotel. Die Kosten für diesen Aufenthalt wurden allerdings erst drei Jahre später beglichen.

Wenngleich die Auslastung während und unmittelbar nach den Winterspielen zufriedenstellend war, entwickelte sich das Geschäft nicht so, wie man sich das erwartet hatte. Einer der Gründe war – trotz Beiziehung von Fachleuten – der schlechte Standort des Hotels, auf Grund dessen die Sonneneinstrahlung miserabel war. Der Betrieb des Hotels wurde immer unrentabler, und wir waren gefordert, die drohende Hotelpleite abzuwenden. Sie wäre nicht nur für das Land Tirol – dessen zugesagte Hilfe im übrigen ausblieb – eine unangenehme Sache gewesen, sondern hätte nachträglich auch die Olympischen Spiele in ein ungünstiges Licht gerückt.

Mir selbst ging es in erster Linie um meinen Kunden. Klein hatte mit seinem alkoholfreien Getränk ein Produkt auf die Beine gestellt, das damals immer mehr im kommen war. Nicht nur die Spitzbuben in Nußdorf waren schon in ganz Österreich bekannt, sondern auch der Geschmack seiner Limonade. Mir gefiel vor allem seine Absicht, alkoholfreien Getränken eine Bresche zu schlagen, um den Konsum von Alkohol zurückzudrängen, der schon damals im Straßenverkehr einen hohen Blutzoll forderte.

Guter Rat war teuer, was mit dem Objekt zu machen war. Das Hotel Axamer Lizum ist keine Anlage für die feinen Leute, sondern auf Grund seiner Lage ein Hotel für Sportler, die ungezwungen und ohne Etikette unter ihresgleichen sein und die Natur unmittelbar genießen wollen. Auf der Suche nach einem möglichen Käufer dachten wir in erster Linie an ein Unternehmen, das diesem Stil der gemütlichen, sportlichen Unterhaltung Rechnung trägt. Schließlich wurden wir in Frankreich fündig. Nach kurzen Verhandlungen in Paris kam es rasch zu einem befriedigenden Geschäftsabschluß. Die Hypothek wurde zurückgezahlt, und Direktor Klein von Almdudler war außer Gefahr. Unser nicht ganz unfreiwilliges Hotelabenteuer war im großen und ganzen glatt über die Bühne gegangen.

6.2. Palace Hotel Bad Hofgastein

Ein zweites zu bestehendes Hotelabenteuer erforderte rasche Entscheidungskraft und all meinen Mut. Eines schönen Tages erschien der Wiener Rechtsanwalt Dr. Zörnlaib in Begleitung zweier Herren bei mir, die einen sogenannten Eurohotel-Fonds repräsentierten. Dieser Fonds war weder eine Holding-Gesellschaft noch mietete sie Hotels. Sie war nichts anderes als der Betreiber einer Idee, wonach Österreich ebenfalls dringend einen Eurohotel-Fonds, wie er bereits in Deutschland und der Schweiz existierte, benötigen würde. Zörnlaibs Begleiter präsentierten mir geschickt einige geschmackvoll gestaltete Prospekte und erklärten mir, daß sie in Österreich bereits zwei Projekte in Aussicht hätten – eines in Bad Hofgastein und eines in Seefeld.

Die beiden Repräsentanten wollten eine Finanzierung – wie Zörnlaib einwarf, eine erststellige Hypothek. Auf meine Frage nach vorhandenen Eigenmitteln, erfuhr ich, daß zu diesem Zweck 80 Zertifikate verkauft worden waren, so daß noch zusätzliche Fremdmittel in der üblichen Höhe von 50% des Schätzwertes benötigt wurden. Mir gefiel die Sache nicht schlecht. Ich erklärte mich im Prinzip einverstanden und verwies die beiden Herren an die Darlehensabteilung, um die Sache in die Wege zu leiten. Dort passierte allerdings ein fataler Fehler, als sich mein Mitarbeiter von den redegewandten Herren dazu bringen ließ, die Hypothek zur Auszahlung zu bringen. Die mit Hilfe der Zertifikate aufgebrachten Eigenmittel waren angeblich schon eingezahlt und bei einer deutschen Bank hinterlegt worden. Diese Aussage stellte sich allerdings – nachdem bereits der Rohbau des Hotels errichtet worden war – als unwahr heraus. Zwar waren wohl Zertifikate verkauft worden, der Verkaufserlös wurde aber für private Zwecke verbraucht. Einige Wochen später wurden beide in Stuttgart verhaftet.

Nun war ein großer Teil der ersten Hypothek bereits verbraucht, und wir hatten ein für herkömmliche Hotelzwecke unbrauchbares Objekt in Händen, da in jedem Zimmer eine eigene Küche eingeplant worden war. Die Frage, was damit geschehen sollte, ließ mich Blut schwitzen. Schließlich packte ich aber den Stier bei den Hörnern und entwickelte folgenden Plan: Erstens mußten die Zertifikate zurückgekauft werden. Wir boten den Zertifikatinhabern einen Vergleich mit 50% an, was zunächst einige Turbulenzen auslöste. Letztlich wurde aber eingesehen, daß das die einzige Chance war, überhaupt etwas zu erhalten. Auf diese Weise erhielten wir das Eigentumsrecht für das Grundstück und konnten frei disponieren.

Als nächstes bauten wir das vorhandene Gebäude um. Alle Küchen wurden herausgerissen, das Schwimmbad wesentlich vergrößert. Schließlich entstand ein Hotel, das diesen Namen auch verdiente und einige Zeit später feierlich eröffnet wurde. Es hieß von nun an Palace Hotel. Und siehe da: Mit Hilfe des geschickten Hotelfachmannes Direktor Kronberger, der die Verhältnisse vor Ort gut kannte, gelang es zweifellos, etwas aus dem Hotel zu machen. Nachdem wir anfängliche Schwierigkeiten überwunden hatten, Thermalwasser für unsere Anlage zu bekommen, waren eigentlich alle Voraussetzungen für einen erfolgreichen Betrieb gegeben – wir hatten ein Haus, wir hatten Wasser, wir hatten einen Namen und einen tüchtigen Direktor. Formell war mit der Gründung einer eigenen Betreibergesellschaft ebenfalls eine befriedigende Lösung gefunden worden. Bereits nach zwei oder drei Jahren mußte das Haus vergrößert werden und bildet heute einen der Glanzpunkte unter den Gebäuden der Austria Trend Hotel-Kette der Bank Austria.

Es kann in diesem Rahmen nicht über alle Hotelfinanzierungen gesprochen werden, an denen ich mitgewirkt habe. Tatsache ist, daß mir sehr viel Fingerspitzengefühl abverlangt wurde, wenn ich aus spontanen und wohl auch riskanten Entscheidungen noch das Beste herausholen mußte. Letztlich hat sich das eingegangene Risiko aber ausgezahlt, da ich dabei sehr viel lernen konnte. Als ich später an der Errichtung des Hotel Hilton in Wien wesentlich mitgewirkt habe, konnte ich viele der gewonnenen Erfahrungen verwerten.

Besonders stolz bin ich in diesem Zusammenhang auch auf das Hotel Schloß Lebenberg in Kitzbühel, das aus einem spontanen Entschluß meinerseits in unsere Gesellschaft einbezogen wurde. Es wurde zum eigentlichen Glanzpunkt und genießt heute als Fünfsterne-Hotel einen internationalen Ruf.

7. Management und Personal

Für den Erfolg eines Unternehmens ist zweifellos der Führungsstil des Chefs von großer Bedeutung. Es ist nicht gleichgültig, ob er die Materie bis ins Detail beherrscht oder nur von oben herab „regiert" und seine Befehle mittels interner Mitteilungen erteilt. Die Angestelltenschaft muß das Gefühl haben, daß der Chef ein Ziel hat, um sich auf diese Weise selbst mit seinen Vorstellungen identifizieren zu können. Dieses Ziel muß unter anderem die Sicherung der dem Unternehmen gebührenden Stellung innerhalb der Wirtschaft sein. Aufgabe des Chefs ist aber auch eine entsprechende Anerkennung der Mitarbeit der Kollegen, so daß diese sich auch als honoriert empfinden.

Ich habe für meine Position als Leiter der Zentralsparkasse einen Teil dieser Voraussetzungen mitgebracht. In der Girozentrale lernte ich sozusagen von der Pieke auf; wie alle anderen saß ich acht oder neun Stunden an der Duplex-Maschine und habe gebucht und nach Fehlern gesucht. Es gab kaum einen Samstag, an dem wir vor vier Uhr nachmittags nach Hause gehen konnten. Ich kannte deshalb auch die Sorgen und Nöte aller Angestellten sowie die Schwierigkeiten, die die Durchsetzung des neuen Zahlungsverkehrs mit sich brachte.

Als ich zur Zentralsparkasse wechselte, hatte ich nie das Gefühl, nun der Boß zu sein und jetzt anschaffen zu können. Vielmehr versuchte ich von Haus aus, meine Philosophie weiterzuvermitteln, wonach alle an einem Ziel arbeiten mußten. Ich sah meine Funktion darin, diese Intention so klar wie möglich vorzugeben, damit die Mitarbeiter sie für ihre eigene hielten. Ich habe in diesem Buch schon erwähnt, daß es eine Gruppe von älteren Angestellten gab, die mit den Bankenzusammenbrüchen des Jahres 1927 in die Anstalt gekommen waren und quasi eine Elite unter den Angestellten bildeten. Ich wurde rechtzeitig darauf hingewiesen, daß ich von dieser Seite sicherlich einer Opposition gegen meinen Führungsstil und mein sparkassenpolitisches Ziel entgegensehen würde. Ich habe das alles ins Kalkül gezogen und konnte mir entgegen aller Unkenrufe mit Hilfe meines Freundes Böshönig hier einen Großteil des Vertrauens sichern. Mit den wenigen geborenen Skeptikern und Bremsern, die zu allem Nein sagten, konnte ich dann doch einigermaßen fertig werden. In diesem Punkt hatte ich bereits in der Girozentrale einschlägige Erfahrungen gemacht.

Der Krieg und die politische Säuberung der Anstalt danach riß große Lücken in den Personalstand. Die Hauptanstalt und auch die Filialen waren zum Teil schwer beschädigt. Der Aufbau eines neuen Leitungsapparates war durch die Arbeit meines Vorgängers Dechant bereits in die Wege geleitet worden, und ich mußte nur noch in dieselbe Kerbe schlagen. Die fehlenden Mitarbeiter in den Filialen und in der Hauptanstalt waren zu ergänzen, und wir suchten nach bankmäßig geschulten Angestellten, ohne die die gewünschten Ziele nicht erreicht werden konnten. Aus Kostengründen war es notwendig vor allem junge Leute aufzunehmen, weil diese noch keine hohe Bezahlung erhalten konnten. Allerdings war mir klar, daß ein erhöhter Personalstand zu einem späteren Zeitpunkt wieder höhere Kosten aufwerfen würde, spätestens dann, wenn diese Mitarbeiter in den Ruhestand treten würden. Ich mußte deshalb in der Vorsorgepolitik bereits am Anfang meiner Tätigkeit auf diese Probleme Rücksicht nehmen.

Schon sehr bald war ich in dieser Hinsicht mit einem äußerst schwierigen Problem konfrontiert. Damals wurde das neue ASVG im Parlament beschlossen, und ich stand vor der Überlegung, die Zentralsparkasse mit ihrer sozialen Betreuung der neuen gesetzlichen Regelung anzuschließen oder bei der Krankenfürsorgeanstalt der Stadt Wien zu bleiben.

Es wurde errechnet, daß der Einkauf bei der Wiener Gebietskrankenkasse ungefähr 70 Mio. Schilling gekostet hätte, eine für damalige Verhältnisse sehr hohe Summe. Der Vorteil wäre gewesen, daß die Zentralsparkasse nur den Zusatz hätte leisten müssen, während die übrigen Pensionsanteile von Bund und Krankenkasse getragen worden wären. Diese Tatsache war natürlich überlegenswert, weil dadurch eine wesentliche rentabilitätsmäßige Entlastung in der Zukunft sichergestellt worden wäre.

Die Entscheidung wurde mir nicht leicht gemacht. Fragen konnte ich niemanden, denn beide Seiten überließen mir die Entscheidung. Immerhin war ich der Leitende Direktor und hatte für die Folgen meiner Entscheidungen auch geradezustehen.

Nach reiflicher Überlegung entschied ich mich schließlich für einen Verbleib bei der KFA und gegen das gesetzliche Vorsorgesystem. Ausschlaggebend war nicht zuletzt, daß mir die Angestellten die Vorteile der KFA bei der medizinischen Betreuung geschildert hatten. Hinzu kam die Benützung der Krankenanstalt „HERA" und die wenig bürokratische Handhabung des gesamten Apparates. Auch die zu bezahlenden Gebühren waren – trotz einer Erhöhung der Beiträge – bei der KFA geringer als bei der Wiener Gebietskrankenkasse. Wie ich später erfuhr, war man mit dieser Entscheidung allgemein zufrieden.

Ein zweites Problem, bei dem ich bereits nach kurzer Zeit Konsequenzen ergreifen mußte, waren die spannungsgeladenen Verhältnisse innerhalb der Angestelltenschaft. Es gab Auseinandersetzungen zwischen den sogenannten 27ern und den Jungen, es gab Uneinigkeit zwischen den Kollegen in den Filialen und jenen in der Hauptanstalt, es gab Streitigkeiten zwischen männlichen und weiblichen Mitarbeitern, Mißgunst zwischen Akademikern und Nichtakademikern – kurzum: es war eine Reihe von Gründen vorhanden, die das Leben in der Zentralsparkasse nicht gerade einfach gestalteten.

Ich wollte der Sache auf den Grund gehen und engagierte ein Institut, das sich mit derartigen Krisenerscheinungen in einem großen Unternehmen analytisch beschäftigte. Seine Mitarbeiter traten teils als Interviewer auf, teils wurden sie als Angestellte in die Anstalt eingeschleust, um unseren Problemen auf den Grund zu gehen.

Der mir einige Wochen später vorgelegte Bericht war in vielem aufschlußreich. Die Konflikte zwischen Frauen und Männern resultierten beispielsweise aus einem Gefühl des Zurückgesetztseins. Die weiblichen Angestellten hatten während des Krieges die Aufgaben der eingerückten Männer übernommen und zweifellos hervorragend geleistet. Als die Männer aus Krieg und Gefangenschaft zurückgekehrt waren, mußten sie sozusagen wieder in die Doppelreihe zurücktreten und hatten von ihrem starken Engagement bis auf einige Avancements eigentlich keine besonderen Erfolge zu verzeichnen.

Bei den Spannungen zwischen den Kollegen, die in den Zweiganstalten arbeiteten und den Mitarbeitern in der Hauptanstalt handelte es sich zumeist um Neidgefühle, wonach es „denen von drinnen" besser gehen müsse als „jenen in den Zweiganstalten". Da ich mich damals schon mit der Einrichtung einer Betriebsküche befaßte, war mir auch bewußt, daß sich die Spannungen noch erhöhen würden, wenn die Filialen nicht eingebunden würden.

Es drängte sich also ein Reihe von Fragen auf, die in den ersten Jahren sukzessive gelöst werden mußten. Ich bestellte zunächst einmal zwei Frauen als Filialleiterinnen, was damals eine Sensation war. Insbesondere eine der Damen war überaus erfolgreich und vervielfältigte ihre Giroeinlagen in kurzer Zeit.

In der Folge lud ich die Vorstände der Zweiganstalten oder deren Stellvertreter regelmäßig zu Besprechungen in die Hauptanstalt ein. Bei der ersten Zusammenkunft bat ich sie ausdrücklich, aus ihrem Herzen keine Mördergrube zu machen, sondern ihre Wünsche, Anregungen und Kritikpunkte auszusprechen. Die Aussprachen waren anfangs sehr schwierig, weil die meisten dennoch hinter dem Berg hielten und erst nach und nach ihre Scheu verloren. Schließlich entwickelte sich diese Einrichtung aber zu einem wirklich konstruktiven Instrument der Zusammenarbeit.

Ich selbst trachtete danach, bei diesen Besprechungen stets anwesend zu sein. Dabei betonte ich immer wieder die Notwendigkeit, unseren Kunden ein möglichst hohes Maß an Zuvorkommenheit und Geduld entgegenzubringen. Mittel zum Zweck war das Gespräch mit dem Kunden, das eine bestmögliche Betreuung gewährleistete. In diesem Zusammenhang, aber auch im Hinblick auf die große Verantwortung der Mitarbeiter erachtete ich es immer als äußerst wichtig, ein hohes Maß an beruflichem Wissen zu vermitteln. Nur so konnten wir rasch in den Ruf kommen, in Wien zweifellos das bestgeschulte Personal zu haben.

Die Unternehmenskultur zum Zeitpunkt meines Eintrittes war sehr konservativ, und es herrschte eine steile Hierarchie vor. Der Führungsstil war warmherzig patriarchalisch, wobei sich die Führungskräfte besonders um die jungen Mitarbeiter annahmen und durch ihre Vorbildwirkung lehrten. Das oberste Prinzip der Wertigkeit war die Erreichung höchstmöglicher Genauigkeit und hoher Mengenleistung in administrativen Belangen. Von den Mitarbeitern wurden hauptsächlich Anpassungsfähigkeit und Konformismus erwartet. Erst an weiterer Stelle kam der Kontakt zum Kunden. In der Zentralsparkasse gab es keine Fachausbildung; die jungen Mitarbeiter lernten vorwiegend on-the-job. Die

Personal- und Bildungspolitik war im allgemeinen nicht eindeutig festgelegt und strukturiert.

Meine Vision allerdings war es, eine moderne und zukunftsweisende Sparkasse zu schaffen. Dazu galt es vor allem, die alten Traditionen zu überwinden und gleichzeitig mit einem Umbruch in der Unternehmenskultur eine schlagkräftige Mannschaft mit konsequenter Haltung für die Schlüsselfunktionen des Hauses zu installieren. Die Belegschaft sollte sich in einem hohen Maß mit den Zielen der Zukunft identifizieren und ihr Verhalten danach ausrichten. Ich versuchte, meinen Mitarbeitern und der neu geschaffenen Führungsmannschaft, von denen ich insbesondere Dr. Vak, Dr. Haiden, Dr. Penninger und Direktor Damisch hervorheben möchte, großes Vertrauen zu schenken, um somit eine solide Basis für wirksame Veränderungen zu schaffen.

Der Strukturwandel der Sparkassen und neue Anforderungen aufgrund der herrschenden Wirtschaftslage machten eine umfassende Ausbildung vor allem der jüngeren Mitarbeiter notwendig. Die als Anstellungsbedingung erforderliche Schulbildung mußte durch besondere Kurse und Schulungseinrichtungen noch erweitert werden. Die Aus- und Weiterbildung wurde den Zukunftsvisionen weitgehend angepaßt und sollte Impulse zu einer lebendigen, marktorientierten Qualifizierung geben. Das neue Personal- und Bildungskonzept basierte im wesentlichen auf einem Abbau der hierarchischen Strukturen und auf einer Öffnung hin zum Mitarbeiter.

Um all das verwirklichen zu können, wurde 1958 ein vorbildliches Schulungswesen eingeführt. Die übrigen österreichischen Sparkassen waren auf die Schulungsveranstaltungen des Hauptverbandes der österreichischen Sparkassen angewiesen. Die Zentralsparkasse konnte infolge ihrer Größe ein eigenes Schulungswesen aufbauen. Die Ausbildung der Mitarbeiter unterlag künftig einer intensiven Praxisorientierung, bei der alle Mitarbeiter ungeachtet ihres Praxiseinsatzes eine praxisnahe höhere Qualifikation in den kaufmännisch-rechtlichen Grundlagen der Anstalt erhalten sollten. Kernpunkte dieses Konzeptes waren u. a. die Förderung des Verständnisses für die Erfordernisse der Sparkassenarbeit bei allen Mitarbeitern, das Erreichen eines möglichst hohen Maßes an Flexibilität und Einsatzmobilität der Belegschaft durch Vermittlung einer gleichgeschalteten Grundeinstellung und das Angebot gleicher beruflicher Ausgangschancen. Alle diese Punkte blieben im wesentlichen bis heute gültig. Hauptverantwortlich für die Aus- und Weiterbildung war das neugeschaffene Schulungsreferat als direkte Stabstelle von Direktor Dr. Penninger. Dieses Referat sollte vorwiegend die Durchführung sämtlicher Schulungen koordinieren und die Einschulung des neueingetretenen Personals überwachen. An der Entwicklung eines geeigneten Personal- und Schulungssystems wesentlich beteiligt war Peter Koubek, damals Sekretär von Dr. Penninger. Zusätzlich wurde eine psychologische Beratung in Anspruch genommen, um neue Ideen einzubringen und vor allem die Verantwortlichen für psychologisches Denken in der Mitarbeiterführung zu sensibilisieren. Für mich als Chef waren Information und

Identifikation der Mitarbeiter wichtige Komponenten der neuen Personal- und Bildungspolitik; zu diesem Zweck wurden Marktberichte erstellt und Informationstage organisiert.

Alle diese Maßnahmen begannen Jahre später zu greifen, so daß eine Umstrukturierung des Personalressorts notwendig wurde. Das Schulungsreferat wurde in die Personalabteilung, die bis dahin eine reine Verwaltungsabteilung war, integriert. Peter Koubek hatte als Verantwortlicher des neuen Bildungsreferates innerhalb der Personalabteilung die Aufgabe, die Vorgaben von Dr. Penninger und mir umzusetzen. In erster Linie ging es nun darum, ein neues Auswahlverfahren und ein effizientes Mitarbeiterbeurteilungsverfahren zu schaffen. Die Mitarbeiterauswahl bestand in der Folge aus einem Vorstellungsgespräch, aus einem psychologischen Eignungstest und aus einer abschließenden Entscheidung des Personalverantwortlichen. Die nötige medizinische Untersuchung wurde ab Mai 1960 von einem eigenen Betriebsarzt durchgeführt, dessen Anstellung nicht zuletzt auch ein wesentlicher Beitrag zur sozialen Betreuung aller Mitarbeiter war.

Das neue Beurteilungsverfahren war hauptsächlich auf den neu definierten Anforderungen aufgebaut und enthielt bereits Ansätze zur Mitarbeiterförderung.

Neben der obligatorischen Schulung bot das Bildungsreferat auch Spezialkurse für eine arbeitsplatzbezogene Ausbildung an.

Darüber hinaus lag mir die konsequente Förderung von Führungsnachwuchskräften sehr am Herzen. Die Zentralsparkasse hatte mit den Jahren eine Größe und eine Vielfalt der Aufgaben erreicht, die es notwendig machten, eine leistungs- und entwicklungsfähige Basis zu schaffen. Zu diesem Zweck installierten wir im Jahre 1966 eine Führungskräfteausbildung nach dem Vorbild der Schweizer Volksbank.

Der größte Teil meiner Zusammenarbeit mit dem Betriebsrat, der die Angestellten vertrat, war natürlich gewerkschaftlichen Problemen gewidmet, vor allem Gehaltsforderungen. Im gesamten Bereich der österreichischen Wirtschaft war es damals sehr schwer, von einer diktatorischen Gehalts- und Wirtschaftspolitik zu einem demokratischen System zu finden, das den Menschen ein würdiges Leben garantierte. Das gelang nur durch einen langsamen Aufbau der Einkommen im Rahmen der nicht vermeidbaren inflatorischen Erscheinungen. Auf diese Weise wurden nach den einzelnen Lohn- und Preisabkommen die gewerkschaftlichen Verhandlungen mit der Angestelltenschaft herbeigeführt. Die Gewerkschaft arbeitete mit dem Sparkassenverband einen Kollektivvertrag aus, dem die Sparkassen im Prinzip angeschlossen waren. Die großen Sparkassen allerdings hatten sogenannte eigene Betriebsordnungen. Das waren eigene Arbeitsverträge, die sich nicht immer mit dem Kollektivvertrag oder den arbeitsrechtlichen Verträgen der übrigen Sparkassen deckten.

Auch die Zentralsparkasse hatte eine derartige Betriebsordnung, die im Prinzip immer wieder die in den kollektivvertraglichen Verhandlungen festgelegten neuen Regelungen der Entlohnung aufnahm. Durch geschickte Verhandlungen erreichte der Betriebsrat aber meist etwas höhere Löhne. Dieses Mehr war oft der Streitpunkt, bei dem es zu größeren Meinungsverschiedenheiten zwischen Direktion und Betriebsrat kam. Allerdings konnte ich diese Differenzen zumeist relativ rasch bereinigen. Allzu rasanten Forderungen des Betriebsrates konnte ich auch immer genügend Ziffernmaterial entgegenhalten, um die betrieblichen Möglichkeiten belegen zu können und zu Geduld aufzurufen. Ließen es die wirtschaftlichen Möglichkeiten zu, vergütete ich den Mitarbeitern aber gerne ihren Mehraufwand, wie es etwa in der Zeit der Einführung der EDV der Fall war, als ein enormes Maß an zusätzlicher Arbeitsleistung gefordert wurde.

Ein großes Stück Arbeit brachte die Durchsetzung der 5-Tage-Woche mit sich. Als man von seiten der Gewerkschaft an mich herantrat, war ich zunächst im Prinzip noch dagegen. Ich dachte vor allem an den Kunden und konnte mich mit dem Gedanken, daß diese nun am Samstag vor verschlossenen Sparkassenfilialen stehen sollten, nur schwer anfreunden. Da meine Mitarbeiter in der Organisationsabteilung jedoch meinten, daß wir ein Mittel finden würden, um die Kunden zu ihrem Geld kommen zu lassen, ließ ich mich doch in den Karren der 5-Tage-Woche einspannen. Nun mußte ich mich gegen meine eigenen Kollegen in der Kammer durchsetzen, von denen nur wenige für die 5-Tage-Woche waren. Von den Gegnern wurde ich, wie ich es bereits gewohnt war, als roter Renegat angesehen, der etwas verlangte, was wirtschaftlich gesehen unvertretbar war. Trotz aller Vorbehalte wurde die 5-Tage-Woche schließlich durchgeboxt, und man gewöhnte sich in kurzer Zeit an die neuen Öffnungszeiten. Als dann der Bankomat eingeführt wurde, war das Problem der Bargeldbehebung am Wochenende überhaupt beseitigt. Ich erinnere mich, als ich anläßlich einer Reise nach Zürich den ersten derartigen Geldausgabeautomaten sah. Eine Umsetzung dieses Schweizer Vorbildes – wie ich spontan in Erwägung zog – gelang allerdings erst später gemeinsam mit den anderen Geldinstituten.

Angestelltenschaft und Direktion der Zentralsparkasse verband der Wille zur Leistung. Es war nicht immer leicht, große – insbesondere organisatorische – Probleme zu lösen. Größte Schwierigkeiten brachte zweifellos die Umstellung der Sparkasse auf EDV mit sich, was abgesehen vom gesamten Umdenken in der Tagesarbeit auch Probleme in der manuellen Bewältigung des buchhalterischen Ablaufes bereitete.

Große Anstrengungen verursachte auch der Neubau des Hauses. Die Errichtung eines großen, neuen Anstaltsgebäudes mit allen organisatorischen Facetten bedingte die Trennung von den durch Jahrzehnte geübten Manipulationen im alten Hause. Eine derartige Umstellung ist schon im privaten Bereich nicht leicht und erst recht nicht in einer Großsparkasse. Nach der Übersiedelung lag nichts mehr am gewohnten Platz, alles mußte sich erst wieder einspielen. Auf Grund hervorragender Planung und profunder Überlegungen geschah dies aber relativ rasch.

Jede einschneidende Änderung wurde im vorhinein mit dem Betriebsrat besprochen. Ich stelle hier Herrn Zelezny, den langjährigen Betriebsratsobmann, heraus, mit dem wir viele zähe Verhandlungen absolvieren mußten, bevor wir unsere Ziele erreichten. Zelezny stellte uns aber nie grundsätzlichen, sondern immer nur sachlich begründeten Widerstand entgegen.

Alle Probleme wurden wie gesagt gemeistert, und ich betone an dieser Stelle nochmals, daß es das Verdienst einer verständnisvollen, intelligenten und fleißigen Angestelltenschaft war, die die Entwicklung des Hauses ermöglichte. Als Lohn für alle ihre Bemühungen bot die Anstalt den Mitarbeitern auch eine Reihe von günstigen Freizeitgestaltungsmöglichkeiten, die sich von Urlaubsaufenthalten bis zu Opernbesuchen erstreckten und sehr gerne in Anspruch genommen wurden. Durch Mitarbeiterveranstaltungen versuchten wir einen Beitrag zur Corporate Identity zu leisten. Besonders gelungen waren die Betriebsausflüge, von denen der erste 1962 organisiert wurde. Auch auf diesem Weg versuchte ich, Ziele und Erfolge darzustellen, den Mitarbeitern näherzubringen und sie damit zu motivieren.

8. Die Kulturdividenden

In der Satzung der Zentralsparkasse wurde unter dem Punkt „Verwendung des Reingewinnes" festgelegt, daß die Gebarungsüberschüsse einem Reservefonds zugeführt werden müssen, daß aber auch ein Teil davon sozialen oder kulturellen Zwecken dienen kann. In dieser Bestimmung ist – wie schon erwähnt – der Charakter der Gemeinnützigkeit verankert.

Ich führte schon in den ersten Monaten meiner Tätigkeit diesbezüglich mit dem Amtsführenden Stadtrat Gespräche. Wir einigten uns, daß von seiten der Zentralsparkasse auf sozialem Gebiete keine besonderen Aktivitäten entfaltet werden sollten. Die Sozialpolitik der Stadt Wien war ohnedies schon damals beispielgebend. Deshalb stellte ich mich auf die Förderung von Kultur und Wissenschaft ein und begründete eine Art Mäzenatentum.

Ich hatte mir Maecenas immer anders vorgestellt. Als ich vor einigen Jahren auf der verfallenen Mauer eines seiner Häuser in der Toskana saß und die wunderbare Landschaft überblickte, wurde mir klar, was Mäzenatentum wirklich ist. Maecenas schenkte seinem Dichter Horaz ein Landhaus und ein Gut, von dem er leben konnte. Das Mäzenatentum der Gegenwart hingegen fördert in erster Linie bestimmte kulturelle Projekte oder führt Künstlern gerade ausreichende Mittel zu, damit sie sich wenigstens eine Zeitlang ohne Alltagssorgen ihrer künstlerischen Arbeit widmen können. Verschiedenste Preise – meist im Rhythmus von einem oder mehreren Jahren vergeben – garantieren lediglich den talentiertesten und angesichts der nicht immer angenehmen Begleitumstände nervenstärksten Künstlern einigermaßen sorgenfreie Zeiten.

Mir war klar, daß ich keinen großen Literatur- oder Musikpreis vergeben konnte. Ich wollte einer gewissen Anzahl von jungen Künstlern eine kleinere Summe zur Verfügung stellen, dies aber in einer würdigen und schönen Form. Die meist jungen Kunstschaffenden sollten in einen Rahmen gestellt werden, der ihnen das Gefühl vermittelte, als Künstler in der Öffentlichkeit präsent zu sein. Aus diesem Gedankengang entsprang 1957 die Idee des Wiener Kunstfonds, dessen Aufgabe die Unterstützung notleidender oder förderungswürdiger Künstler war.

Um Schwierigkeiten zu vermeiden, machte ich den damaligen Stadtrat für Kultur, Mandl, zum Vorsitzenden des Kuratoriums und nahm darin nicht nur Personen aus der Finanzverwaltung der Zentralsparkasse auf, sondern auch Menschen, die etwas von Kunst verstanden – Schauspieler, Dichter oder Musiker.

Kurz nachdem der Wiener Kunstfonds aus der Taufe gehoben war, bekundeten bereits die ersten Künstler ihr Interesse an seinen Fördermitteln. Besonders während der sechziger Jahre verzeichnete er rege Aktivitäten. Natürlich gab es

Zeiten, in denen weniger Kunstwerke eingereicht wurden. Immer waren es jedoch qualifiziert hochstehende, leistungsfähige und ambitionierte Künstler. Die meisten von ihnen – und das freut mich besonders – haben nicht zuletzt durch unsere Hilfe ihren Weg gemacht. Der Kunstfonds vergab in der Zeit seit der Gründung bis zu meinem Ausscheiden an beinahe 400 Künstler Stipendien und einmalige Förderungsbeiträge in einer Gesamthöhe von 3,2 Mio. Schilling.

Ich erinnere mich, daß vor den ersten Verleihungen ein Salzburger Verleger an mich herantrat. Ich erfuhr, daß er sich eines Schriftstellers angenommen hatte, dem er ebenfalls einen Kunstfondspreis ermöglichen wollte, obwohl er überzeugt war, daß dieser Dichter seinen Weg ohnedies machen werde. Ich erbat mir das Manuskript: es hieß „Frost", und der Dichter war Thomas Bernhard . . .

Die Kunstfondsverleihungen waren immer sehr feierlich. Man traf sich in den mit herrlichem Blumenschmuck versehenen Sälen des Rathauses. Ein Quartett spielte Musik von Mozart oder Schubert, danach erfolgten einige Ansprachen sowie die Laudatio. Jeder Preisträger wurde Stadtrat Mandl vorgestellt, der die Urkunden überreichte. Es waren keine großen Summen, die wir vergeben konnten; 5.000,– Schilling waren aber damals immerhin noch ein größerer Wert als heute. Unsere Preise konnten den Preisträgern zwar nicht zu einem sorglosen Leben verhelfen, immerhin machten sie die Künstler aber bekannt und sprachen ihnen Mut im Kampf um ihre künstlerische Existenz zu. Kunstsparten aller Art wurden gepflegt, allerdings überwiegten die bildenden Künstler bei weitem. Vermutlich genossen die Maler deshalb einen gewissen Vorzug, weil ihre Leistungen sichtbar und damit leichter zu erfassen waren. In diesem Punkt hatten sie gegenüber einer modernen Sonate oder neuerer Literatur einen nicht unbeträchtlichen Vorteil.

Neben dem Wiener Kunstfonds waren die Palais-Konzerte die zweite wichtige von mir ins Leben gerufene Einrichtung. Ich konnte in den sechziger Jahren während der Saison fast jedes Monat zu einem Palais-Konzert einladen. Die musikalischen Darbietungen fanden im Festsaal des Alten Rathauses statt, der früher der Kassenraum unserer Hauptanstalt gewesen war. Diesen Raum ließ ich nach dem Umzug in das neue Haus renovieren und für derartige Veranstaltungen freigeben. Hier trafen in zwangloser Weise Personen aus allen Schichten der Bevölkerung mit Persönlichkeiten aus Politik, Wirtschaft und Kultur zusammen. Die Voraussetzung war, daß alle für Kunst etwas übrig hatten.

Ich machte es den Besuchern der Palais-Konzerte nicht leicht. Solange Barockmusik und frühe italienische Musik geboten wurde, waren die Ohren noch durchaus willig. Als später aber schwierigere Komponisten wie Richard Strauß, Anton Bruckner u. a. hinzukamen, hatte ich manchmal den Eindruck, daß man nicht mehr ganz bei der Sache war. Dennoch bemühte sich das Publikum sehr, andachtsvoll zuzuhören. Es gewöhnte sich dadurch sogar an die Vertreter der Wiener Schule, von denen Webern und Schönberg ins Programm aufgenommen wurden. Es war gelungen, eine hohe Akzeptanz für Neue Musik zu erreichen.

Bei den Veranstaltungen herrschte immer eine festliche Stimmung. Ich mischte mich selbst gerne unter die Anwesenden und ging in den Pausen stets von Tisch zu Tisch, um mich mit den Gästen zu unterhalten, die oft auch ihre kommerziellen Sorgen an mich herantrugen. Die Konzerte sollten aber nicht den Eindruck eines großbürgerlichen Salons machen, wo der Gastgeber sich im Glanze der Gäste sonnt. Mir ging es vornehmlich darum, die Künstler zu Wort kommen zu lassen und ihnen ein Podium für die Aufführung ihrer Werke zu bieten. Auf diese Weise konnte Komponisten wie Interpreten Gehör verschafft werden. Mit einigen Ensembles entwickelte sich eine außerordentlich fruchtbare Zusammenarbeit, beispielsweise mit den Wiener Solisten, die beinahe zu einem Hausorchester der Zentralsparkasse avancierten. Unter Prof. Wilfried Boettcher entwickelten sie sich zu einem hervorragenden Klangkörper, aus dem später das Alban-Berg-Quartett hervorging, das heute zu den berühmtesten Streichquartetten der Welt gehört.

Die Zentralsparkasse war für die Kunst in vielen Bereichen eine Art Geburtshelfer. In Professor Erik Werba hatte ich einen sehr guten Freund, der alle namhaften Künstler kannte und so manchen für uns verpflichten konnte. Sängerinnen wie Edita Gruberova oder Lucia Popp haben bei uns gesungen, aber auch Evelyn Lear und ihr Gatte sind bei uns aufgetreten. Im Rahmen der Palais-Konzerte wurden auch einige äußerst beachtenswerte Kompositionen von Werba selbst und eine Reihe von Musikwerken, für die wir Kompositionsaufträge erteilt hatten, aufgeführt. Besonders gut erinnere ich mich hier an die Uraufführungen von Friedrich Cerhas „Exercises" und Paul Angerers „Cogitatio", einer Kammermusik für neun Instrumente, die der Komponist selbst dirigierte.

Ein äußerst angenehmes Verhältnis hatte die Zentralsparkasse zur Wiener Mozartgemeinde. Wir stellten die Räume zur Verfügung, während die Mozartgemeinde das Programm organisierte. Ohne besondere Konventionen ergänzte man sich gegenseitig und gelangte zu einer äußerst freundschaftlichen Zusammenarbeit, an die ich mich heute noch sehr gerne erinnere.

Ähnlich wie um die Musik bemühten wir uns auch um Ausstellungen, mit deren Hilfe wir eine Reihe von Künstlern in Szene setzen konnten. Typisch war in diesem Zusammenhang meine Begegnung mit Giselbert Hoke. Hoke hatte im Zuge des Wiederaufbaus des Klagenfurter Bahnhofes vom damaligen Verkehrsminister Waldbrunner den Auftrag zur Gestaltung eines Freskos in der Schalterhalle bekommen. In unbeschwerter Modernität machte er sich ans Werk und erntete alles – nur kein Lob. Hoke wurde von allen Seiten furchtbar verrissen. Dennoch resignierte er nicht und kam über die herben Kritiken einigermaßen unbeschadet hinweg. Wenn man seine Malereien, die das Lebensgefühl der sechziger Jahre deutlich zeigen, heute betrachtet, so mutet die seinerzeitige Entrüstung unverständlich, wenn nicht sogar lächerlich an.

Ich wurde jedenfalls auf Hoke aufmerksam und lud ihn ein, den renovierten Kassenraum einer Filiale der Zentralsparkasse in Währing ebenfalls mit einem Fresko zu bereichern. Allerdings standen auch die Wiener den Arbeiten des Kärntners Hoke sehr reserviert gegenüber, was vermittelnde Bemühungen erforderte. Ich erinnere mich noch an die Eröffnung der Zweigstelle, bei der ich eine Ansprache halten sollte. Doch bevor ich das Wort ergreifen konnte, kam es zu einem Tumult, und einer der Anwesenden drängte sich in den Vordergrund.

„Das soll ein Kunstwerk sein?" fragte er und zog ein Tintenfaß aus seiner Tasche. Begleitet von einem Schwall von Schimpfwörtern drohte er mir damit, es auf die Wandmalerei zu werfen.

Ich fragte ihn, was ihm daran nicht gefalle.

„Schauen Sie", sagte er nach kurzem Zögern, „wie der Mann dort oben aus dem Fenster blickt, dieser ekelhafte Kerl ..."

„Wissen Sie, wer das ist?" fragte ich ihn. „Das ist der Zweigstellenleiter, der Sie am Kragen packt, wenn Sie die Zinsen für Ihren Kredit nicht bezahlt haben."

Da nickte der Mann verständnisvoll und steckte etwas betreten sein Tintenfaß wieder ein.

Mit einer großen Ausstellung konnte die Zentralsparkasse Hoke schließlich zum endgültigen Durchbruch verhelfen. Ähnlich wie die bereits mehrfach erwähnte Maria Biljan-Bilger schuf er vieles für die Zentralsparkasse. Hoke bekleidet heute einen Lehrstuhl an der Universität in Graz und hält sich oft in der Toskana auf, wo er in den letzten Jahren wesentliche Impulse für seine Arbeit fand.

Besonderes Echo brachte die große Ausstellung der Vertreter der sogenannten Wiener Schule der phantastischen Realisten: Brauer, Fuchs, Hausner, Hutter und Lehmden. Diese Schau war sensationell und wurde vom angesehenen Kritiker und Schriftsteller Dr. Wieland Schmied kommentiert.

Die fünf Maler wurden in zahlreichen Medien porträtiert, ihre Werke waren in aller Munde, und sehr bald sprach man in ihrem Zusammenhang von der großen Hoffnung für die bildende Kunst in Österreich. Alle fünf waren hervorragende Künstler, von denen jeder allerdings sehr bald seinen eigenen Weg ging. Vielleicht ist es aber gerade diese eigenständige Entwicklung gewesen, die dazu beitrug, daß sie bis heute bedeutende Künstlerpersönlichkeiten geblieben sind.

Die Ausstellungen der Zentralsparkasse, die unter anderem auch Teppich- und Keramikkunst zeigten, erzielten stets eine gute Presse und hervorragende Besucherzahlen. Durch eine großzügige Einkaufspolitik gelang es uns, eine bedeutende Kunstsammlung aufzubauen. In meiner Ära wurde dazu der Grundstein gelegt, und heute verfügt das Institut über die größte private Kunstsammlung Österreichs, die beispielsweise bereits in New York und Moskau ausgestellt werden konnte. Hier ist jedoch anzumerken, daß wir für unsere Kunstsammlung nie einen musealen Charakter anstrebten, weil wir ihn immer als die Aufgabe öffentlicher Stellen erachteten.

Die Förderung der Avantgardisten und der phantastischen Realisten entsprach meinem Versuch, das Kunstleben aktiv zu beeinflussen. Ähnlich verhielt es sich mit der großen und positiv aufgenommenen Ausstellung einer Reihe von gegenständlichen Künstlern in der Tiefgarage der Hauptanstalt. Unter den gezeigten Exponaten waren auch Arbeiten von Alfred Hrdlicka. Mit dieser Schau wurde der Versuch unternommen, dem Überhandnehmen der abstrakten Kunst entgegenzuwirken. Wie erfolgreich dieses Ansinnen war, zeigte die Tatsache, daß wir eine Reihe von Zusammenkünften mit den Künstlern ermöglichen konnten, bei denen sehr interessante Debatten geführt wurden. Vielleicht konnten wir damit in einem bescheidenen Maße dazu beitragen, daß die gegenständliche Kunst heute in Wien nach wie vor präsent ist.

Die Literatur kam bei der Förderung durch die Zentralsparkasse immer etwas zu kurz. Das lag in der Natur der Sache. Bei der Malerei und der Musik ist das Verhältnis zwischen dem Künstler und der Sparkasse ein direktes, während sich bei der Literatur immer ein Verlag dazwischenschiebt. Mit einem primär kaufmännisch orientierten Partner war kein so freundschaftliches Verhältnis möglich, wie es bei Malern oder Musikern der Fall war. Wir halfen uns insoweit, als wir auch hier trachteten, von den Verlagen vorwiegend Neuerscheinungen junger Schriftsteller zu kaufen und bei festlichen Gelegenheiten zu verschenken. Allerdings blieb diese Art der Förderung eine Ausnahme, da in erster Linie den Verlegern und kaum den Schriftstellern geholfen werden konnte.

Durch meine kulturpolitische Tätigkeit lernte ich viele Persönlichkeiten kennen und schätzen, von denen mir viele noch heute in lebhafter Erinnerung sind. Für die Wiener Schulen finanzierten wir zum Beispiel einmal die Aufführung von Szenen aus Werken von Johann Nestroy und Ferdinand Raimund. Als Darsteller konnten wir prominente Schauspieler des Wiener Burgtheaters gewinnen. Anläßlich der letzten Vorstellung fand im Rahmen der Sparkasse eine kleine aber äußerst vergnügliche Abschlußfeier statt. Ich erinnere mich, wie der damals 80jährige Otto Tressler Episoden aus seinem ungemein reichen Leben erzählte.

Sehr gut entsinne ich mich auch eines Gespräches mit Attila Hörbiger, der mich über banktechnische Dinge befragte, weil er beabsichtigte, bei mir einen Kurs über das Bankwesen zu machen. Mit dem Argument, daß das uninteressant und auch zu schwierig sei, versuchte ich ihm davon abzuraten. Er hingegen meinte schmunzelnd: „Wenn man Geld hat, ist es nie schwierig."

Als Vizepräsident des Wiener Männergesangsvereines, zu dem ich Mitte der sechziger Jahre quasi über Nacht gemacht worden war, erhielt ich eines schönen Tages den Auftrag, dem berühmten ungarischen Komponisten Zoltan Kodály in Budapest die Goldene Münze des Vereines zu überreichen. Jeder Komponist, von dem ein Chorwerk durch den Wiener Männergesangsverein uraufgeführt worden war, bekam diese Auszeichnung. Kodály's Musik – hauptsächlich Kammer- und Chormusik sowie Lieder – war stark von der ungarischen Folklore und von Bartók beeinflußt.

Kodály wohnte damals in einem schönen Haus in einem Vorort von Budapest. Wir läuteten, und eine junge, hübsche Dame – offensichtlich seine Tochter – öffnete die Tür und führte uns in Kodály's Arbeitszimmer. Der Komponist, ein großer schlanker Herr, empfing uns sehr freundlich und verstrickte uns sofort in ein Gespräch über das Schicksal des Chorgesanges in Ungarn. Ich sehe ihn heute noch – er stand hochaufgerichtet an das Klavier gelehnt und sprach mit ausdrucksvoller Gestik.

Als die Dame, die uns empfangen hatte, Kaffee servierte, stellte Kodály sie als seine Frau vor, was alle sehr verblüffte. Kodály's größte Sorge war, daß sein Nachlaß nicht der damals herrschenden kommunistischen Regierung zufiel, was die Jugend seiner Frau erklärte. Kodály starb bald nach unserem Besuch, und immer noch, wenn ich heute seine Musik höre, sehe ich die hohe Gestalt des Komponisten dort am Flügel lehnen.

Man hat nicht oft die Gelegenheit, derartig großen Persönlichkeiten zu begegnen. Als Vorstandsmitglied der Mozartgemeinde sollte ich später aber noch öfter die Gelegenheit haben, einige nicht nur als Komponisten kennen, sondern auch als Menschen schätzen zu lernen.

Es würde zu weit führen, hier alle Persönlichkeiten anführen zu wollen, mit denen ich das Vergnügen eines Zusammentreffens hatte. Nicht zuletzt durch alle diese Bekanntschaften mit Künstlern und Kulturschaffenden war die Förderung der Künste aber ein sehr schöner und erfüllender Aspekt meiner Tätigkeit bei der Zentralsparkasse.

Auch zu den Wiener Museen hatte ich ein gutes Verhältnis, insbesondere zur Österreichischen Galerie, von der wir etwa Gemälde von Makart, Kurzweil oder Waldmüller kaufen konnten. Sie bildeten eine Ergänzung zu den im Rahmen der Kunstförderung erworbenen Bildern junger österreichischer Künstler.

Als ich in die Zentralsparkasse kam, besaß die Anstalt nur ein einziges Bild. Die wenigen sonst noch vorhandenen Kunstwerke waren Eigentum der Gemeinde. Nach und nach entwickelte sich der Bestand an Kunstwerken zu einer wirklich großen und bedeutenden Sammlung. Die kulturellen Aktivitäten der Sparkasse waren zweifellos ein wichtiger Teil der Existenzberechtigung einer gemeinnützigen Anstalt, wie ich es eingangs bereits erläutert habe. Durch das Aufhängen der angekauften Werke in den Büros der Hauptanstalt und in den Filialen wurde aber auch der Kunstsinn der Angestellten gefördert. Ich kann mich erinnern, daß Dr. Vak damals einen „Art Club" initiierte, der Radierungen und Zeichnungen erwarb. Die Clubmitglieder konnten diese Werke abwechselnd in ihren Privatwohnungen aufhängen. Außerdem wurde eine eigene Kreditaktion geschaffen, damit derartige Bilder auch selbst erworben werden konnten. Das war ein bemerkenswerter Versuch, die Wohnungen der Mitarbeiter mit erstklassigen Werken österreichischer Künstler zu schmücken, der natürlich meine vollste Unterstützung fand.

Obwohl mit der Gemeinde vereinbart war, auf sozialem Gebiet keine eigenen Aktivitäten zu entfalten, waren wir bei einigen derartigen Projekten vertreten – vor allem dann, wenn die Finanzierung Probleme bereitete. Ein Vorhaben erwähne ich an dieser Stelle, weil es zugleich eines der schönsten war, die ich verwirklichen konnte: das Kinderdorf Pötsching.

Pötsching ist eine kleine burgenländische Gemeinde an der Grenze zu Niederösterreich in der Nähe von Wiener Neustadt, und die Gesellschaft österreichischer Kinderdörfer plante dort die Errichtung eines großen Kinderdorfes. Das zur Verfügung stehende Grundstück wies größere agrarische Flächen auf, weshalb das Konzept vorsah, die Kinder und Jugendlichen zu landwirtschaftlichen Arbeiten, insbesondere zum Obstbau, anzuleiten.

Das Projekt erforderte natürlich hohe Investitionen und erschien beim ersten Anblick als kaum zu bewältigen. Ich fuhr mit den zuständigen Funktionären der Kinderdorfbewegung nach Pötsching, besichtigte das Grundstück und sprach mit dem Bürgermeister. Wir kamen rasch zur Überzeugung, daß das Projekt unbedingt realisiert werden mußte. Ich erteilte der Gesellschaft der Kinderdörfer eine relativ hohe Promesse und achtete darauf, daß Laufzeit und Zinsfuß so angelegt waren, daß ich die Verwirklichung dieses Projektes insbesondere durch ansehnliche Subventionen von öffentlicher Seite erwarten konnte. Während der Bauzeit fuhr ich einige Male nach Pötsching, wo ich sah, wie nach und nach alle Häuser und Nebengebäude entstanden. Eines Tages konnte man beginnen, das zugehörige Ackerland zu bearbeiten.

Mich faszinierte der wunderbare Blick in das weite burgenländische Land immer wieder, und ich konnte mir gut vorstellen, daß viele Kinder ihre neue Heimat schätzen würden. Eine Heimat, in der sie nicht nur gehütet, sondern an deren Gedeihen sie auch tatkräftig mitwirken würden. Daß diese Heimat nicht nur tatsächlich zustande kam, sondern auch erhalten werden konnte, ist dem Umstand zu verdanken, daß mit öffentlicher und privater Hilfe stets die fälligen Annuitäten aufgebracht und das Darlehen letztlich vollständig bedient werden konnte. Wer das Kinderdorf Pötsching nach seiner Fertigstellung gesehen hat, weiß, daß seine Finanzierung durch die Zentralsparkasse richtig war – auch wenn man mir in diesem Zusammenhang Größenwahn vorgeworfen hat.

Ich will mich in meinen Ausführungen in diesem Kapitel nicht weiter verbreitern, obwohl noch sehr vieles zu erwähnen wäre, wie etwa die Tätigkeit der Zentralsparkasse auf dem Gebiete der Volksbildung, die weit über das normale Maß hinausgehende allgemeine Spendentätigkeit oder die Förderung der Wissenschaft im Dr.-Adolf-Schärf-Fonds. Nur soviel sei zusammenfassend gesagt: Die Förderung von Kunst, Wissenschaft und Sozialem war stets ein integraler Bestandteil meiner Tätigkeit im Sinne der wesentlichen Aufgabe der Sparkassen.

Ich selbst bin – wie ich es eingangs schon geschildert habe – auf seltsamen Wegen ins Bankwesen gekommen. Dort habe ich mich sehr wohl gefühlt und konnte etwas leisten. Auf ähnlich seltsamen Wegen bin ich schließlich aber wieder aus diesem Bankwesen ausgeschieden. Zwar war ich nach der Tätigkeit als Generaldirektor der Zentralsparkasse noch weitere zehn Jahre im Vorstand der Kommunalkredit AG. Die Bank florierte aber hervorragend, und ich hatte aufgrund guter Mitarbeiter nicht sehr viel zu tun. Ich bekleidete eine Art Grillparzer-Beruf und konnte schon damals beginnen, alte Ressourcen neu zu erschließen ...

9. Apropos „Kronen Zeitung"...

Anfang Mai 1969 verbrachten meine Frau und ich unseren Urlaub auf der Insel Elba, nachdem ich zuvor am Internationalen Sparkassenkongreß in Rom teilgenommen hatte, der einige für mich sehr interessante Referate brachte. Gegen Ende meiner Ferien fuhren wir mit dem Schiff nach Rom zurück, um von dort nach Wien zu fliegen. Es war vereinbart, daß meine Tochter aus Wien kommend mit meiner Frau wieder auf die Insel zurückkehren sollte.

Während der Schiffspassage hatte ich ein schauriges Erlebnis. Dichter Nebel war eingefallen, man konnte keine hundert Meter weit sehen. Das Nebelhorn unseres Schiffes brüllte in einem fort. Ich hatte unsere Kabine verlassen, war an Deck gegangen und stand an der Reling, als plötzlich ein ungeheurer Schiffsbug vor meinen Augen auftauchte. Ein Steward ließ sein Tablett mit Getränken fallen und war vor Schreck kreidebleich. Es schien mir in diesem Augenblick unmöglich, daß sich die beiden Ungetüme ausweichen könnten, und war schon auf einen Zusammenstoß gefaßt. Aber irgendwie gelang es den beiden Steuermännern doch, die beiden Schiffe ganz knapp aneinander vorbeizuführen.

Etwas zittrig kehrte ich wieder zu meiner Frau zurück und erzählte ihr von dem Vorfall, den sie gar nicht registriert hatte. Ich deutete ihn als eine Warnung oder einen Wink des Schicksals und schloß mit den Worten: „Das sind schöne Aussichten für die weitere Zukunft!"

Nach meiner Ankunft in Wien fand ich auf meinem Schreibtisch einen Brief von Vizebürgermeister Slavik vor, in dem er mich aufforderte, ihn anzurufen. Er wollte mich dringend sprechen, und wir vereinbarten für den 16. Mai einen Termin im Rathaus. Mir schwante Unangenehmes, aber doch im Grunde genommen nichts Tiefgehendes, obwohl ich während des Kongresses in Rom in einem Telefongespräch gewarnt worden war, daß in der Wiener Partei offensichtlich etwas im Gange sei, das sich auch gegen mich richtete. Ich schlug diese Warnung in den Wind, denn mir wurde darüber hinaus geraten, sofort zurückzukehren, was ich aber nicht wollte.

Ich erschien also an besagtem 16. Mai – einem Samstag – im menschenleeren Rathaus. Ich schritt durch die langen Gänge, die ohne das geschäftige Herumschwirren von Beamten beinahe gespenstisch anmuteten, und erreichte schließlich das Büro des Herrn Vizebürgermeisters. Auch dort war kein Personal anwesend. Da ich den Hausbrauch kannte, ging ich sofort durch die Vorräume in sein Büro. Slavik saß an seinem Schreibtisch und schaute mich mit ausdruckslosem Gesicht an. Ich setzte mich auf einen Stuhl, ohne besonders dazu aufgefordert worden zu sein, und fragte nach einer kurzen Begrüßung, was er von mir wolle.

Slaviks Gesicht wurde ernst, und er sagte: „Du sollst deinen Posten verlassen... die Partei wünscht das."

Ich erwiderte: „Die Partei? Wer?"

Slavik antwortete: „Ich will dich weghaben."

Vielleicht fürchtete er, daß ich mich an die Partei wenden würde, um dort Aufklärung zu erhalten?

„Du willst, daß ich gehe?" Ich war seltsamerweise weder bestürzt noch besonders nervös. „Wann soll denn das geschehen?"

„Sofort!"

„Und was ist mit den anderen Ämtern, die ich im Sparkassen- und Bankensektor innehabe?"

„Auch die mußt du zurücklegen."

Ich dachte nach, ob diese Forderung für alle zutreffen konnte, und fragte dann: „Und die Kommunalbank?"

„Auch die mußt du verlassen."

Inzwischen war Magistratsdirektor Dr. Ertl erschienen, der sich nun in das Gespräch einmischte: „Herr Vizebürgermeister, das wird nicht gehen, denn an der Kommunalbank sind wir nur zu 10% beteiligt."

„Na, dann soll er meinetwegen bleiben", brummte Slavik.

„Und wie sollen wir das machen? Friedlich oder im Krieg? Ich kann mich ja auch wehren."

Slavik antwortete mir ohne besonderen Ausdruck im Gesicht: „Natürlich im Krieg, was sonst?!"

Hier mischte sich Dr. Ertl wieder ein und sagte: „Herr Vizebürgermeister, das geht nicht. Der Herr Generaldirektor hat sich in der bewußten Causa nichts zuschulden kommen lassen, und auch die Sparkasse hat keinen Schaden davongetragen."

„Na, dann eben im Frieden", sagte Slavik plötzlich jovial lächelnd.

Da bemerkte ich erst, daß die Sache bereits längst abgesprochen war ...

„Gut", sagte ich, „im Frieden. Dann werde ich dem Herrn Bürgermeister ein Schreiben meines Anwalts überreichen, in dem die Bedingungen aufgezählt sind, die ich stelle, damit ich freiwillig meinen Sessel räume."

Somit war die Sache erledigt. Es hatte keine Viertelstunde gedauert. Ich erhob mich, ohne eine Verabschiedung abzuwarten und ging plötzlich als ein anderer, als der ich gekommen war.

In wenigen Minuten hatte ich die Frucht meiner dreißigjährigen Sparkassenarbeit verloren. Natürlich mußte man mich als Pensionist der Zentralsparkasse entsprechend behandeln. Aber aus einer so reichen Arbeitswelt plötzlich herausgerissen zu werden, war eine harte Sache. Aus den umfangreichen Ausführungen in diesem Buch ist ja ersichtlich, wie sehr ich mit dem Sparkassenwesen in Österreich verwachsen war.

Ich versuchte in den nächsten Tagen, die Geschicke vielleicht doch noch zu ändern und bat Bundesparteiobmann Dr. Bruno Kreisky um eine Unterredung. Kreisky empfing mich sofort, und ich erzählte ihm von Slaviks Vorhaben, zu dem er kein Wort sagte. Er nickte nur, und auf meine Frage, ob er mir nicht helfen könne, antwortete er offen: „Nein. Schließlich ist die Wiener Partei groß und einflußreich, und du kannst von mir nicht verlangen, daß ich mich deinetwegen mit ihr anlege. Ich bin erst seit einigen Monaten Parteiobmann. So leid es mir tut, das kann ich nicht."

Ich nahm seine Position zur Kenntnis, und wir verabschiedeten uns. Ich war Kreisky nicht böse; er war wirklich in einer Zwangslage.

Die nächsten Tage waren etwas schmerzlich für mich, als ich meinen Schreibtisch und meinen Schrank ausräumen mußte. Die Nachricht von meiner Absetzung war wie eine Bombe im Haus eingeschlagen, aber nur wenige der Angestellten verabschiedeten sich persönlich von mir. Mich freute sehr, daß die Angestelltenvertretung sich zur Verfügung stellen wollte, um mir zu helfen. Eine Delegation überreichte mir auch ein diesbezügliches Schreiben. Ich lehnte die angebotene Hilfe aber ab; ich wollte keinen Krieg zwischen den Dienstnehmern und dem Rathaus verursachen.

Andere wieder – auch viele, die mir näher gestanden waren – traten in die Doppelreihe zurück. Und ich habe, als die Tür zu meinem Büro geschlossen und jene zu dem von Dr. Mantler mit der Bemerkung: „Es sind eben jetzt andere Zeiten!" geöffnet wurde, sehr viele kalte Augen gesehen.

Ich konferierte mit meinem Anwalt Dr. Skrein, der mich sehr gut vertrat, und stellte einen zehn Punkte umfassenden Forderungskatalog auf, worunter sich auch eine in einem derartigen Schreiben etwas seltsam anmutende Bedingung fand. Ich verlangte, daß meine Sekretärin, Frau Zettl, schon frühzeitig in Pension gehen konnte. Es kam natürlich zu Schwierigkeiten mit dem Betriebsrat, aber letztlich sah man ein, daß man von ihr nicht verlangen konnte, nun übergangslos für meinen Nachfolger zu arbeiten.

Schlechter traf es meinen langjährigen Chauffeur, Herrn Kafka, der von Dr. Mantler gebeten wurde, nun für ihn zu fahren. Kafka lehnte dies strikt ab, erhielt dafür als Entlohnung eine Versetzung in die Chauffeuretage und bekam – wie er mir erst vor einigen Jahren erzählte – meist die unbeliebtesten Fuhren.

Damit war meine Tätigkeit in der Zentralsparkasse beendet. Ich zog mich in mein Haus zurück und überlegte, was da kommen sollte.

Zur Affäre „Kronen Zeitung" selbst kann ich nur feststellen, daß man das Problem im Rathaus nicht weiter diskutierte. Am Geschäft an sich ließ sich ohnedies keine Kritik üben. Es war ein gutes Kreditgeschäft gewesen, in dem alle Beteiligten das erhalten hatten, was sie wollten: Die „Kronen Zeitung" den Kredit, die Gewerkschaft ihre Sparbücher und die Zentralsparkasse ihre Kreditvaluta samt Zinsen. Es hatte also niemand Grund, diesbezüglich ein Wort zu verlieren.

Was die politische Seite anlangt, habe ich mich eigentlich nie um die Quertreibereien in der Partei gekümmert. Die Meinung von Vizebürgermeister Slavik, daß durch mein Schweigen in Fragen der „Kronen Zeitung" die Wahlniederlage 1966 verursacht worden wäre, ist natürlich lächerlich. Daran konnte doch ernstlich niemand glauben! Der Grund für die Wahlniederlage der SPÖ war – wie man weiß – anderer Natur.

Die ganze Angelegenheit war rein persönlich: Ich war Slavik im Weg. Ich erinnere mich, daß Slavik einmal zu mir sagte: „Bei großen Krediten siehst du immer das Geschäft und ich immer die Politik. Das bringt gewisse Schwierigkeiten." Und damit hatte er recht. Er irrte aber, wenn er glaubte, daß ich bei allen Krediten größeren Umfangs, bei denen anzunehmen war, daß ein politischer Hintergrund herrsche, zu ihm gehen würde, um die Sache mit ihm zu besprechen. Dagegen wehrte ich mich, weil dadurch mein Konzept einer objektiven Sparkasse mit einem streng gehüteten Bankgeheimnis verloren gegangen wäre.

Hier lagen die differenten Auffassungen zwischen ihm und mir. Darüber hinaus war ich ihm offensichtlich im Wege. Ich war ihm zu selbstherrlich und noch dazu von der anderen politischen Seite geachtet. Immerhin hatte Finanzminister Dr. Kamitz veranlaßt, daß mir der Bundespräsident das Große Silberne Ehrenzeichen für Verdienste um die Republik verlieh. Slavik sagte damals zu mir: „Jetzt kriegst du von der Gemeinde Wien nie wieder einen Orden." – So sehr hatte ihn das damals geärgert.

Im übrigen wünschte er immer, seinen guten Freund Mantler an der Spitze der Zentralsparkasse zu sehen. Nun, da sich die Gelegenheit bot und er ein mächtiger Mann war, wollte er seinen Wunsch erfüllt sehen. Da er mir geschäftlich nicht ankonnte, mußte er politisch agieren.

Mantler hatte keine Freude damit. Er sagte mir oft, er würde gerne neben mir arbeiten, ich sollte die großen Geschäfte machen, während er hinter mir stehen und kontrollieren wolle. Noch einige Wochen vor meinem Abschied bestätigte er mir dies, was ich ihm auch geglaubt habe; er war kein Managertyp.

Seltsam war die Reaktion der „Kronen Zeitung" selbst. Ich hatte, solange wir die Finanzierung abgewickelt hatten, täglich ein Exemplar der „Kronen Zeitung" erhalten. Von dem Tag an, als die Medien mein Ausscheiden aus der Zentralsparkasse ankündigten, wurde diese Zusendung eingestellt. Das kann natürlich Zufall sein, kann aber auch einen anderen Grund haben; es hat mich zumindest mehr als gewundert.

Was mich hingegen freut, ist, daß sich diese Zeitung – gleichgültig wie man zu ihr stehen mag – zu einem großen Instrument der Meinungsbildung entwickelt hat. Wie viele andere Projekte, an denen ich quasi von der Stunde null an mitwirken konnte, wuchs sich auch diese Finanzierung bis heute zu einem bedeutenden Unternehmen aus.

Die Frage, die sich nach meinem Ausscheiden aus der Zentralsparkasse stellte, war: „Was tun?" Ich malte mir während meiner beruflichen Tätigkeit immer aus, eines Tages wieder zu meinem uralten Traum, mich der Literatur zuzuwenden, zurückkehren zu können. Allerdings habe ich mir das für mein Alter vorgestellt. Aber nun war ich kaum Sechzig, und ich begann von diesem Zeitpunkt an, wieder literarisch tätig zu sein. Das war etwas schwieriger, als eine Sparkasse zu leiten, weil sich sehr viele Vorurteile gegen mich richteten, die mich aber dennoch nicht von meinem Vorhaben abbringen konnten.

Eine Frage tut sich in diesem Zusammenhang noch auf. Warum habe ich mich nicht wirklich mehr gewehrt und den Kampf gegen Slavik aufgenommen? Das ist leicht erklärt: Mein Grundsatz war immer schon gewesen, mich nicht in Kämpfe mit der Politik zu verstricken. Politiker sind – wenn sie in Amt und Würden sind – in der Regel die Stärkeren. Sie haben eine Behörde hinter sich, und es ist sehr schwer, dagegen anzukämpfen. Was hätte ich auch immer wieder sagen sollen außer der Wahrheit? Und wenn die Wahrheit nicht geglaubt wird oder falsch und unzureichend interpretiert wird, bleibt nichts anderes als zu schweigen.

Als Slavik drei Jahre später selbst von der Bildfläche verschwand, meinten einige, ich solle jetzt wieder aktiv werden. Aber ich lehnte ab. Nun waren die noch von mir eingestellten jungen Mitarbeiter an der Reihe, die so viel von dem nötigen Geist in sich hatten, um das Beste aus dem Haus zu machen. Kämpfen wäre eine nutzlose Vergeudung meiner Kräfte gewesen. Als Ökonom muß ich sagen, sollte man wissen, wie weit die zur Verfügung stehenden Kräfte reichen. Kämpfen um des Kampfes willen, aus Trotz, beleidigter Ehrsucht oder ähnlichem – das liegt mir nicht.

10. Summa Summarum

„Es ist schön bei ARAL zu tanken"... Nein, bei den Sparkassen Arbeit zu haben! Es war mir wohl nicht an der Wiege gesungen worden, daß ich eines Tages den Beruf eines Sparkassenmanagers ausüben würde, aber es kam so, wie es mein Schicksal bestimmte. Nach der Matura schwankte ich ursprünglich zwischen den Studienrichtungen Chemie und Germanistik. Ich entschied mich zunächst für die Germanistik, mußte erkennen, daß das Latinum für mich ein zu großes Hindernis war und wandte mich – auch um die finanzielle Belastung meiner Eltern zu reduzieren – einem praktischen Studium an der Hochschule für Welthandel zu. Das war meinen Wünschen, meinen Hoffnungen und – wie ich sehr bald sah – auch meinen eigentlichen Talenten geradezu diametral entgegengesetzt. Meine Eltern begrüßten diesen radikalen Szenenwechsel meines Studiums durchaus nicht, aber es war nun einmal so beschlossen, und ich landete bei den Wissenschaften für Kaufleute. Die Studienerfolge waren günstig, obwohl mein Interesse für den Stoff anfangs sehr gering war und es mir schien, als ob alle Professoren dasselbe vortrugen. Bald gewann ich aber mit dem Genossenschaftswesen einen äußerst interessanten Kristallisationspunkt. Das Schicksal Raiffeisens und sein Kampf für die österreichische Bauernschaft zogen mich an. Ich schrieb meine Diplomarbeit über die kanadischen Weizenbauern und ihren Kampf gegen Handel und Markt. Ich beschäftigte mich eingehend mit den kanadischen Weizenpools, einer Organisation, die im großen versuchte, die Weizenpreise im Herbst stabil zu halten, indem sie beträchtliche Mengen lagerte und die Ware im Laufe des Jahres nach und nach absetzte, um so einen gleichbleibenden Preis zu gewährleisten. Eine Bekannte meines Vaters, eine Genossenschafterin namens Freundlich, verschaffte mir von den kanadischen Genossenschaftern ausreichend Literatur über die Pools, ihre Geschäftspolitik und ihre Bilanzen. Professor Oberreiter, bei dem ich die Arbeit eingereicht hatte, war von meinem Thema begeistert. Ich schenkte ihm später auch alle Unterlagen, die ich erhalten hatte. Nachdem er mich aber bei der Diplomprüfung zunächst über meine schriftliche Arbeit befragt hatte, stellte er einige allgemeine Fragen und war schließlich enttäuscht, als er sah, daß mein Wissen nicht besonders groß war. Aber immerhin: Ich wurde Diplomkaufmann und harrte der Dinge, die da kommen sollten – jedoch, sie kamen nicht: ich blieb arbeitslos. Zwar versuchte ich, bei den Konsumgenossenschaften unterzukommen, wohin mein Vater gute Verbindungen hatte. Aber die Wirtschaftskrise der dreißiger Jahre machte es mir unmöglich, rasch eine Position zu erhalten.

Damit ging allerdings eine Welt für mich auf. Die schwierige Situation, in der wir uns damals befanden, ließ mich begreifen, welch großes Feld an Aufgaben und Verpflichtungen eigentlich von den Gemeindeverwaltungen wahrgenommen wird. Im Rahmen dieser kommunalen Tätigkeit wurde mir auch die besondere Rolle der Sparkasse bewußt: sie finanziert infrastrukturelle Investitionen, fördert den Wohnbau und hilft den Gemeindebürgern, ein vernünftiges und sparsames Leben zu führen. Die Sparkassen boten auch ein ähnliches Tätigkeitsfeld, wie ich es mir von den Genossenschaften erträumt hatte. Die Gemeinnützigkeit des Sparkassenwesens war ein besonderer Glücksfall, die ich – wie hier bereits erwähnt – für eine der großen Säulen der kommunalen Wirtschaft halte. Ich kann auch Meinungen aus der Kollegenschaft nicht verstehen, denen zufolge die Gemeinnützigkeit den Wettbewerb verzerrt. Diese Ansicht ist einfach nicht richtig. Denn die Sparkassen müssen ihr Kapital selbst verdienen. Sie können weder an die Börse gehen – wenigstens war es damals noch so – noch kann die Gemeinde um Kapitaleinlagen gebeten werden. Es war unendlich mühsam, das Eigenkapital der Zentralsparkasse während meiner Tätigkeit von 119 auf 645 Mio. Schilling zu erhöhen. Immerhin handelte es sich um versteuertes Einkommen, das dann auf die Reserven gelegt wurde. Das zu verdienen – noch dazu ohne Kreditrisiko – war nicht einfach.

Ich habe mich rasch im Sparkassenwesen orientiert. Ich bin immer ein Wanderer mit Karte gewesen und verschaffte mir aufgrund dieser Tatsache entsprechende Literatur; Unterlagen aus Berlin, die für die deutschen Sparkassen bestimmt waren, insbesondere die Zeitschrift „Zahlungsverkehr und Bankbetrieb", aus der ich sehr viel lernte. Sie wurde mir während meines Wehrdienstes sogar zur Truppe nachgeliefert.

Hier liegt vielleicht das Geheimnis jeden Erfolges. Man muß sich, wenn man in einen Beruf eintritt oder einen großen Plan faßt, immer fragen, wo man steht und wo das Ziel ist, wie steil der Weg zu diesem Ziel ist und wie es folglich am besten zu erreichen ist. Das sind Größenordnungen, die bei rationaler Überlegung auch bestimmbar sind. Man sollte sich nicht mit Dingen abgeben, die es nicht wert sind. Man sollte keine Ziele anstreben, zu deren Erreichen die eigene Kraft nicht reicht.

Auf diese Weise bekam ich schließlich immer mehr Ahnung davon, wie diese Verbindung zwischen Sparkasse und Gemeinde und hin zur mittelständischen Wirtschaft auszubauen war. Eines der wichtigsten Mittel war selbstverständlich der Spargiroverkehr, wie an betreffender Stelle in diesem Buch bereits ausreichend geschildert wurde. Nach und nach formte ich so eine Sparkasse, die nicht nur die Region Wien, sondern – mittels der Girozentrale – auch das gesamte Bundesgebiet umspannte. Ich war bei hunderten von Veranstaltungen von Vorarlberg bis Wien, pilgerte wie ein Wanderprediger – man hat mich oft genug mit einem solchen verglichen – von Sparkasse zu Sparkasse, um vor Gemeindefunktionären zu sprechen und Kurse abzuhalten. Im Rahmen des Leiterkurses war „Die Sparkassenpolitik" ein wichtiges Kapitel. Darüber hinaus war ich Prüfer bei den Sparkassenexamen. Auf diese Weise lernte ich auch alle maßgeblichen Sparkassenleute kennen. Obwohl mich diese Arbeit sehr viel Zeit kostete, war sie ein weiterer wesentlicher Schritt zum Erfolg.

Ohne als Anarchist gelten zu wollen, bin ich der Meinung, daß nur die Gemeinde und deren Politik den Bürger und sein Wohlbefinden wirklich betrifft. Was darüber hinausgeht – insbesondere die Bundespolitik – berührt die Bürger (abgesehen von der Wehrpflicht, der Budgetgebarung oder der Gerichtsbarkeit) weniger. Aber im großen und ganzen ist die kommunale Verwaltung, sind der Bürgermeister und seine Gemeinderäte diejenigen, die uns das Leben in der Gemeinschaft angenehm gestalten oder durch Größenwahn, Nachlässigkeit oder Desinteresse unmöglich machen können.

So wurde ich unbestritten ein von der Konkurrenz und der Aufsichtsbehörde anerkannter Manager im Sparkassensektor und nahm in der Bundeskammer einen wichtigen Platz ein. Mein Verhältnis zu den Kollegen war gut, weil ich in wesentlichen Fragen neue Wege ging und versuchte, die Sache immer selbst in die Hand zu nehmen. So erfand ich auch den sogenannten „Lombardclub". Ich schlug Generaldirektor Miksch damals vor, uns vor jeder Emission des Bundes zusammenzusetzen und darüber zu beraten. Ich wollte vermeiden, vom zuständigen Sektionschef überrascht zu werden und zustimmen zu müssen, wo er wollte. Miksch griff diesen Vorschlag gerne auf. Auf diese Weise konnten wir die Emissionen der öffentlichen Hand einigermaßen steuern und dem Markt anpassen.

Was ist nun ein Manager? Ich habe schon geschildert, wie er entstehen kann und welche Voraussetzungen notwendig sind, um aus einem Menschen eine Kapazität zu machen, die etwas zu sagen hat. Im Prinzip muß ein Manager nur einige wenige wirkliche Tugenden haben. Zunächst ist sicherlich eine entsprechende Vorbildung nötig. Er muß nicht gerade die Hochschule für Welthandel absolviert haben, aber er muß in Fragen des wirtschaftspolitischen Geschehens allgemein versiert sein und auch die Details der wirtschaftlichen Zusammenhänge kennen. Wenn er klug ist, dann lernt er das Erforderliche rasch dazu.

Eine der Haupttugenden ist zweifellos der Fleiß. Wenn er nicht unermüdlich an seinem Lebenswerk arbeitet, dann erreicht er kein Ziel. Fleiß überzeugt auch Feinde. Ich selbst habe mich nicht mit einem Acht-Stunden-Tag begnügt. Mein Arbeitstag begann in der Regel um sieben oder um acht Uhr – je nach den Erfordernissen – und endete nie vor sieben, acht oder auch neun Uhr abends. Ich habe es ohne weiteres leisten können, weil ich körperlich dazu in der Lage war. Das Wochenende gehörte meiner Familie. Der Sonntag war dazu bestimmt, mit meiner Frau und mit meiner Tochter auf's Land zu fahren, meine Mutter zu besuchen oder sonst irgend etwas zu unternehmen, was mit dem Geschäft nichts zu tun hatte. Wenn der Manager die Zeit gut nützt und über ein gutes Sekretariat verfügt, das die Dinge gut vorbereitet und die Termine intelligent legt, so kann er an einem Arbeitstag sehr viel ausrichten.

Das zweite, was der Manager braucht, ist zweifellos Phantasie. Wer nur in den Tag hineinlebt, der bringt es nicht weit. Ein Manager muß wissen, was morgen zu geschehen hat, und sich heute darauf vorbereiten. Er muß das Geschäft von übermorgen spüren und die nötigen Vorbereitungen dazu treffen. Das ist unbedingt notwendig. Ich habe viele Geschäfte begonnen, ohne konkret zu wissen, wozu sie gut sein sollten. Als wir etwa mit der Ankurbelung des Privatkredites begonnen haben, wußten wir nicht, daß wir damit in einer Zeit der flauen Kreditnachfolge die entsprechende Basis für ein umfangreiches und nicht nur lukratives, sondern auch kurzfristiges Kreditgeschäft einleiteten. Obwohl manche meiner Kollegen vor Verlusten warnten und meinten, diese Entwicklung richte sich gegen den Spargedanken, war ich anderer Auffassung – wie man sieht zurecht. Man darf nicht nur im Heute leben, sondern muß auch an das Morgen denken. Phantasie zu haben, heißt aber noch lange nicht, ein Phantast zu sein und sich von der Phantasie unterkriegen zu lassen.

Eine weitere Tugend des Managers muß Zivilcourage sein. Ohne den Mut, Dinge anzupacken, wird nichts aus der Karriere. Ich habe oft genug bei großen Geschäften kein gutes Gefühl gehabt, obwohl ich gewußt habe, daß sie gut sind und auch gut endigen würden. Aber es war doch manchmal eine Fahrt zwischen Himmel und Hölle. Ich habe einige ganz große Auslandsgeschäfte in diesem Sinne abgewickelt, ohne die Gewähr und Deckung zu haben. Trotzdem sind alle diese Geschäfte gut ausgegangen. Oft hörte ich Argumente wie: „Daß du dich das traust, wundert mich!" oder „Das kannst du doch nicht machen, das ist doch zu riskant!" Ich wußte aber stets, was riskant war und was nicht. Man verliert eher bei unbedeutenden, kleinen Geschäften als bei wirklich gut überlegten großen Ausleihungen.

Schließlich benötigt der Manager auch Glück. Wenn man das Glück nicht hat, kann man noch so gut disponieren – das Geschäft geht daneben. Und ich muß sagen, ich hatte Glück. Es hat mich erst verlassen, als ich spürte, daß Slavik es darauf ansetzte, mich wegzubringen. Etwa vier Jahre vor meinem Abgang sagte er einmal zu mir: „Ich brauche nur zwei Jahre, und du bist weg!" Ich habe ihn damals ausgelacht. Aber selbst ein hoher Beamter des Finanzministeriums warnte mich und erzählte mir, daß Slavik derartige Argumente auch dort bereits vorgebracht hatte. Im Finanzministerium war man über meine kühne Geschäftspolitik ebenfalls nicht erfreut, aber immerhin wußte man, daß diese sauber war.

Das sind also die wenigen Tugenden, die für einen Manager wirklich notwendig sind. Darüber hinaus muß der Manager seinen Mitarbeitern Vorbild sein. Wenn er mit dem Betriebsrat einen Kampf austrägt, dann muß das reinen Herzens geschehen. Es darf ihm nicht vorgeworfen werden: „Er macht das so, aber wir dürfen nicht!" Ich selbst habe damals auch strikt auf die Abstufung der Gehälter im Haus geachtet, die ich auf mich bezogen habe. So waren mein Stellvertreter, die Direktoren und die Abteilungsvorstände entsprechend ihrer Verantwortung prozentuell genau abgestuft. Die übrigen Gehälter waren ohnedies durch die Kollektivverträge geregelt. Das hat man verstanden, und die Mitarbeiter waren im großen und ganzen nicht unzufrieden.

Ich bin froh, daß heute Mitarbeiter aus meiner damaligen unmittelbaren Umgebung die Geschicke des Hauses leiten. Vieles haben sie dazugelernt, für vieles waren sie begabt.

Heute herrschen im Sparkassenapparat sicherlich ganz andere Verhältnisse als damals – die Gemeinnützigkeit hat sich vielleicht etwas ausgelebt, und in der Gemeinnützigkeit ist die Schlagkraft nach außen offensichtlich auch nicht so groß, als wenn es sich um eine Rechtsform nach Handelsrecht handelt: aber die aktuelle Geschäftspolitik bestimmt die heutige Führung des Hauses. Und ich hoffe von ganzem Herzen, daß sie es gut macht, denn der Aufbau der Zentralsparkasse – aus der die Bank Austria hervorgegangen ist – war mein Lebenswerk. Trotz der Namensänderung ist das Z im übrigen stets präsent. Es prangt noch immer an der Spitze des Donauturms, wo es wahrscheinlich noch einige Zeit bleiben wird, weil es viel zu teuer wäre, es abzumontieren.

DER ERFOLG

	1955	1968
	in Millionen Schilling	
Bilanzsumme	1.887	18.790
	(100)	(991)
Spareinlagen	900	10.858
Sonstige Einlagen	830*)	6.731
davon Giroeinlage	432	2.500
Hypothekardarlehen	295	3.116
Kontokorrentkredite	315	1.846
Ausleihungen insgesamt	844	10.062
Buchmäßiges Eigenkapital	119	645
Anzahl der Filialen**)	35	58***)
Anzahl der Mitarbeiter	460	1.502

*) Spar-, Giro- und Depositeneinlagen sowie Einlagen von österreichischen Kreditinstituten
**) inklusive Hauptanstalt
***) per Juli 1969

Eckdaten Zentralsparkasse

DANKSAGUNG

Trotz meines guten Gedächtnisses habe ich mich an gewisse Details oder Zusammenhänge nicht mehr vollständig erinnert. Aus diesem Grund wandte ich mich an Kollegen, um mir von ihnen in Form von Gesprächen und Interviews auf die Sprünge helfen zu lassen. Diesen Kollegen, die wesentlich zum Gelingen dieses Buches beigetragen haben, gebührt besonderer Dank.

Es sind dies (in alphabetischer Reihenfolge): Dir. Karl Damisch, Dir. Dr. Fiala, Architekt Dipl.-Ing. Johannes A. Greifeneder, Dir. Rudolf Hahn, GD Dr. Rene Alfons Haiden, Dir. Walter Heinrich, Dir. Felix Hekele, Dir. Hlavac, Dr. Kettler, Dir. Peter Koubek, Dr. Peter Schrage.

Besonders danken möchte ich GD Dr. Karl Vak für die schriftliche Beantwortung einer Reihe von Fragen zu seiner Tätigkeit in der Organisationsabteilung sowie Frau Dr. Margaret Hacker für die schriftliche Darstellung der Aktivitäten des Vereins „Gut haushalten" und das aufmerksame Durchlesen des Rohmanuskriptes.

Mein Dank gilt auch Frau Mag. Gabriele Cerwinka, die durch ihre Mitarbeit wesentlich zum Gelingen dieses Buches beigetragen hat.

Josef Neubauer

wurde am 19. 3. 1911 in St. Ägyd in Niederösterreich geboren. Sein Vater war in der Konsumgenossenschaftsbewegung tätig, seine Mutter entstammte einer Kleineisen-Industriellenfamilie und war aktive Mitarbeiterin der Frauenorganisation der Sozialdemokratischen Partei. Auf Grund der politischen Gesinnung seiner Eltern erhielt er als Kind sehr früh Einblick in die politischen Spannungen der Ersten Republik.

Bis 1918 besuchte er die Volksschule in St. Ägyd. Der berufliche Aufstieg des Vaters erzwingt im selben Jahr den Umzug der Familie nach Wilhelmsburg, ermöglicht Neubauer aber auch den Besuch der Bundesrealschule in Krems/Donau, wo er infolge eines ausgezeichneten Deutschunterrichts den Weg zur Dichtkunst fand. In Krems kam er erstmals mit nationalen Kreisen in Berührung, ohne sich aber mit deren Gedankengut anzufreunden.

1929 – im Jahr seiner Matura – erschien sein erster Gedichtband („Unerbittlich Geschick") im Verlag „Am Brunnen" in Lilienfeld, der von der Kritik – besonders von Friedrich Schreyvogel – freundlich aufgenommen wurde.

Aus wirtschaftlichen Gründen brach Neubauer nach vier Semestern sein Studium der Germanistik ab und wechselte an die Hochschule für Welthandel, wo er 1934 zum Diplomkaufmann graduiert wurde. Während eines Studienurlaubes im Jahre 1941 erlangte er den Doktorgrad. Von 1934 bis 1938 arbeitslos, schuf Neubauer zahlreiche Gedichte sowie ein großangelegtes Drama „Dolcino – Die Tragödie einer Revolution".

Am 13. März 1938 erschien sein zweiter Gedichtband im „Krystall-Verlag" in Wien, der damals junge österreichische Dichter in ihren ersten Anfängen verlegte (Friedrich Sacher, Josef Weinheber u. a.). Aufgrund des Anschlusses Österreichs an das Deutsche Reich fand dieses Buch aber keine Chance auf Verbreitung.

Im Jahre 1938 startete Neubauer seine berufliche Laufbahn im Sparkassenwesen, wurde 1940 zum Militärdienst eingezogen, infolge einer Verwundung 1944 entlassen und war von diesem Zeitpunkt bis 1978 wiederum im Sparkassensektor tätig.

Seit 1978 ist Neubauer als freier Schriftsteller in Wien tätig.

Während der Zeit seiner beruflichen Tätigkeit entstanden eine Reihe von Gedichten sowie die ersten Ansätze seiner Prosaarbeiten, die aber zunächst unveröffentlicht blieben.

Neubauer zählt in seinen frühen Arbeiten zu den Dichtern des expressionistischen Lagers, ohne allerdings die Sprache zu vergewaltigen. Seine literarischen Einflüsse bezog er in der Jugend hauptsächlich von Goethe und den poetischen Realisten, später von Rilke und Wildgans. Die moderne spanische, süd- und nordamerikanische Literatur lernte Neubauer durch den Einfluß von Enzensberger erst nach dem Zweiten Weltkrieg kennen.

Weinheber beeinflußte ihn eine Zeitlang durch seine große Formkunst. Inhaltlich steht er aber Brecht, Rimbaud und Georg Heym näher.

Literarische Tätigkeit

1929: erster Gedichtband „Unerbittlich Geschick" (Verlag „Am Brunnen" in Lilienfeld)
1938: Gedichtband „Aufstieg" (Krystall-Verlag in Wien)

Während der Zeit der beruflichen Tätigkeit zahlreiche sachbezogene Bücher und Arbeiten über das Bank- und Sparkassenwesen. Zahlreiche Gedichte, Vorarbeiten zu den späteren Prosatexten.

1978: „Im Zeichen der Fische" (Gedichte) – Verlag Jugend & Volk, Wien

1985: „Die Krähen" (Roman) – Verlag Berger in Horn, NÖ, später: Helmut Preußler Verlag, Nürnberg
1986: „Der sterbende Frühling" (Prosa) – The World of Books, Worms
1986: „Herr Novak und die Ohnmächtigen. Eine Tragikomödie in sechs Bildern." – Soldi-Verlag, Hamburg
1986: „Spiel der Mächtigen" (Prosa) – The World of Books, Worms
1987: „Il Ponte/Die Brücke" (Gedichte) – The World of Books, Worms
1988: „Schwarze Stücke" (Dichtungen) – The World of Books, Worms
1988: „Schritte im Geröll" (Gedichte) – The World of Books, Worms
1990: „Weiß und Rosenfarb. Die Dichter der Mozartlieder." – Verlag Brüder Hollinek, Wien
1991: „Männer. 5 Geschichten" (Prosa) – Verlag Rolf Kaufmann, Ingolstadt
1992: „Wierne Odbicie/Das Ebenbild" (Gedichte, poln.-deutsch) – Universitätsverlag Breslau
1993: „Der unbequeme Diwan" (Gedichte) – Universitätsverlag Breslau

Abb. 1: Dr. Neubauer in seinem Arbeitszimmer im Alten Rathaus vor dem Bildnis des ehemaligen Wiener Bürgermeisters Karl Seitz.

Abb. 2: Der „Sparefroh" – Weltspartag 1965.

Abb. 3: Wiener Volksschüler bei der „Verkörperung" des Spargedankens am Weltspartag 1966.

Abb. 4: Anläßlich des Weltspartages 1966 fand ein internationaler Personalaustausch mit anderen Sparkassen statt. Im Bild zwei junge Damen von der Sparkasse in Laibach.

Abb. 5: Der Jugendsparerball der Zentralsparkasse im Wiener Rathaus bildete lange Jahre hindurch einen der Höhepunkte des Sparjahres.

Abb. 6: Die Ruine des Wiener Bürgertheaters, an dessen Stelle das neue Hauptanstaltsgebäude errichtet wurde.

Abb. 7: Das von der Zentralsparkasse erworbene Bürgertheater als Modell der Hauptanstalt in der Vision der Organisationsabteilung.

Abb. 8: Das Stahlskelett der Hauptanstalt im Mai 1963.

Abb. 9: Die neue Hauptanstalt nach ihrer Fertigstellung.

Abb. 10: Der großzügige Kassenraum der Hauptanstalt.

Abb. 11a und b: Besichtigung der Abbruchstelle Blutgasse im Juni 1963.

Abb. 12: Die Anlage des Hotel Palace in Bad Hofgastein.

Abb. 13: Dr. Neubauer mit Bundespräsident Dr. Adolf Schärf bei der Eröffnung des Donauturmes am 4. April 1964.

Abb. 14: Besichtigung der Baustelle des Donauturmes im Juni 1963.

Abb. 15: Grabmayr-Ausstellung in der Tiefgarage der Hauptanstalt.

Abb. 16: Ausstellungseröffnung „Die Wiener Schule der phantastischen Realisten". V. l. n. r.: Arik Brauer, Dr. Neubauer, Wolfgang Hutter, Rudolf Hausner, Ernst Fuchs.

Bildquellennachweis: Dr. Neubauer (1, 2, 5, 8, 10, 11a, 11b, 12, 14, 15) – Foto Foltinek (3, 4, 13) – P. Kampel (6, 7) – Gerhard Trumler (9, 16)